新・古代史検証　日本国の誕生　1

弥生興亡　女王・卑弥呼の登場

監修　上田正昭
著者　石野博信
鼎談　石野博信　吉田敦彦　片山一道

文英堂

「漢委奴国王」金印の出土

糸島半島にある神奈備型の可也山《かやさん》(福岡県)　「委奴国王」は、伊都国王であっただろう。可也山は本来、金印を埋めるのに最もふさわしい伊都国の場所であったと思われる。

金印の鈕(上)**と印面**(下)
(福岡市博物館蔵)

「漢委奴国王金印発見之処」の碑(福岡県・志賀島)

邪馬台国時代の九州

平原《ひらばる》遺跡（福岡県）　伊都《いと》国の王墓と考えられる平原１号墳。ここから大柱跡（写真は実験用に建てられた柱）がみつかった。その東側延長線上に糸島半島で一番最初に太陽が出る日向《ひなた》峠がのぞまれる。（伊都国歴史博物館提供）

吉野《よしの》ヶ《が》里《り》遺跡（佐賀県）　大規模な環濠に囲まれ、大型建物や柵・溝などが検出され、『魏志』倭人伝の記事に符合するとして、話題となった。

纒向遺跡と弥生時代後期の遺跡

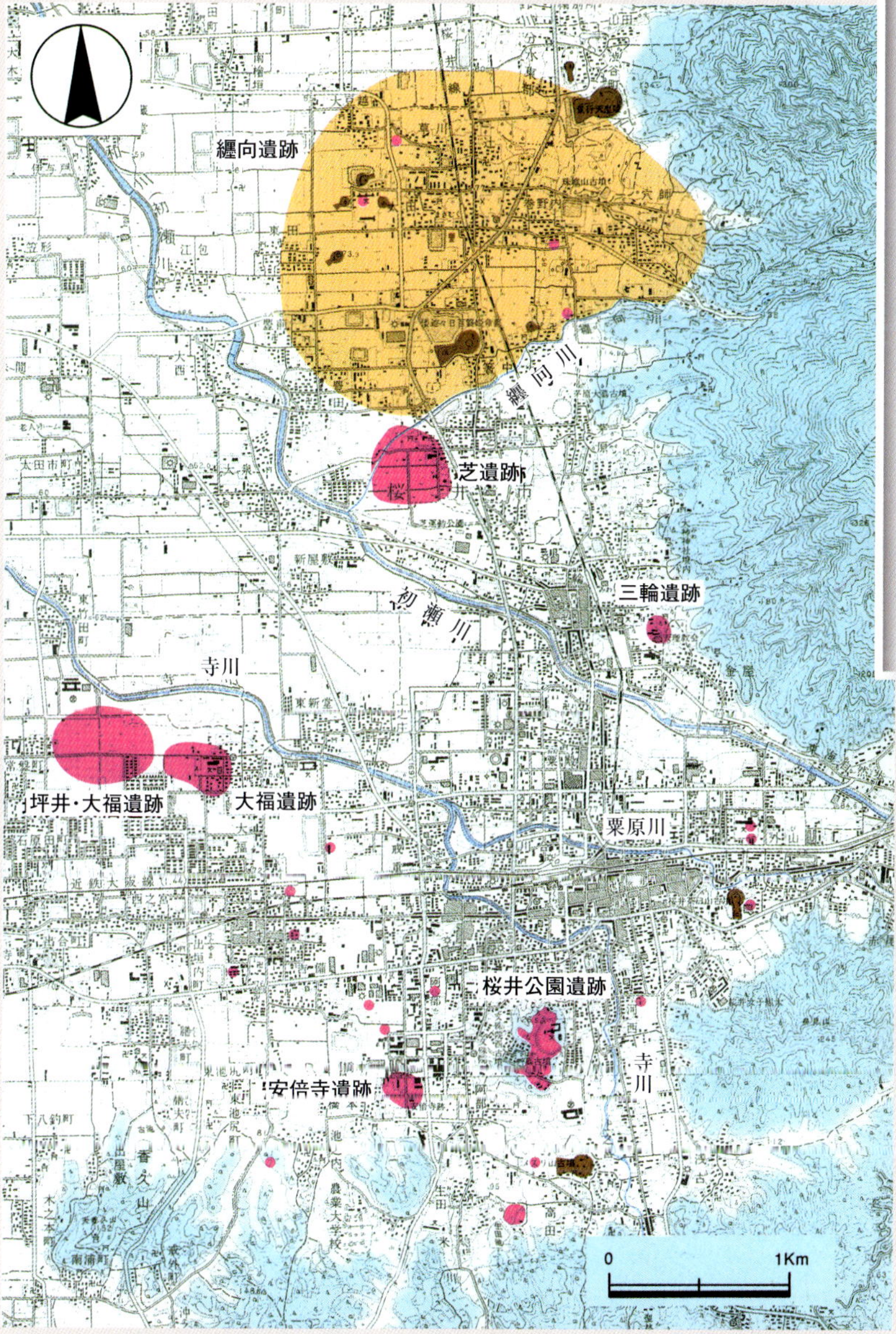

纒向《まきむく》遺跡と弥生時代後期の遺跡　「ヤマト王権はいかにして始まったか～王権成立の地、纒向～」(桜井市文化財協会、2007 年より)　纒向遺跡は、奈良盆地の東南部の桜井市に広がる。3 世紀代の邪馬台国畿内説の有力な候補地になっている。

纒向遺跡の全景

纒向遺跡の全景(奈良県・桜井市教育委員会提供)　神体山である三輪山山麓の微高地に3世紀の邪馬台国時代の遺跡が広がる。纒向の地に邪馬台国の宮殿や卑弥呼の墓があったのだろうか。

纒向石塚古墳と勝山古墳

纒向石塚古墳(上)**と勝山古墳**(下)(桜井市教育委員会提供)　3世紀、纒向地域に造られた日本列島最古級の前方後円墳。石塚古墳は全長約93メートル。右側(東南)方向に前方部がある。勝山古墳は全長約120メートル余。左下(西北)の方向に前方部がある。後円部につく方形部が短く、纒向型前方後円墳とよぶ研究者もいる。ここに卑弥呼の墓が造られたのだろうか。

ホケノ山古墳と箸中山(箸墓)古墳

ホケノ山古墳(上)**と箸中山《はしなかやま》(箸墓《はしはか》)古墳**(下)　ホケノ山古墳は、邪馬台国時代の王関係者の墓と考えられる。箸中山(箸墓)古墳は定型化した巨大前方後円墳の初源と思われ、現在、宮内庁によって倭《やまと》迹《と》迹《と》日《ひ》百《もも》襲《そ》姫《ひめ》の「大市《おおいち》墓」に治定されている。(梅原章一氏撮影)

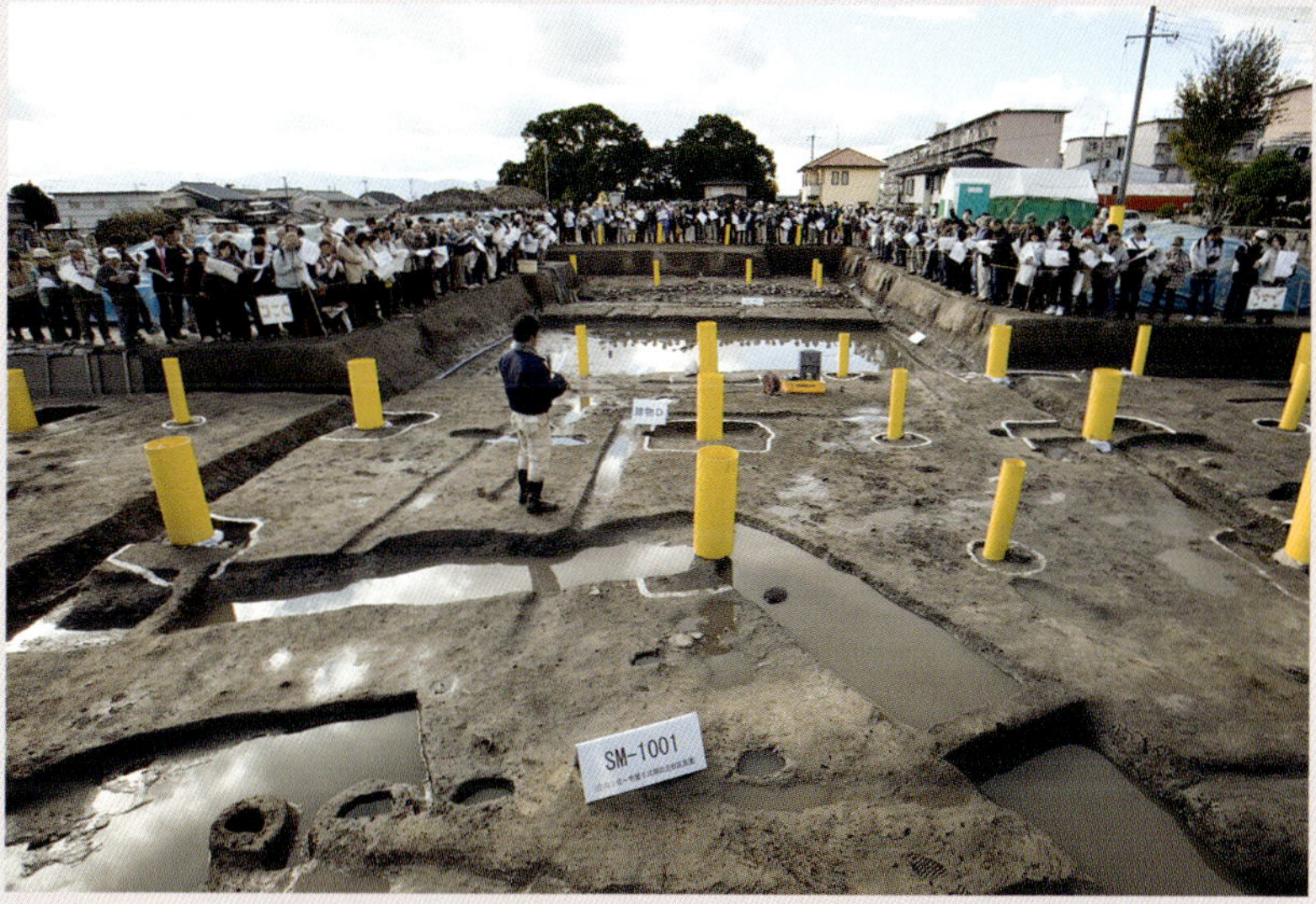

計画性をもった大型建物跡の現地説明会（2009年11月） 纒向遺跡内の天照《あまてらす》御魂《みたま》神社の東側で検出された。計画性をもった大型の建物が並び、卑弥呼の宮殿の可能性があると議論されている。

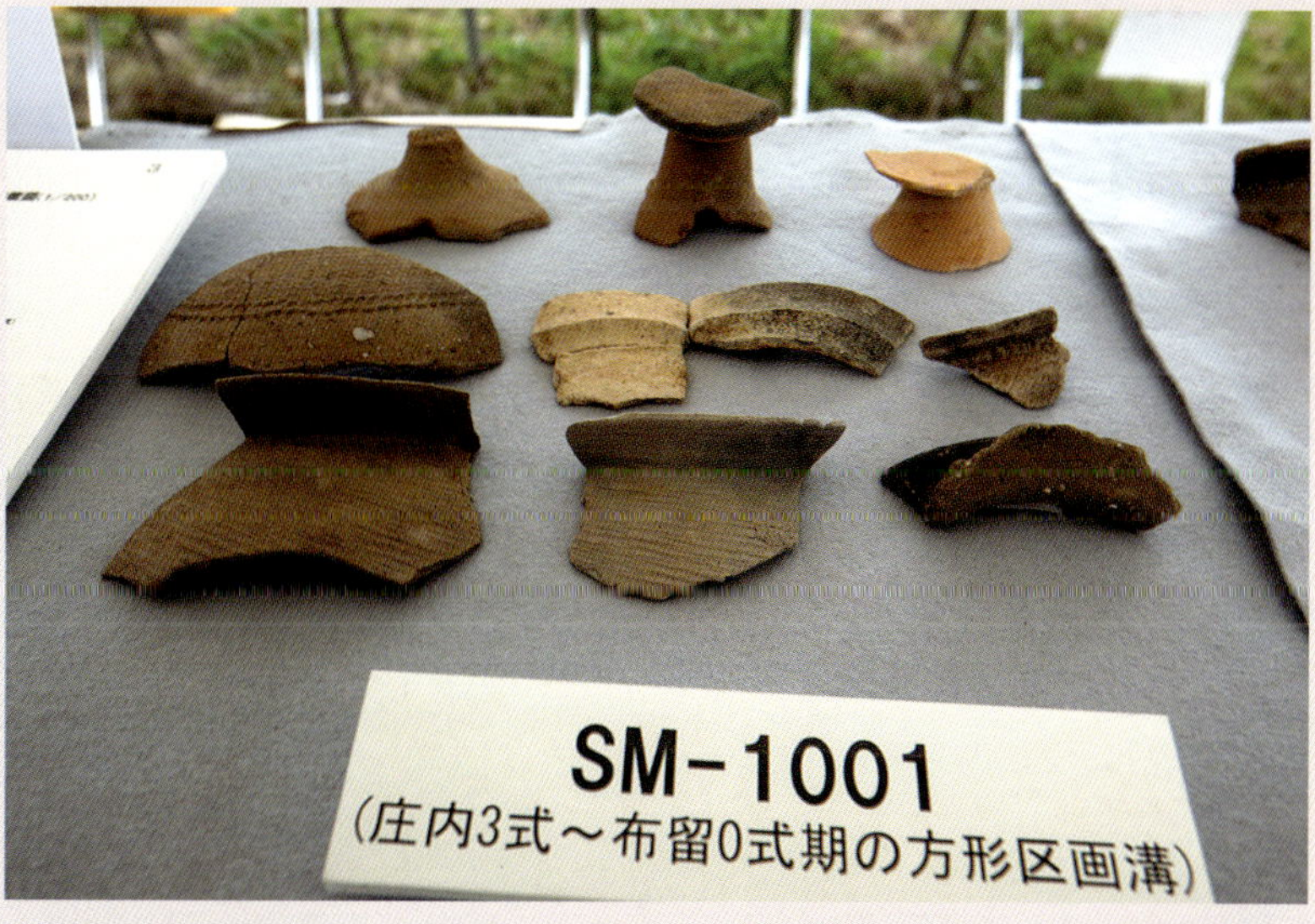

大型計画的建物群の柱穴の一部を壊してつくられたSM-1001と名づけられた方形区画溝から出土した土器（2009年11月の現地説明会にて展示）

弥生興亡・邪馬台国略年表

時代	おもなことがら	おもな遺跡
紀元前 五〇〇年 弥生時代 前期	水稲農耕がはじまる	板付遺跡（福岡県）
	甕棺墓《かめかんぼ》や支石墓《しせきぼ》を造りはじめる	菜畑遺跡（佐賀県）
一〇〇年 中期	一〇八　前漢の武帝《ぶてい》が楽浪《らくろう》四郡を設置する	唐古・鍵遺跡（奈良県）
	前漢鏡を楽浪《らくろう》郡から輸入する	
	銅鐸《どうたく》の鋳造が盛行し、国産銅利器の製作がはじまる	田能遺跡（兵庫県）池上曽根遺跡（大阪府）
紀元後	一四　前漢を滅ぼした新の王莽《おうもう》が貨泉を作る	須玖遺跡（福岡県）三雲遺跡（福岡県）
	国産銅利器の鋳造が盛行する	
後期	五七　奴国王《なこく》が後漢に朝貢して光武帝《こうぶてい》から金印（「漢委奴国王」）を受る（『後漢書』倭伝）	志賀島遺跡（福岡県）
	後漢鏡を輸入し、伝世をはじめる	桜馬場遺跡（佐賀県）
	水稲農耕が東北地方までひろがる	
一〇〇年	一〇七　倭国王帥升《すいしょう》が後漢の安帝《あんてい》に朝貢する（『後漢書』倭伝）	
	水田および灌漑水路の構築が発達する	登呂遺跡（静岡県）
	石器の使用が減少し、鉄器が普及する	吉野ヶ里遺跡（佐賀県）
	ムラの合併により、クニが生まれ銅鐸を埋める（銅鐸の埋め殺し）	大福遺跡（奈良県）
二〇〇年	このころ卑弥呼が倭国の女王となり、邪馬台国を都とする（『魏志』倭人伝）	纒向遺跡（奈良県）
	（「倭国の乱」が終わる）	
	二三八（景初二）　魏が公孫淵《こうそんえん》を滅ぼし、帯方郡《たいほう》を手に入れる	平原遺跡（福岡県）
	二三九（景初三）　卑弥呼が魏の明帝に朝貢し、「親魏倭王《しんぎわおう》」の称号を賜う（『魏志』倭人伝）	
	二四〇（正始元）　魏の帯方郡の太守弓遵《きゅうじゅん》らが詔書・印綬を奉じて倭国に詣《いた》る。錦・刀・銅鏡百枚などを賜る	
	二四三（正始四）　卑弥呼が魏に第二回の朝貢をする（『魏志』倭人伝）	
（古墳時代）	二四六（正始七）　帯方郡太守弓遵が韓人と戦って死ぬ	
	二四八（正始九）ごろ　卑弥呼が死に、壱与《いよ》を女王とする（『魏志』倭人伝）（径百余歩の冢《ちょう》を造り、奴碑《ぬひ》百余人を殉葬《じゅんそう》する。男王を立てるが国中服さず、誅殺しあい千余人が殺される。卑弥呼の宗女で十三歳の壱与が女王となり、国中が安定する）	

中国：秦 → 前漢 → 新 → 後漢 → 魏・蜀・呉

弥生興亡・邪馬台国略年表　紀元前3000年頃、縄文時代の文化が大変革し、やがて前500年頃、弥生時代が誕生した。水稲農耕の開始から、２世紀末〜３世紀中葉までの邪馬台国・女王卑弥呼の時代を概観する。

◉新・古代史検証［日本国の誕生］第1巻

弥生興亡 女王・卑弥呼の登場

文英堂

刊行のことば

文英堂は、かつて「わが日本人の祖先の行動と思索の跡を振り返りながら、未来への国民的ビジョンの創造に資することができれば……」との思いから、当時の日本史学界第一線でご活躍の先生方に、お一人一巻ずつ、広範な国民各位に語りかけていただいた『国民の歴史（全二十四巻：昭和四十二年〜四十四年）』を世に問いました。幸い、このシリーズは、メッセージ性に富むエッセイ＝スタイルの歴史叢書として画期的であり、幅広い世代の皆様にご愛読いただいて、小社の刊行意図は、確かな答えを得ることができました。

二十一世紀を迎えた今日、『国民の歴史』刊行から早くも半世紀近くが過ぎようとしております。この間の、交通・情報網の発達や地球環境の変化はたいへんに大きく、課題とした国民的ビジョンも、当時の思索範囲を超えたグローバル化によって、人と人ばかりでなく、自然と人間との新たな共生という全人類的な課題になっております。それゆえに、今のわれわれには、過去のどの時代よりも、日本人としての確たるアイデンティティの認識が、改めて求められているのではないでしょうか。

わたしどもは、この古くてしかも新しい課題に向かって、古代日本・東アジア史研究の泰斗である上田正昭先生の企画・監修のもと、かつて倭《わ》と呼ばれた日本列島の人びとと地域が、どのようなプロセスをたどってきたのか、改めてその歴史的経緯を振り返るために、最新の知見にもとづいて祖先の行動と思索の跡を再検証する『新・古代史検証 日本国の誕生(全5巻)』を刊行することにしました。つまり、本シリーズは、三世紀の卑弥呼・邪馬台国の時代から七世紀の天武・持統朝までを対象として、「日本という国がいつどのようにして生まれて今日に引き継がれてきたか」を、一巻お一人ずつの著者に再検証していただきました。そして、各巻、各時代の歴史上の争点については、他分野から二名ずつの論者を迎え、司会を立てた「鼎談」のかたちで、古代日本の国土と日本人の様子を多面的かつ身近な姿として明らかにしていく編集スタイルを試みました。

世界との共生のなかで、日本の未来を託す若い世代をはじめ、幅広い世代に、〝わが国の誕生〟という壮大な歴史ロマンを読み取っていただくとともに、日本人としてのアイデンティティ再認識の一助にしてくだされぱとの願いを込めて、ここに『新・古代史検証 日本国の誕生』全5巻をささげます。

平成二十二年三月

文英堂

◉新・古代史検証 日本国の誕生 全5巻 —— 内容と著者

第1巻 弥生興亡 女王・卑弥呼の登場 石野博信+吉田敦彦・片山一道

第2巻 巨大古墳の出現—仁徳朝の全盛 一瀬和夫+田中俊明・菱田哲郎

第3巻 ヤマト国家の成立—雄略朝と継体朝の政権 和田萃+辰巳和弘・上野誠

第4巻 飛鳥の覇者—推古朝と斉明朝の時代 千田稔+小沢毅・里中満智子

第5巻 倭国から日本国へ—画期の天武・持統朝 上田正昭+山折哲雄・王維坤

目次

新・古代史検証　日本国の誕生　第1巻　**弥生興亡　女王・卑弥呼の登場**

弥生誕生　そして邪馬台国　石野博信

対談 纒向遺跡の建物群は卑弥呼の宮殿か 石野博信＋高橋 徹 251

弥生誕生
そして邪馬台国

石野博信

第一章　弥生以前——縄文の焼畑農耕

縄文後・晩期の変革

紀元前一〇〇〇〇年頃に始まった縄文《じょうもん》時代が前三〇〇〇年頃に、とくに西日本で大変革したことが、近年、注目されている。変革の要点は次の四点のようだ。

① 縄文土器から縄文が消えて、黒く磨かれた土器群が現れた（黒色磨研《こくしょくまけん》土器）
② 縄文のカミをまつる土偶《どぐう》や石棒《せきぼう》が変質した
③ 土器胎土《たいど》の中のコクゾウムシの圧痕《あっこん》が増加した
④ イエとムラの状況が一変した

それでは、この①〜④の変革のポイントを個別に見ていこう。

① 縄文土器から縄文が消えた

一八七七年（明治一〇）に、アメリカ合衆国のE・S・モース[※1]（図1）が東京都大

※1　E・S・モースと大森貝塚（おおもりかいづか）　東京都大田《おおた》区と品川《しながわ》区にまたがる遺跡。一八七七年（明治一〇）、アメリカの生物学者で、明治新政府に招かれたお雇《やとい》外国人のモース（一八三八〜一九二五）が発見。日本で最初の学術的な発掘が行われた貝塚。縄文土器が出土した。

図1　モース

図2　縄文後期土器の東と西
左：宮城県蔵王町二屋敷遺跡出土
右：熊本市上の原遺跡出土
　縄文後期になって、縄文が消えて、黒く磨かれた土器群が現れた。

森貝塚[※1]の発掘報告書『大森介墟古物《かいきょこぶつ》編』でそこから見つかった縄目のついた土器をCord Marked Potteryと記載し、のちに索文《さくもん》土器・縄文式土器と訳したのが列島の縄文土器の始まりだった。やがて、縄文式土器を使用している人々の文化が縄文文化とよばれ、その時代は縄文時代と呼称されるに至った。

ところが、縄文後期後半以降、とくに西日本では土器の無文化《むもんか》（図2）が顕著となるとともに、浅鉢《あさばち》（器高《きこう》より口径《こうけい》のほうが大きい鉢）、皿、埦《わん》など、従来の深鉢《ふかばち》（口径より器高の大きい鉢）中心の器種構成にくらべ、多様な器種と同器種の中型・小型品が増加した。つまり、生活文化が豊かになったことの反映である。

無文化した土器は黒く磨かれていて、黒色磨研土器とよばれているが、一部では中国の黒陶《こくとう》との関係が指摘されている。

②　縄文のカミを祭る土偶や石棒が消えた

縄文時代には、〝第三の道具〟と言われるほどカミを祭るための祭祀用具が多種多量に製作され、使用されている。東日本では縄文時代全期間を通じて縄文祭祀は継続しているが、西日本では激減し、変質する。

縄文のカミに代わる、新たなカミが登場した。それが、青銅製祭祀具、銅鉾《どうほこ》や銅鐸《どうたく》であった。

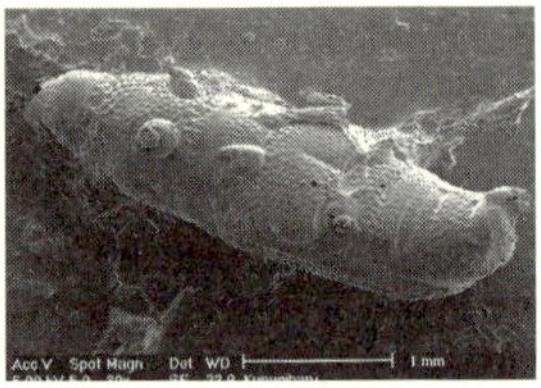

右：土器片の中のコクゾウムシ
（山崎純男氏提供）
左：インドネシアのスンバ島

図3　家の前の土器づくりとコクゾウムシ

コクゾウムシは体長約３ミリメートル。頭部の先端が突出して象の鼻に似る。体は黒褐色で、世界中に生息する。

③ 土器胎土《たいど》の中のコクゾウムシ圧痕が増加した

コクゾウムシは脱穀したコメにだけ付くムシである（図３）。土器胎土の中にコクゾウムシ圧痕が存在するということは、土器胎土をこねる場の付近に脱穀したコメがあったことを示す。

インドネシア・スンバ島の民族例では、ムラのはずれの広場に小屋群をつくり、そこで土器整形、乾燥、焼成を一貫して行っていた。広場には穀類を貯蔵している倉庫はない。このような民族例を参考とし、土器胎土にコクゾウムシ圧痕が存在する事実をあわせ考えると、福岡市教育委員会の山崎純男《やまざきすみお》さんが検証した福岡県・熊本県などの北部九州の縄文後期には、穀類が貯蔵されていたイエの近くで、土器整形が行われていたことが推察される。このことから、縄文後期の食料貯蔵は、末端消費単位である各イエでも行われていたことが分かる。〝各イエでも〟としたのは、ムラによる集中管理と各イエへの配分の可能性の余地を残しておきたいためである。

弥生時代の奈良県磯城《しき》郡田原本《たわらもと》町の唐古《からこ》・鍵《かぎ》遺跡では、穂首刈《ほくびがり》された稲穂のままの保存が確認されているので、ムシが付きにくい脱穀以前の穎稲《えいとう》保存が縄文時代にもありうると考えておきたい。

④ イエとムラの状況が一変した

縄文時代の住居は基本的には穴屋《あなや》（竪穴《たてあな》住居）である。地面を〇・五〜二メートル程度掘り下げ、柱を建て、屋根を葺く。従って、後世に耕作などによって地面が削平されても、掘り下げた穴屋の床部分は遺存しているのが通例である（図４・図５）。縄文中期以前の穴屋は、列島全体で極めて多い。ところが縄文後期中葉と晩期には、

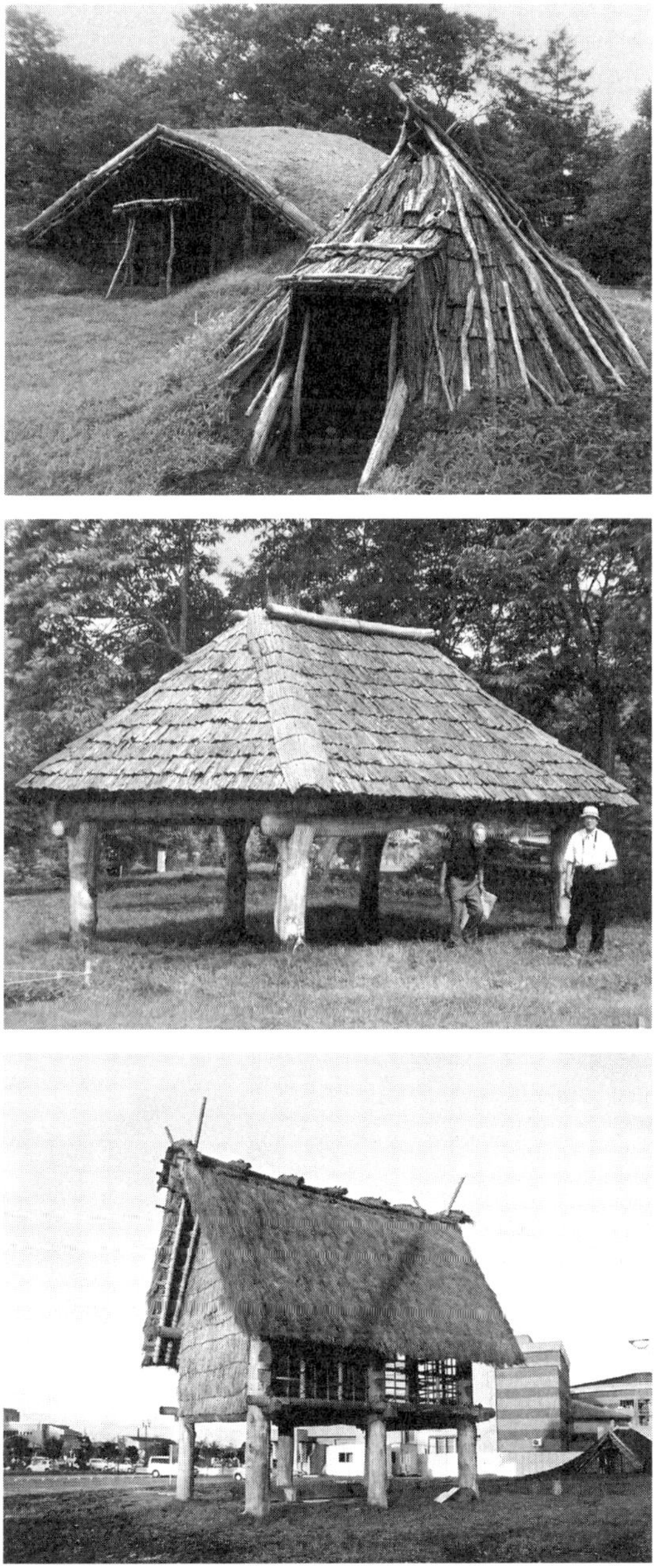

図４　縄文の穴屋（上）・平屋（中）・高屋（下）
（上）・（中）：岩手県御所野遺跡
（下）：富山県桜町遺跡

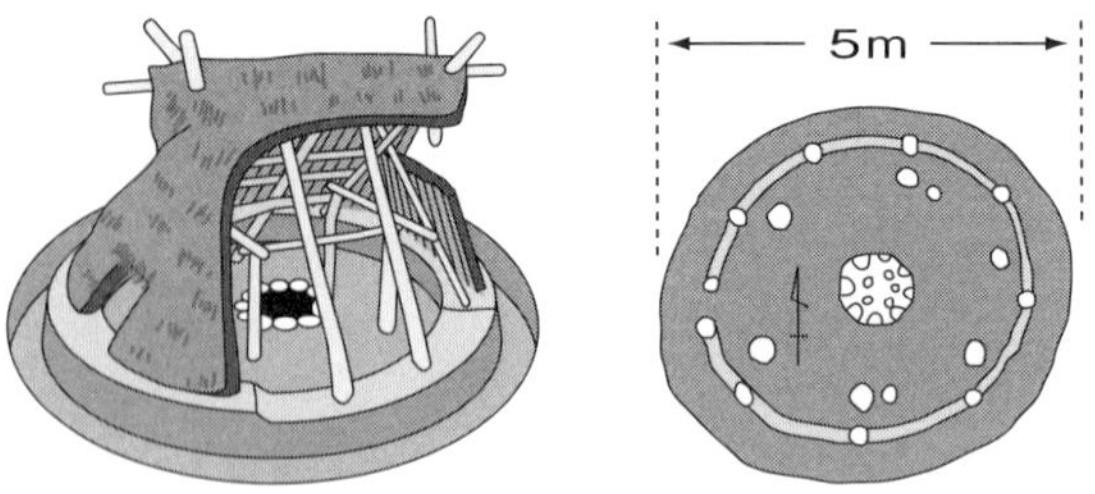

図５　穴屋（竪穴住居）の外観と内部

とくに西日本の住居数が激減する。同時期の遺跡数が増加しているのに、住居が激減するのは不思議である。おそらく、この時、穴屋から平屋《ひらや》（平地住居）や高屋《たかや》（高床《たかゆか》住居）に住居の主流が代わったのだ。東大阪市縄手《なわて》遺跡などには、縄文晩期の無数の柱穴があるが穴屋がない。これらの柱穴に柱を建て、平屋や高屋を建てていたのに違いない。

　このように考えると、従来の穴屋中心のムラの景観が一変し、平屋や高屋の立体観のあるムラに変貌したイメージが湧いてくる。平屋や高屋には壁があり、壁には窓をつくることができる。窓があれば室内は明るく、外を行く人々との会話がはずむ。

縄文の焼畑農耕

　コクゾウムシがはびこるムラの立地が丘陵性であることに気づいた山崎純男さんは、これから焼畑との関連を考えた（山崎純男　二〇〇三「西日本の縄文後・晩期の農耕再論」『朝鮮半島と日本の相互交流に関する総合学術調査』大阪市学芸員等共同研究会）。

　山崎さんは、国立民族学博物館名誉教授の佐々木高明さんによるインドネシア・ハルマヘネ島の焼畑地域の居住地と焼畑の位置関係を参考にして、縄文後・晩期のムラとの共通性を指摘している。

　一九七六年十一月、私は長崎県島原半島の山ノ寺《やまのでら》遺跡（南島原市）や原山《はらやま》遺跡（南島原市）を訪れたとき、不思議に思った。山ノ寺遺跡は、山ノ寺式という土器の標式遺跡で、現在は弥生早期に位置付けられているが、当時は縄文晩期であり、原山遺跡は支石墓《しせきぼ》※2群のある弥生前期の遺跡である。両遺跡とも雲仙岳《うんぜんだけ》の火山灰地域の標高二二〇〜二五〇メートルの丘陵上にあり、現在も周囲に水田がない。つまり、水稲農耕には適していない地域である。その日、島原市の古田正隆さんの旅館に宿泊し、両遺跡の採集土器を見せていただいた。原山には、弥生前期のみごとな丹塗磨研《にぬりまけん》土器片があった。現代でも水田ができないようなところに、ナゼ弥生のムラがあるのだろうか、という不思議さである。弥生時代は、水稲農耕と叩き込まれていた先入観による不思議さであった、縄文以来の焼畑の伝統と考えれば、むしろ自然な集落立地なのである。

　東アジアを中心とする焼畑農耕は、広く日本列島を含めて考えるべきであるという佐々木高明さんの指摘が、ようやくコクゾウムシを証虫（人）として考古学的に検証できるようになってきた。

三万田《みまんだ》文化の設定——縄文と弥生の間

　藤沢大学の岡本孝之《たかゆき》さんは、従来の縄文後期後半と晩期を縄文時代にも弥生時代にも属さない無文土器期とし、三万田文化の時代として区分すべきだと主張する（岡本

※2　**支石墓**（しせきぼ）　ドルメンの訳。巨石を使用した墓の一つで、巨石の下に甕棺《かめかん》や土坑《どこう》などの埋葬施設がある。中国東北部や朝鮮半島の系統を引き、北部九州でみられる。

図6　縄文鉄斧
福岡県北九州市長行遺跡出土
（北九州市埋蔵文化財センター提供）

孝之　一九九〇「縄文土器の範囲」『古代文化』42－5）。さらに、岡本さんは弥生文化に至る地域差を強調し、東北では水田は受容しても「墓制、集落の構成、祭祀等の面においては西日本の弥生文化と直接に結び付かない」点を注意し、関東でも南部では弥生文化に含まれた縄文の姿であるが、北部は弥生の影響は認められるが縄文土器文化を継続した、という。それに対し、福岡大学教授の武末純一《たけすえじゅんいち》さんらは、同時期の特質は認めながらも縄文時代の中の画期だと言う。

これは、歴史の時代区分をいかにすべきか、という課題である。山崎さんは縄文のコメ作りは実証したが、それは主たる食料にはなっていない点も示している。従来、弥生時代の指標とされていたコメ、金属器、大陸製磨製石器のうち、コメは少ないながら縄文中期に（岡山県真庭《まにわ》市姫笹原遺跡など）、また鉄斧などの金属器は縄文晩期に（福岡県北九州市長行《おさゆき》遺跡）認められ（図6）、区分基準がゆらいでいることも事実である。

これらの事象は、岡山市南溝手《みなみみぞて》遺跡の縄文前期の土器胎土中からプラントオパール※3法によってイネが検出された例を参考にすると、コクゾウムシもやがて縄文前期に現れることを予測しておいた方がよさそうだ。つまり、縄文後期の変革のルーツは環状集落や大型建物が出現する縄文前期にあり、縄文色を払拭《ふっしょく》したのが縄文後期であろう。しかし、それは水稲農耕には直接つながらなかった。

なお、岡本さんは縄文文化と縄文時代は区別すべきだという。確かに両者を区別

※3　**プラントオパール**
植物の細胞中に蓄積される珪酸体《けいさんたい》（ガラス質）の微化石。植物の種類によってそれぞれ形状が異なるため、イネを特定することができる。

することによって、大阪府文化財センターの秋山浩三さんがいう弥生時代の中の縄文文化の〝なごり〟（二〇〇七『弥生大形農耕集落の研究』一一二～一九二頁、青木書店）——例えば、縄文時代の石棒や土偶が弥生時代の遺跡にも残存する——が理解しやすい。

縄文人の列島内外交流

かつて、縄文文化はアジア世界で孤立して発展した、と考えられていた。しかし、ここ二〇年来、列島産の黒曜石《こくようせき》がシベリア沿岸州で出土し、北海道礼文島《れぶんとう》産のビノス貝がシベリア、バイカル湖周辺に輸出されていることが判明してきた。その上、一九八三年には安志敏さん（中国社会科学院考古研究所）はシンポジュウム「東アジア世界における日本海文化」（富山市）の中で、日本列島の玦状《けつじょう》耳飾※4

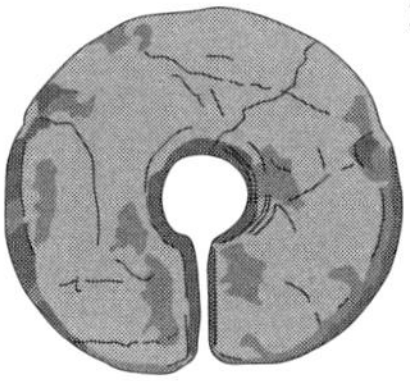

図7　玦

※4　**玦状耳飾**（けつじょうみみかざり）　環の一部分が欠けた耳飾。

※5　**鬲**（れき）　ふくらみをもつ三脚を有する土器。煮炊《にた》きをしたり、上に「こしき」を載せて穀物を蒸したりした。中国では新石器時代からみられた。鬲状三足《さんそく》土器は、この鬲を模したもの。

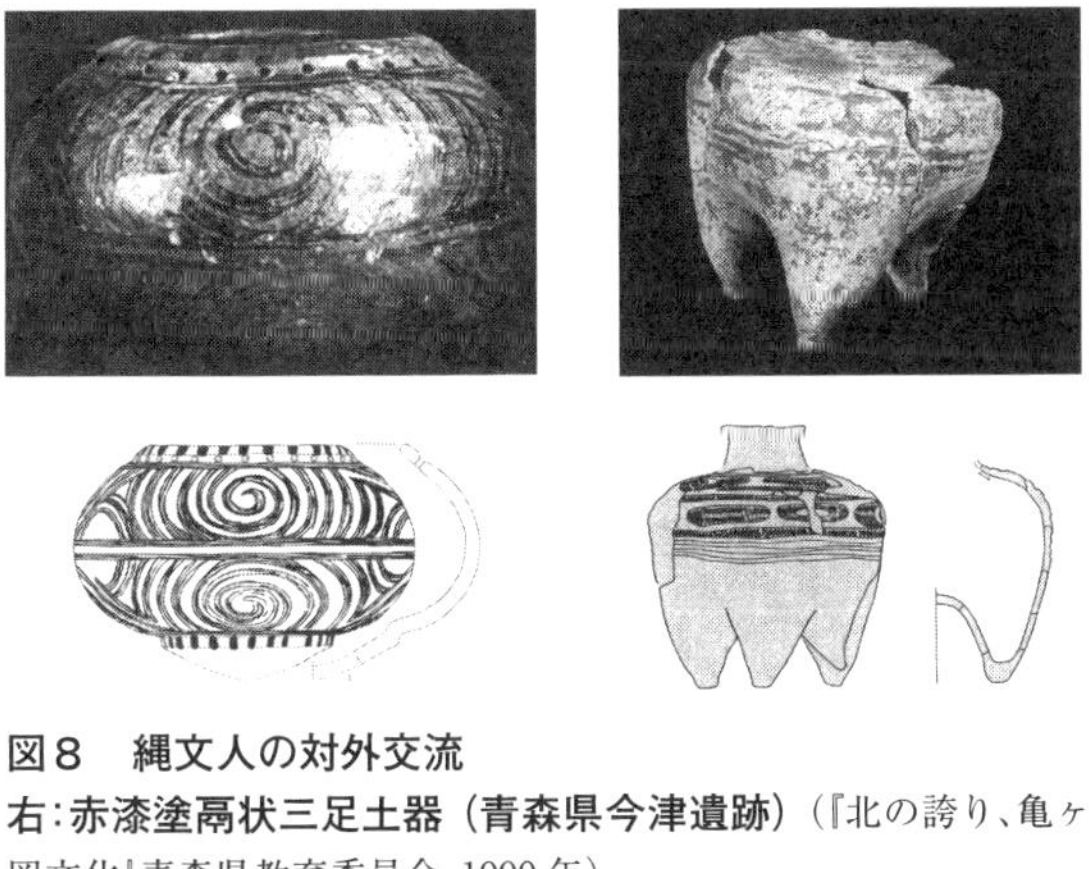

図8　縄文人の対外交流
右：赤漆塗鬲状三足土器（青森県今津遺跡）（『北の誇り、亀ヶ岡文化』青森県教育委員会、1990年）
左：赤地黒漆文様浅鉢（山形県押出《おんだし》遺跡）（『押出遺跡』山形県うきたむ風土記の丘考古資料館、2007年）

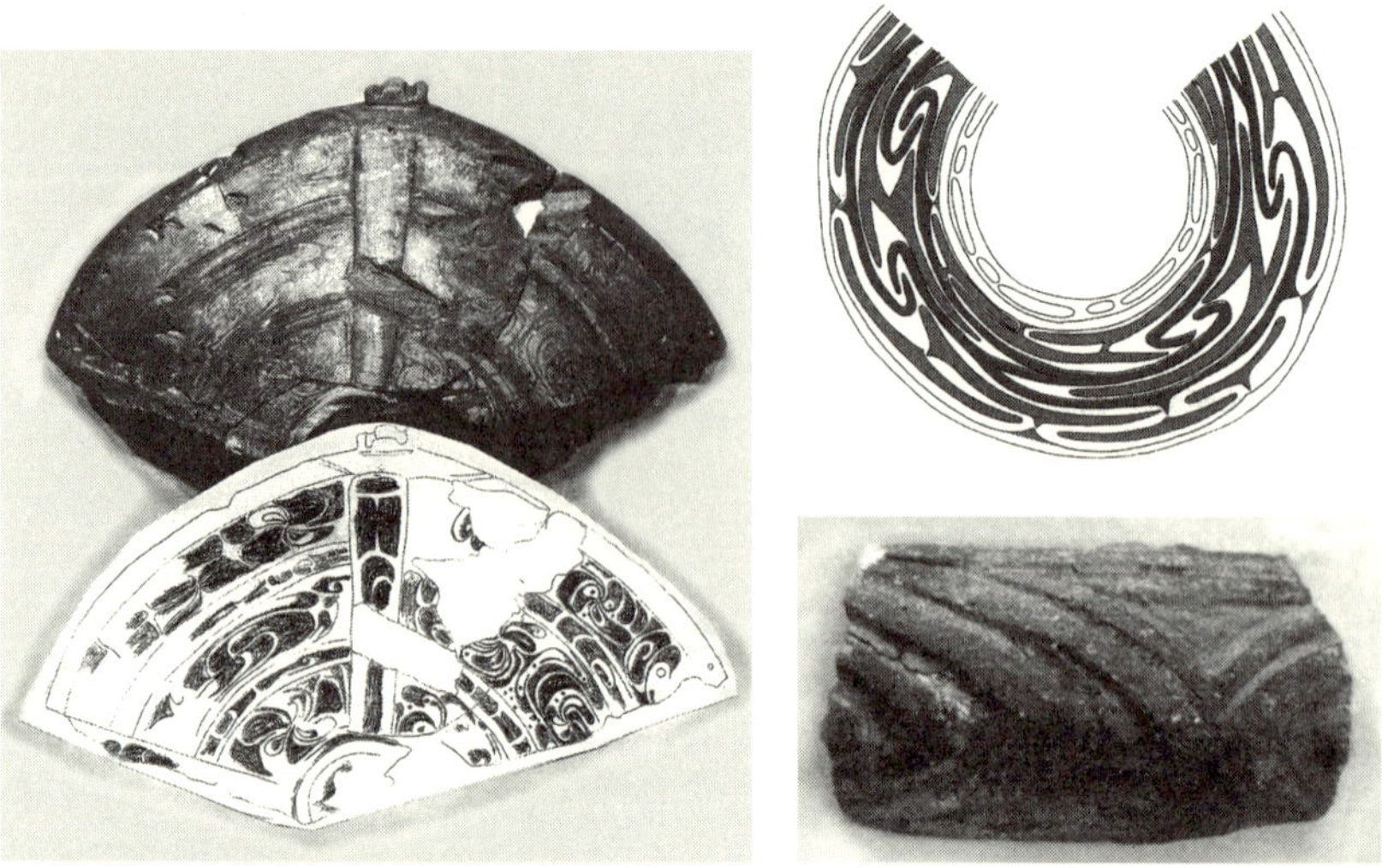

図９　東北・亀ヶ岡系文様と西日本
右上：岩手県二枚橋遺跡／右下：福岡市雀居遺跡
左：高知県居徳遺跡

（図7）は中国の江南《こうなん》ルーツであることを指摘された。これを契機として、山形県東置賜《おきたま》郡高畠《たかはた》町押出《おんだし》遺跡の漆塗《うるしぬり》土器（図8）や青森県東津軽郡外ヶ浜《そとがはま》町今津遺跡の鬲状《れきじょう》三足《さんそく》土器[※5]（図8）なども また中国系であることが注目されはじめた。

当然ながら、北部九州と半島の間には、縄文後期の朝鮮系結合釣針《つりばり》が熊本県天草《あまくさ》市大矢《おおや》遺跡で認められるなど海洋民の活動が見えてきた。

日本海沿岸は、大陸・列島の文化を輸入する表玄関であったという同志社大学名誉教授の森浩一さんの指摘が、弥生・古墳時代だけではなく、旧石器・縄文時代以来であることが実証されてきた。

なお、近年、東北縄文晩期文化が北部九州の弥生前期土器文様に影響を与えていることが再び注目されてきた。このことは、一九六二年にすでに元奈良文化財研究所長の坪《つぼ》井《い》清足《きよたり》さんによって弥生前期土器の木ノ葉文様《このはもんよう》が縄文晩期の工字《こうじ》状文に由来することが指摘されていた（「縄文文化論」『岩波講座　日本歴史第一巻』）。当時は賛否両論があったが、二〇〇〇年の福岡市雀居《ささい》遺跡の土器群によって再論されている（図9）。

さらにそれより前、私は一九九七年に南九州の鹿児島県日置《ひおき》市市来《いちき》遺跡で、胎土も調整手法も東北縄文晩期の大洞《おおほら》式※6の土器と全く同じ土器片に出会っておどろいた。その後、高知県土佐市居徳《いとく》遺跡でも東北（亀ヶ岡《かめがおか》系）縄文晩期系文様が現れ、縄文時代の太平洋岸ルートの存在を想定した。

すでに縄文前期には、八丈島と紀伊半島鷹島《たかしま》遺跡（和歌山県有田郡広川町《ひろがわ》）の間に同形式の土器があり、太平洋ルートが一部開通していたことは知られていた。それが、東北の三陸海岸から鹿児島まで全開通したのである。

しかし、当時は丸木舟しかなかった。日本海も太平洋も、丸木舟での遠洋航海は沿岸航路をとったとしても極めて難しい。おそらく、丸木舟にアウトリガー※7を付設していたに違いない。南太平洋の島々ではアウトリガー付きの丸木舟は普通である。縄文時代の丸木舟出土例は数多いが、出土地周囲に丸太一本が転がっていれば、それがアウトリガーになる。縄文人と大陸・半島人の相互交流が見えてきた。

※6　大洞式土器（おおほらしきどき）　岩手県大船渡《おおふなと》市大洞に所在する縄文後・晩期の貝塚出土の土器から、東北地方の縄文土器晩期の編年が行われている。一九三〇年（昭和五）、山内清男《やまのうちすがお》は大洞貝塚の出土資料を標式として、東北地方の縄文土器晩期の様式である亀ヶ岡《かめがおか》式土器を大洞B、BC、C_1、C_2、A、A′式というように細分している。表面にはていねいな研磨《けんま》調整がみられる。

※7　アウトリガー　船の外部に突き出した装具を指したもの。主船体から支柱によって側部に突き出された細長い小船体である。

Column

弥生時代・水稲農耕の開始　紀元前一〇〇〇年説への疑問

二〇〇三年、国立歴史民俗博物館（以下、歴博と略称）の研究グループによって弥生開始期は従来の前五〇〇年より約五〇〇年さかのぼる前一〇〇〇年、あるいは遅くとも前八〇〇年であることが、AMS年代測定法※8を根拠に発表された。私は素朴におかしいと感じた。

突帯文《とったいもん》土器期の山ノ寺《やまのでら》式（19頁参照）や夜臼《ゆうす》式※9とよぶ段階である佐賀県唐津《からつ》市菜畑《なばたけ》※9遺跡や福岡市博多区板付《いたづけ》※9遺跡から水田跡と農具が検出されて従来、縄文晩期と認識していた時代に水稲農耕が行われていたことが実証されて当初は〝縄文水田〟として喧伝された。このことを契機として、福岡県糸島《いとしま》郡二丈《にじょう》町（現、糸島市）曲り田《まがた》遺跡（66頁参照）の住居群と鉄器を含めて橋口達也さん（福岡県教育庁）によって弥生早期が設定され、多くの賛同者を得、歴年代も前五〇〇年頃に設定された。

歴博は山ノ寺式の開始期を前一〇〇〇年、あるいは前八〇〇年と認定した。従来の年代観とは三〇〇～五〇〇年の開きがある。私が〝おかしい〟と感じたのは三〇〇～

※8　**AMS年代測定法**（ねんだいそくていほう）　一九七〇年代末に、加速器で炭素14を直接数えるAMS（Accelerator Mass Spectrometry＝加速器質量分析計）法が提案され、必要な試料量（一ミリグラム程度）、測定時間（三〇分～一時間程度）とともに大幅に改善され、高精度化・高効率化になってきた。また、約六万年前まで測定可能となった。装置の小型化にともない、多くの施設で入手可能なレベルになってきた。

五〇〇年間を生きていた人々はどこに居るのか、という点だった。

　というのは、土器形式でいうと、山ノ寺式と夜臼式土器を使っていた人々のムラ（遺跡）の数は従来と同じで、年代幅が三〇〇～五〇〇年増加しても、ムラの数はそのままである。つまり、歴博年代観では水田によるコメ作りが始まったら、過疎化したことになる。そんなことがあっていいのだろうか、そんなはずはない。

　しかし、弥生開始期の問題は別にしても、世界的に行われている年代測定法には期待したい。その精度を確認するためには、歴年代の明らかな資料の測定をやるべきだ。例えば、埋葬年（養老《ようろう》七年＝七二三年）の明らかな奈良市・太安万侶《おおのやすまろ》墓の木炭や中国漢代の被葬者が判明している木槨《もっかく》墓などを一墳墓から複数資料を数十基点からとって、各資料の出自を伏せたまま測定して歴年代が一致すれば、私は信頼する。それまでは、水稲農耕の開始の時期は保留しておこう。

※9　夜臼式土器（ゆうすしきどき）　夜臼遺跡は、福岡県糟屋《かすや》郡新宮町に所在する。縄文晩期から弥生前期の集落跡。この遺跡から出土した縄文晩期の突帯文《とったいもん》土器を夜臼式土器と呼称し、この時期の標式土器としている。

①**菜畑遺跡**（なばたけいせき）
　縄文晩期後半の水田・炭化米・農耕具などが発見され、山ノ寺式の土器・磨製《ませい》石器も出土した。

②**板付遺跡**（いたづけいせき）
　弥生時代最古の環濠集落や炭化米が見つかり、その弥生の水田跡から、夜臼式土器とともに炭化米や石包丁《いしぼうちょう》も出土した。

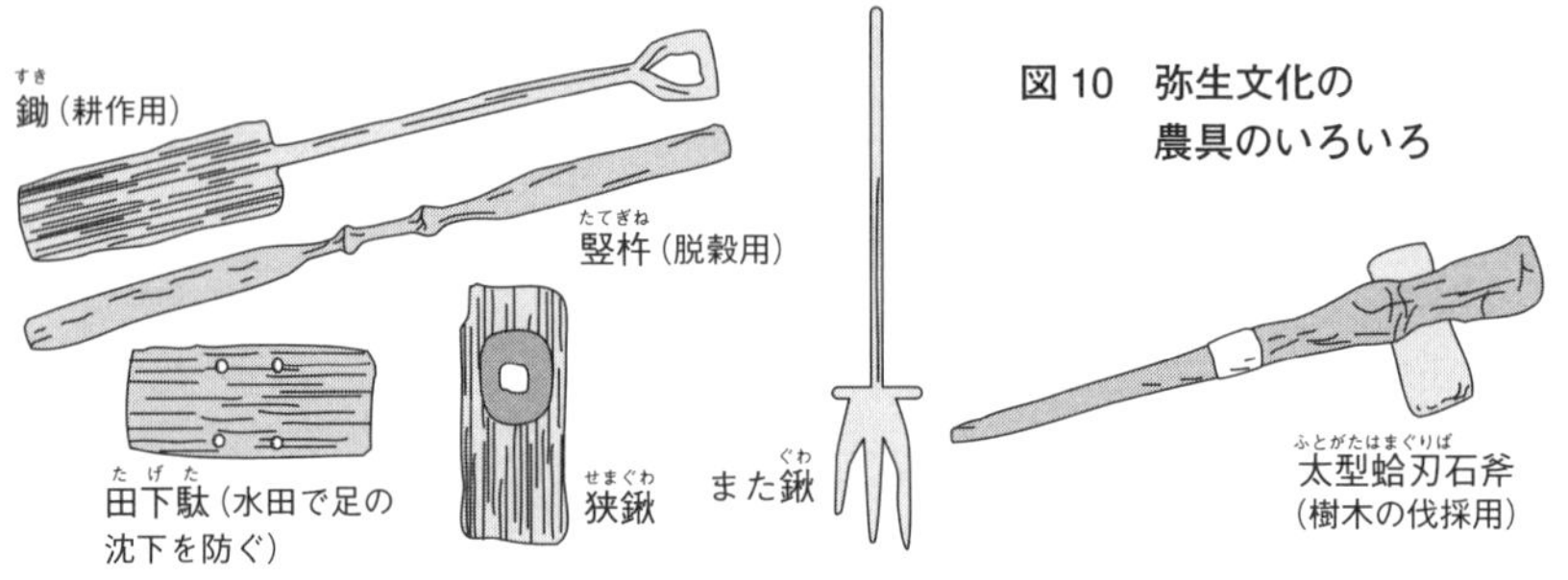

図10　弥生文化の農具のいろいろ

第二章　弥生誕生——水稲農耕の始まり

水稲人の渡来

前五〇〇年頃、北部九州の一画で水稲農耕が始まった。灌漑用水路をめぐらし、堰を設けて田に引水し、平鍬《ひらぐわ》・狭鍬《せまぐわ》・鋤《すき》などの農耕具をもつ（図10）。福岡市博多区板付《いたづけ》遺跡でみられた夜臼《ゆうす》式期水田の姿であり（図11）、同様の水田は山ノ寺式期の佐賀県唐津《からつ》市の菜畑《なばたけ》遺跡でもみつかった。最初から水稲農耕の技術体系がセットで輸入されていた。直接、技術体系を持ち込んで来たのは半島南部の渡来人《とらいじん》であり、そのルーツは中国江南《こうなん》地域であろう。

図11　「縄文水田」福岡市板付遺跡
右：井堰調査／左：井堰・水路・水田地区復元

渡来人の波はその後も弥生時代を通じて断続的に継続していたが、人種が交替するほどの数ではなかった。

水稲農耕の拡散――縄文人が弥生人になった

①　西から入った水稲文化

北部九州に上陸した水稲文化は時間差をおきながら東進し、大阪湾岸には前三〇〇年頃、前期初頭に定着した。それ以前の突帯文期《とったいもん》の可能性はあるが、現段階では明らかでない。突帯文土器[※10]は、西日本各地から東海地方に拡がっている。

西からコメ作りが到来した頃、大阪湾岸の淀川《よどがわ》以東の地域には東北晩期縄文人が継続的に定着していた。奈良県橿原《かしはら》市橿原遺跡では大洞《おおほら》B式、BC式、C_1式と東北地方でよんでいる土器様式が変化すると、橿原ムラでも同時に変化するぐらい密接な交流が続いていた。それが、縄文晩期中頃の大洞C_2式期に、彼らは突然断絶する（図12）。

この時、西方から水稲文化が入って来たようだ。大阪府茨木《いばらき》市東奈良《ひがしなら》遺跡では晩期後半の大洞A式土器と九州・福岡県北部の遠賀川《おんががわ》流域で出土する遠賀川式土器[※11]が共伴していたのがその証拠だ（図13）。このことは、三重県納所《のうそ》遺跡でもみられる。近畿縄文人は、東北縄文人との永年の交流を断ち、西の弥生人との交流＝コメ文化へと

※10　**突帯文土器**（とったいもんどき）　縄文晩期から弥生早期にかけて九州から東海地方東部までに成立した土器の名称。口縁部や肩部に突帯（刻み目の入ったものが多い）と呼ばれる粘土の帯を貼り付けた特徴的な甕《かめ》のこと。壺・鉢・高坏《たかつき》など日常に使う土器を伴うことが多い。

※11　**遠賀川式土器**（おんががわしきどき）　遠賀川は、福岡県北部を北流する川。この川の流域から出土する弥生前期の土器を遠賀川式土器と呼ぶ。西日本から中部地方にかけて分布し、北部九州からの弥生文化伝播を裏付ける資料とされた。

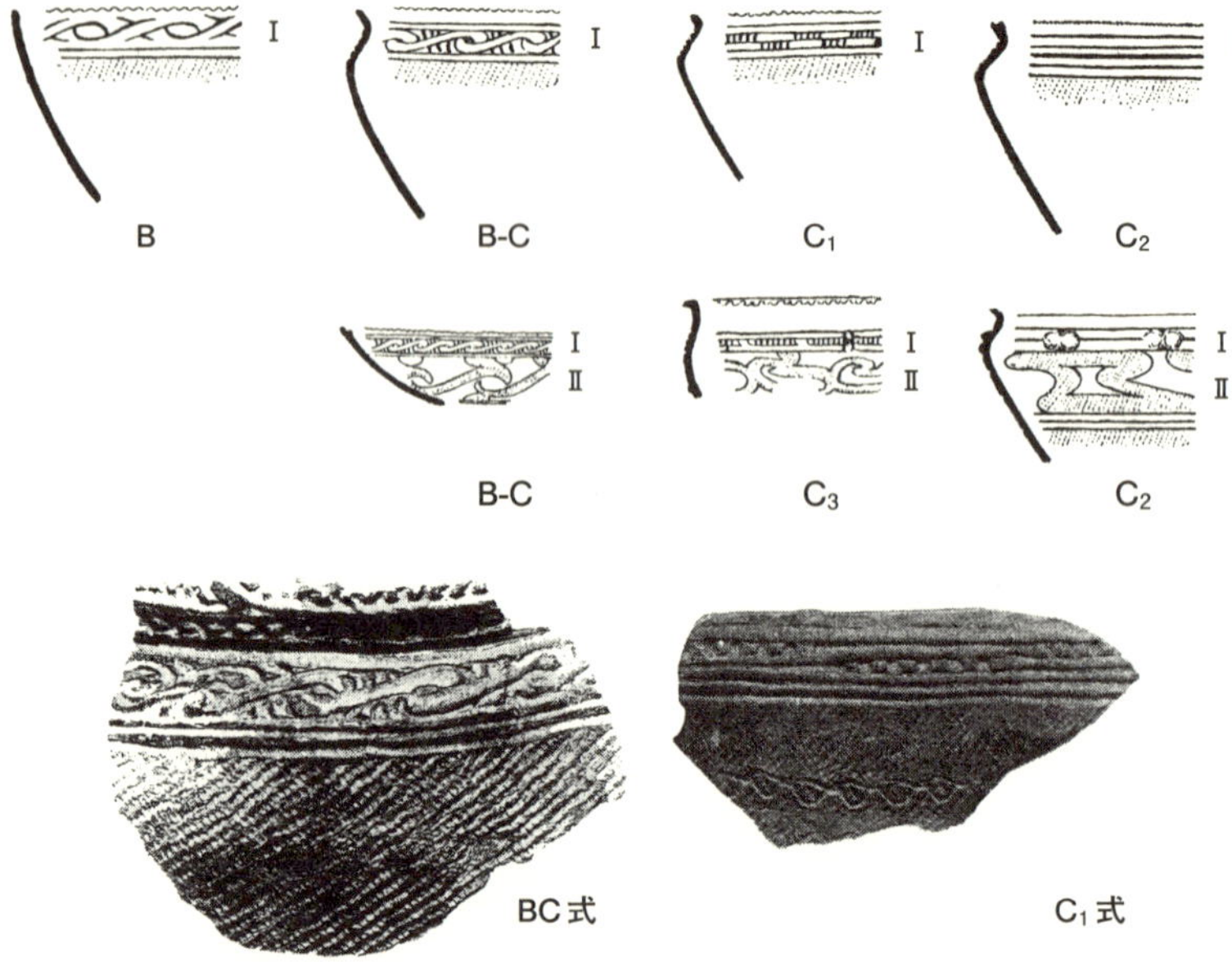

図12　亀ヶ岡《かめがおか》式土器（大洞《おおほら》式）と橿原遺跡出土の土器（奈良県）
上は亀ヶ岡式精製土器の文様帯を示す模型図（山内清男『日本遠古の文化』新版、1967年）
亀ヶ岡式土器は縄文時代晩期の東北地方の土器の総称。青森県木造《きづくり》町亀ヶ岡遺跡による命名。

縄文土器（1）と弥生土器（2）　A. 東奈良遺跡（大阪府）　B. 納所遺跡（三重県）

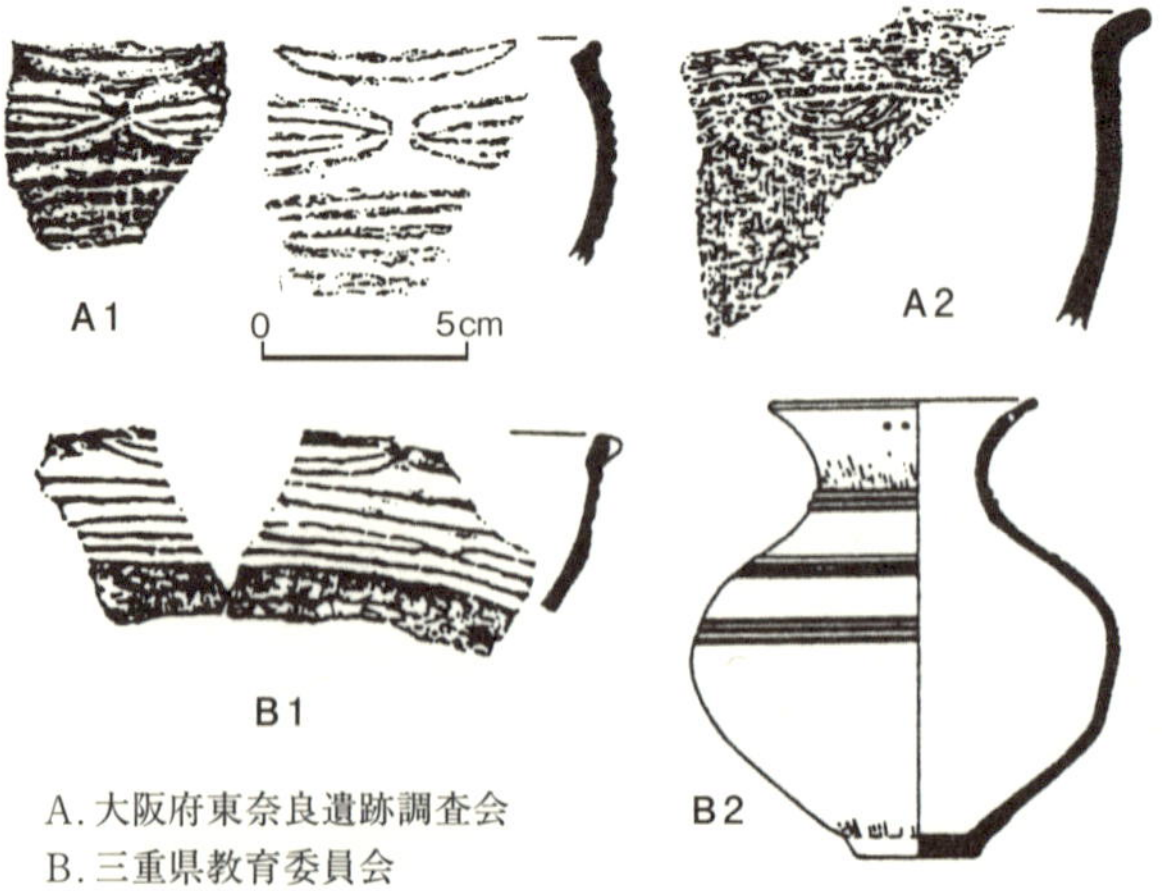

A. 大阪府東奈良遺跡調査会
B. 三重県教育委員会

図13　近畿で出会う東北人と九州人

切り替えた。

西日本全域で弥生遺跡が増大するのは、弥生前期末である。一九六六年に森貞次郎さんが指摘したこの傾向は、現在も変わらない（森貞次郎　一九六六「弥生文化の発展と地域性・九州」『日本の考古学』3、河出書房新社）。

紀元前三〇〇年頃、弥生前期末にコメを携えた弥生人が半島や大陸から大量に渡来してきた形跡はない。それなのに、弥生ムラが一挙に増大しているということは、縄文人が水稲農耕を積極的に開始したことを示している。縄文人が弥生人になったのだ。

神戸市西区新方《しんぽう》遺跡※12の三体の弥生前期人骨群は、片山一道さんによると、すべて縄文人系の形質を持っているという（片山一道　二〇〇〇『縄文人と「弥生人」古人骨の事件簿』昭和堂）。また、福岡県糸島《いとしま》市※13（旧志摩《しま》町）新町遺跡の弥生前期の半島系の支石《しせき》墓《ぼ》（19頁参照）に葬られていた人々も、また縄文人

※12　**新方遺跡**（しんぽういせき）　神戸市西区玉津《たまつ》町に所在する。明石《あかし》川下流域の沖積地に立地している。旧石器時代から鎌倉・江戸時代までの複合遺跡。弥生時代中期の方《ほう》形周溝墓《けいしゅうこうぼ》があった溝を掘り下げたところに、弥生時代前期の溝状の遺構が見つかり、そこに三体の人骨が出てきた。

※13　**糸島市**（いとしまし）　前原《まえばる》市（旧糸島郡）・糸島郡志摩町・同郡二丈《にじょう》町が二〇一〇年一月一日、合併して糸島市となった。この結果、糸島郡は消滅した。

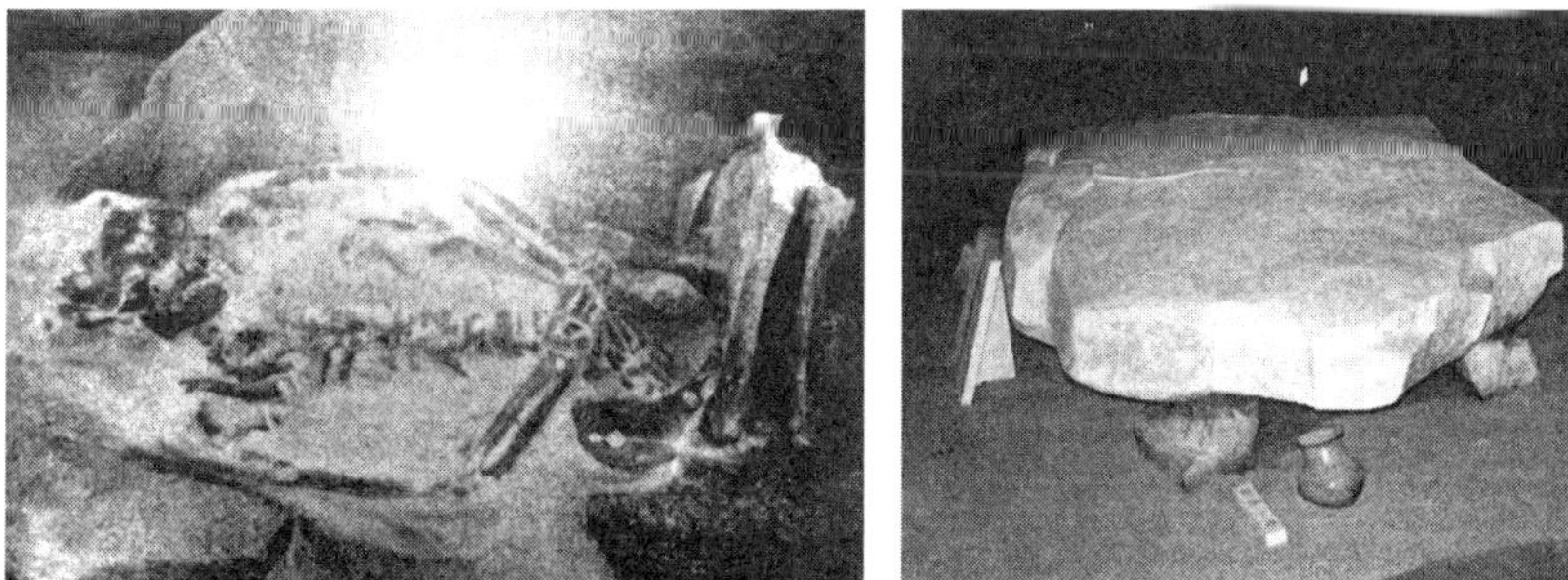

図14　縄文人が朝鮮系支石墓に葬られる（福岡県糸島市新町遺跡）

※14　石包丁（いしぼうちょう）　長さ一〇センチメートル前後で、扁平な半月形、または短冊形に磨製《ませい》する。稲穂を摘みとる道具である。

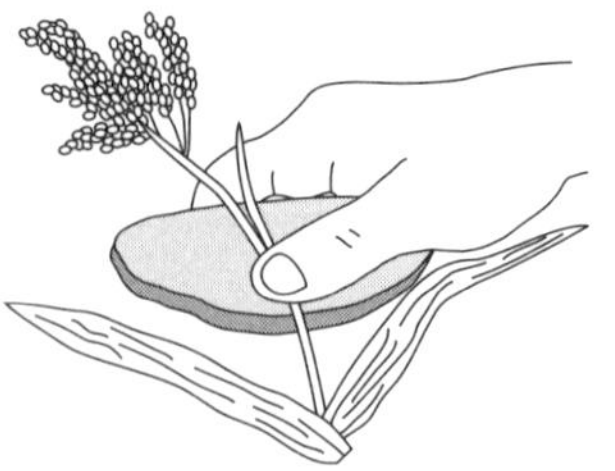

図16　石包丁による穂首刈り

※15　蛤刃石斧（はまぐりばせきふ）　鎬《しのぎ》と刃との間を貝殻のようにふくらみをもたせた斧の形をした石器。工作具、または農耕具として使用された。

だった（図14）。縄文人が弥生の支石墓を採用していたのである。

②　東北地方に達した水稲農耕

弥生前期の九州の遠賀川系土器は、本州北端の青森県弘前《ひろさき》市砂沢《すなさわ》遺跡や同県南津軽郡田舎館《いなかだて》村垂柳《たれやなぎ》遺跡に達している。

私は、一九八三年に青森県立博物館でこの土器を見たときには若干の違いはあるが、遠賀川式系土器だと思った。一九八一年、ついに垂柳遺跡で弥生前期の水田跡が現れた。これ以前には、東北のような寒冷地には弥生中期後半＝前一世紀にならなければコメ文化はないと言われていた。東北大学教授であった伊東信雄さんは、資料を示してそれ以前から東北地方に水稲農耕がありうると主張していた。ご夫婦で、発掘中の垂柳水田を訪れた伊東さんは、水田の傍らに感慨深げにしゃがみこんでおられたという（図15）。

一九九〇年には、砂沢遺跡の砂沢式期（弥生前期）の住居跡から多くの植物種子が

図15　東北の弥生水田と先駆者・伊東信雄（伊東氏：東北大学考古学研究室提供）

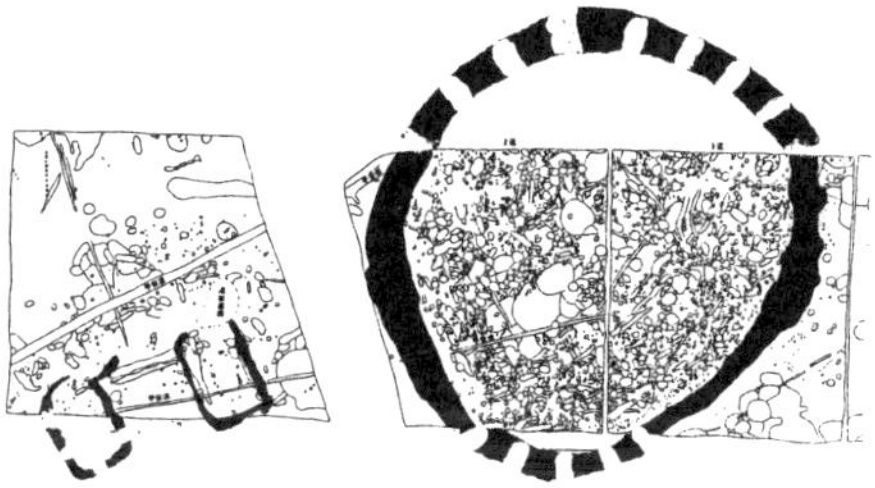
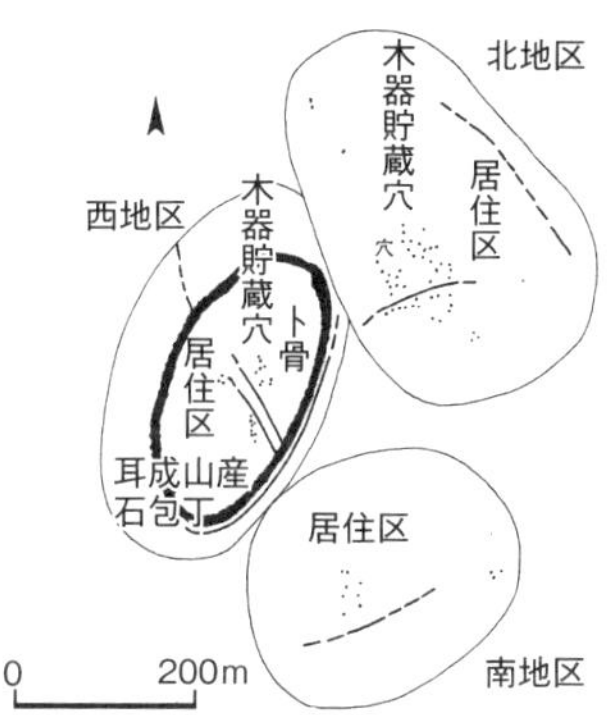

図17　弥生前期 環濠のあるムラ(左)とないムラ(右)
左:香川県鴨部川田《かべかわだ》遺跡(太線は環濠)
右:奈良県唐古《からこ》・鍵《かぎ》遺跡

検出された。「その主体は栽培植物の種子で、出土総数のほぼ八五%、二七八粒見つかり、その中でもコメがもっとも多く、一二九粒あった」(吉崎昌一、一九九二)。コメ以外ではアワ、キビ、ヒエ、オオムギ、コムギなどがある。ただし、砂沢遺跡には石包丁《いしぼうちょう》※14(図16)や太型蛤刃石斧《はまぐりばせきふ》※15はなく、水稲農耕は受け入れても縄文的な生活用具を継続していた。この状況は、弥生中期の垂柳遺跡の水田についても同じである。

垂柳水田の発見以降、西日本の弥生研究者はそれまでの考えを捨てて、弥生前期後半には東北地方全体が水稲農耕を開始したと主張し始めた。それは違う。弥生前期のコメ作りは救荒食であって、年間の主食とはなっていなかった。東北は今も変わらぬ寒冷地であって、年ごとの収穫は保証されていない。豊作であればよし。なければ縄文以来の植物食と狩猟・漁労で、といった感覚だった。

南九州も同様の状況であった。宮崎県西都原《さいとばる》考古博物館の北郷泰道《ほんごうひろみち》さんによると、南九州は「三対七の弥生社会」で、縄文以来の畑作が七で水田は三だという。弥生時代の日本列島には、弥生人になりきった縄文人と、なりきらない縄文人が存在したようだ(北郷泰道　二〇〇七『古代日向・神話と歴史の間』二二六頁　鉱脈社)。

図18　唐古・鍵遺跡から出土した楼閣《ろうかく》を描いた土器（40頁参照）をもとに復元された楼閣

弥生前期、環濠をもつムラともたないムラ

一九五一年以降の福岡市博多区板付《いたづけ》遺跡の調査で明らかになった長径一一七メートルの環濠は、その後、弥生拠点集落の要件として注目された。ところが、岡山市津島《つしま》遺跡は自然流路を利用した集落立地ではあるが環濠はなく、香川県さぬき市鴨部川田《かべかわだ》遺跡は径六〇〜七〇メートルの環濠をもちながら、環濠外に区画溝をもつ平屋か高屋をもつなど、ムラごとの差異が見えてきた（図17）。

近畿では、神戸市大開《だいかい》遺跡には径四五メートルの環濠があるが、拠点集落とされている奈良県磯城《しき》郡田原本《たわらもと》町唐古《からこ》・鍵《かぎ》遺跡には前期環濠はなく、同一地域に三ヶ所に分かれて集住している。

唐古・鍵では、中期以降に径四〇〇メートル余の多重環濠が発達するので、前期のムラの形態は集落造成による自然破壊を意図しない縄文的な風景を感じさせる。ここにも、前期末の人口増とそれ以前のムラ造りの差があるようだ。

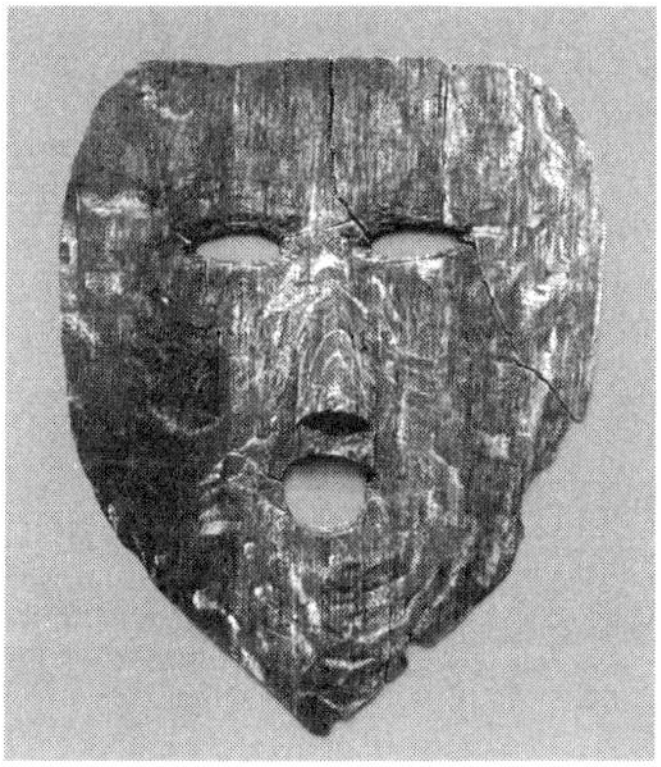

図19　纒向《まきむく》遺跡（奈良県桜井市）から出土した祭祀具と思われる木製仮面（桜井市教育委員会提供）　広鍬《ひろぐわ》からの転用品で、眉《まゆ》は線刻で描かれている。

第三章　弥生のカミ祭り

弥生時代の専用祭祀具は、銅鏡・銅剣・銅鉾《どうほこ》・銅鐸《どうたく》などの金属製と木製刀・剣・木偶《もくぐう》・木鳥・木鐸・男根・琴などの木製品（図19）と土製人形・動物形・男根形・銅鐸形などの土製品と石偶などの石製品がある。専用祭場は不明だが、非日常的な大型建物は祭殿の可能性がある。

金属製祭祀具

銅鏡・銅剣・銅鉾・銅鐸とも、弥生前期末・中期初に北部九州で始まった可能性が高い。銅鐸の北部九州開始説は、私の自説である。これは少数意見だろうが、古式に限られる九州銅鐸鋳型の出土とその製品が中・四国西部に多い現象は示唆的である。しかし、銅鉾と銅鐸の巨大化はそれぞれ九州と近畿で行われた。両者は二世紀末にほぼ同時に廃棄されているが、その廃棄と

図20-1　神岡桜ヶ丘出土の銅鐸群
手にするのは、考古学者の小林行雄氏（神戸新聞社提供）。

埋納方法には共通性がある。

両者とも、時には破壊し、時にはいわゆる〝埋め殺す〟。福岡市辻田《つじばたけ》の川に捨てられた広形銅鉾片、兵庫県豊岡市久田谷《くただに》の五〇片に割られた銅鐸片が破壊例であり（図20）、横にして立てる埋納法は両者に共通する。両者の表裏文様に微妙な差異があり、そこに雌雄とまでは言わないまでも表裏の役割の差異があって、それぞれ表裏面を尊重するために横にして立てる埋納法をとったのではないか。

私が銅鐸の〝埋め殺し〟を意識したのは、奈良県桜井市大福《だいふく》銅鐸（図20）、大阪府八尾市跡部《あとべ》銅鐸と徳島市矢野銅鐸の埋納状態を見たからである。一九八四年、島根県簸川《ひかわ》郡斐川《ひかわ》町神庭荒神谷《かんばこうじんだに》に続いて、全国二例目の埋納状態で発掘調査できた桜井市の大福銅鐸がきっかけだった。出土状態の記録が終了して銅鐸をとりあげ、現地で板上に立ててとりあげ直後の銅鐸撮影が三〇分余り続いた。撮影が終わって、銅鐸を持ち上げたら鐸内の土が立ったまま板上に残った。土は、まるで銅鐸鋳造のときの中子のように鐸内側の形のまま立っており、上面には舞孔（あな）の圧痕まで付いている。

神戸市灘区神岡《かみか》桜ヶ丘から見つかった一四口の銅鐸（図20）の内面観察をしたとき、すべて鐸内の土砂流入痕跡は銅鐸裾から斜めに付いており、銅鐸内面が土砂で充填《じゅうてん》している事例は全くなかった。ところが、大福銅鐸は内側に土砂を充填して埋めたのである。舞孔痕跡が残るほどではないが、鐸内への土砂充填《じゅうてん》例が顕著だったのは跡部鐸と矢野鐸である。矢野鐸は鐸外面も土砂で覆い、そのまま木枠に入れていた痕跡があるという。埋め殺しだ。

弥生のカミは否定され、殺された。殺し方には破壊と埋め殺しと、佐賀県神埼《かんざき》郡吉《よし》

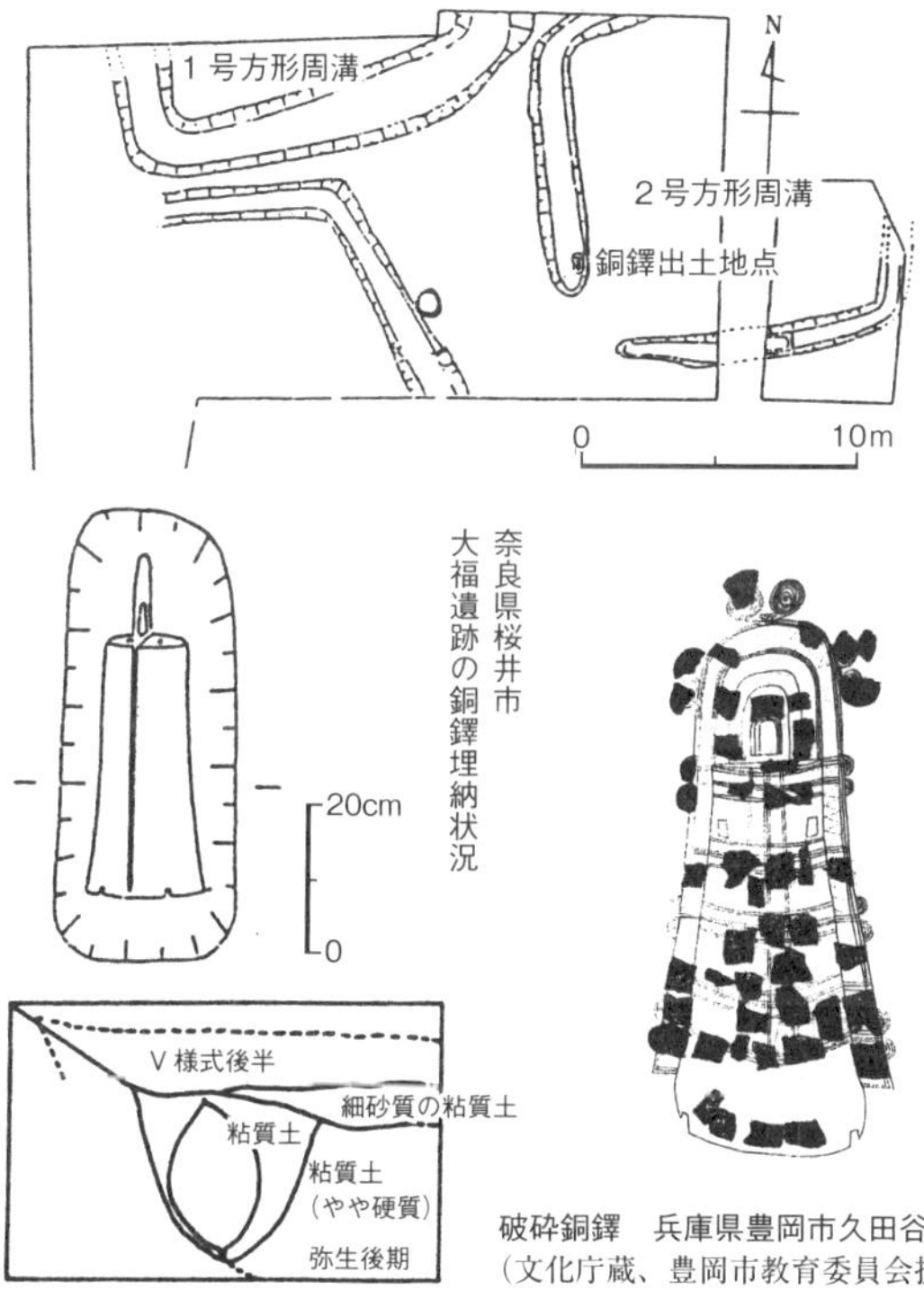

奈良県桜井市大福遺跡の銅鐸埋納状況

破砕銅鐸　兵庫県豊岡市久田谷遺跡
（文化庁蔵、豊岡市教育委員会提供）

図 20-2　銅鐸の埋め殺し、破砕の状況

図 20-3　大福銅鐸の埋納状況（桜井市教育委員会提供）
方形《ほうけい》周溝《しゅうこう》墓《ぼ》の周濠の底から出土した。

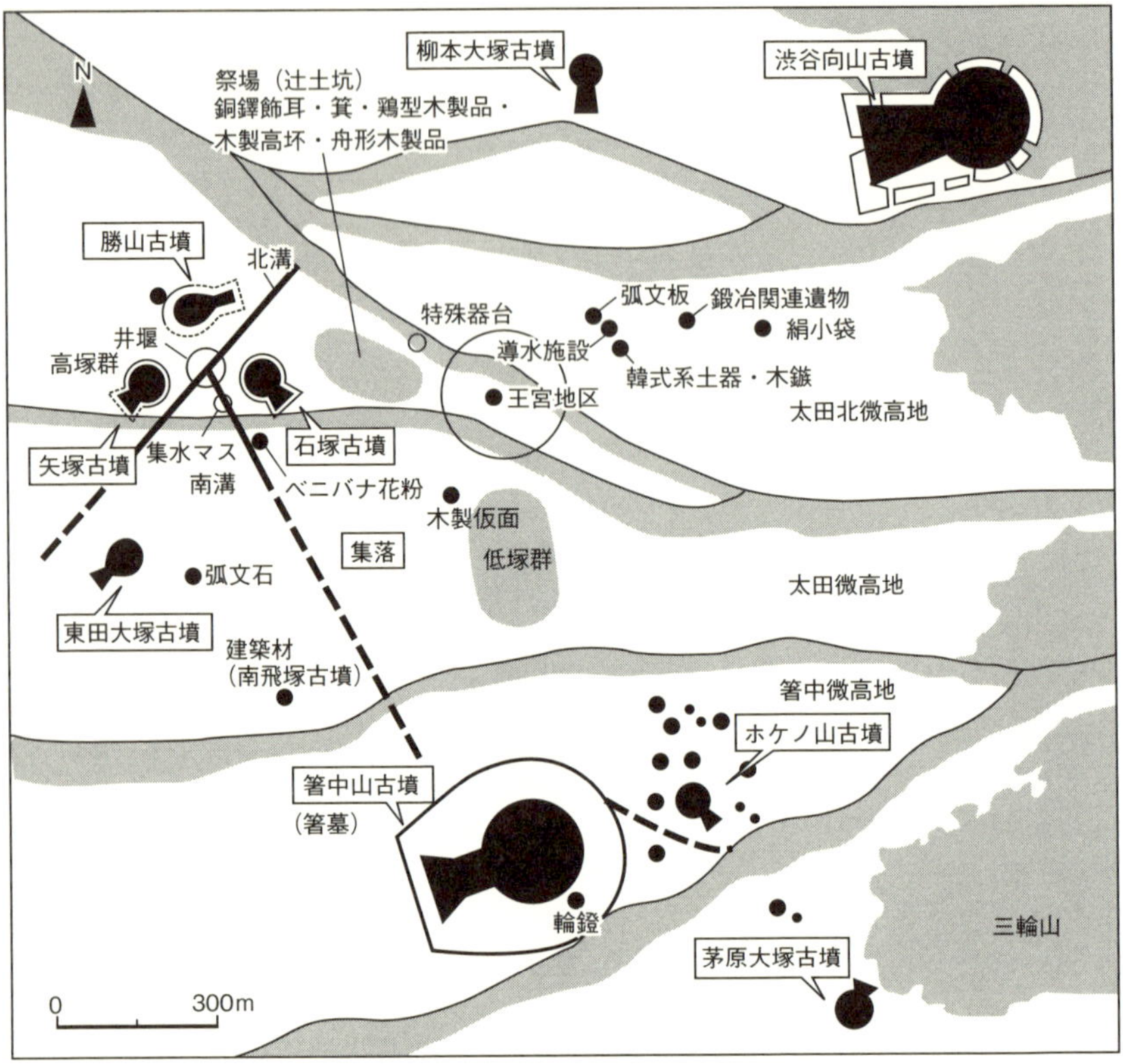

図21　纒向遺跡　桜井市の纒向遺跡は、三輪山を仰ぎ見る下位段丘から扇状地にかけて広がる。2世紀末の弥生後期から4世紀前半の古墳時代にわたる遺跡である（桜井市教育委員会資料より）。

野《の》ケ里《がり》町の吉野ヶ里銅鐸のような倒立があった。

二〇〇七年と二〇〇八年に、さらに恐ろしいカミ殺しが判明した。神体山の三輪山《みわやま》を仰ぎ見る奈良県桜井市脇本《わきもと》遺跡と同坪井・大福遺跡から出た銅鐸である。

二〇〇七年に奈良県立橿原考古学研究所が調査した脇本遺跡では、庄内《しょうない》式期古段階（三世紀前半〈95頁参照〉）の住居跡付近から銅鐸片と銅滓《どうさい》が出土した。三世紀前半に三輪山麓で弥生のカミを祭る用具を破壊しただけではなく、単なる銅素材として他の器具につくりかえようとしていたことを示す。[※16] ここは、広い意味では桜井市の纒向《まきむく》地域（図21）であり、二世紀末に突然、三輪山麓を占拠した纒向人は徹底して弥生のカミを否定したのだろうか。

　坪井・大福遺跡でも、二世紀末の土器群とともに銅鐸片と金属溶解用のフイゴ羽口《はぐち》が共伴しており、ここもまた纒向から四キロと近い。纒向遺跡内では、すでに一九七二年に大型銅鐸の飾耳片（図22）が桜井市辻の天照《あまてらす》御魂《みたま》神社東北側から出土している（270頁参照）。三輪山麓で、二・三世紀に大変革がおきていたようだ。

模擬戦と男女神の形代

① カミに奉納する模擬戦

山口県阿武《あぶ》郡阿東《あとう》町宮ヶ久保《みやがくぼ》遺跡で、弥生中期の川跡から多くの木製品とともに木剣・木刀が出土し、カミに奉納するための模擬戦が想定されてきた。私は、二〇〇三年三月に訪れたインド・コルカタ市のイスラムの祭で模擬戦（図23）に出会ったが、弥生時代にどの程度行われていたのだろうか。コルカタでは径八メートル余の輪の中で二人が棒を持って戦い、傍らで数人がタイコを叩いていた。そのまわりを一〇〇人余りの人々が囲み、見物していた。

　木剣の古い例は、奈良県田原本町の唐古・鍵遺跡の弥生前期例がある。木剣は銅剣の形に似ているので、近畿の弥生前期に銅剣はあり得ないという判断から時期につい

※16 **銅鐸の消失**（どうたくのしょうしつ）　奈良県内では大福遺跡で穴の中に埋められていた他、同じ大福遺跡や纒向遺跡、脇本遺跡、唐古・鍵遺跡で破片で発見されている。これらは、新しく青銅器をつくる原料になったのだろう。

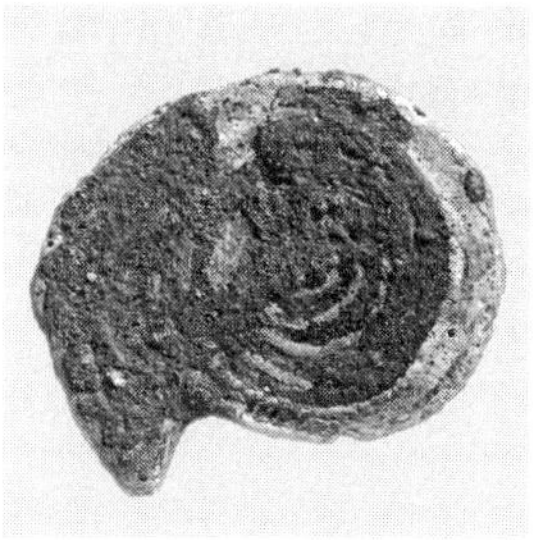

図22　纒向遺跡出土の銅鐸飾耳（奈良県立橿原考古学研究所提供）　突線《とっせん》紐《ちょう》式とよばれる銅鐸の破片である。

図23　カミに捧げる模擬戦の様子
上：奈良県立橿原考古学研究所付属博物館提供
下：インド・コルカタ市（2003年）

ては疑問視されていた。しかし、和歌山県御坊《ごぼう》市堅田《かただ》遺跡で弥生前期のヤリガンナの鋳型が出土しているので、その可能性は留保しておきたい。そうなると、近畿で銅剣製作が始まるとともに木剣が製作され、模擬戦が行われたことになる。そして、弥生中期以降には、西日本に留まらず、関東以西の各地で奉納戦が普及した。

② 男女神の信仰

男神と女神が共同して何らかの行為を行うことは、イザナキ・イザナミ両神の国生み神話をまつまでもなく大いにありうることであろう。しかし、考古資料は意外に少ない。

滋賀県野洲《やす》市湯ノ部《ゆのべ》遺跡の二体の木《もく》

図24　奈良県清水風《しみずかぜ》遺跡の土器絵画（弥生中期）（田原本町教育委員会提供）
左手に盾《たて》と右手に戈《か》をもつ人物。カミ祭りの模擬戦を示したものだろう。

偶《ぐう》（図25）の一方の股間に一孔があり、木片を挿入し、男根とする。二体は、三メートル余り離れているが同じ溝からの出土であり、セットで使用された可能性がある。木偶自体の出土例が全国で八遺跡一二例と少ないうえ、滋賀県に集中しており、列島全体の風習として普遍することは難しい。

同様に例数は少ないが、香川県高松市空港跡地遺跡の弥生後期の土人形群（図25）も興味深い。高さ五～七センチの手づくねの土人形が六体一括出土した。その中に頭部と陰部の表現で男女を表わしているのが男三体、女三体ある。石製男根は大分県上田原貝塚や山口県下関市綾羅木《あやらぎ》遺跡など弥生前期後半にさかのぼる。さらに福岡市板付《いたづけ》遺跡では弥生前期（板付I式）の水田址の排水溝口に下端を三つに割った棒を立て、傍らに骨角製マンカクシ？があった。水田址ではないが、長崎県五島《ごとう》列島の浜郷遺跡からは鹿の肩甲骨製マンカクシが出土している。

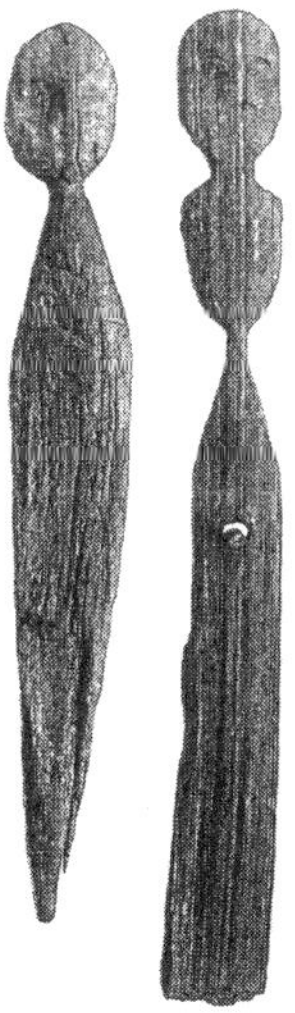

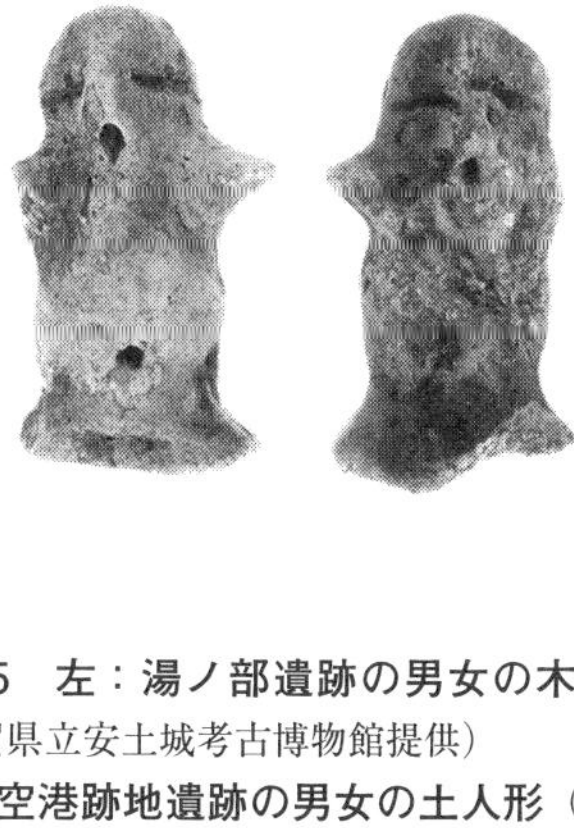

図25　左：湯ノ部遺跡の男女の木偶（滋賀県立安土城考古博物館提供）
右：空港跡地遺跡の男女の土人形（香川県埋蔵文化財センター提供）

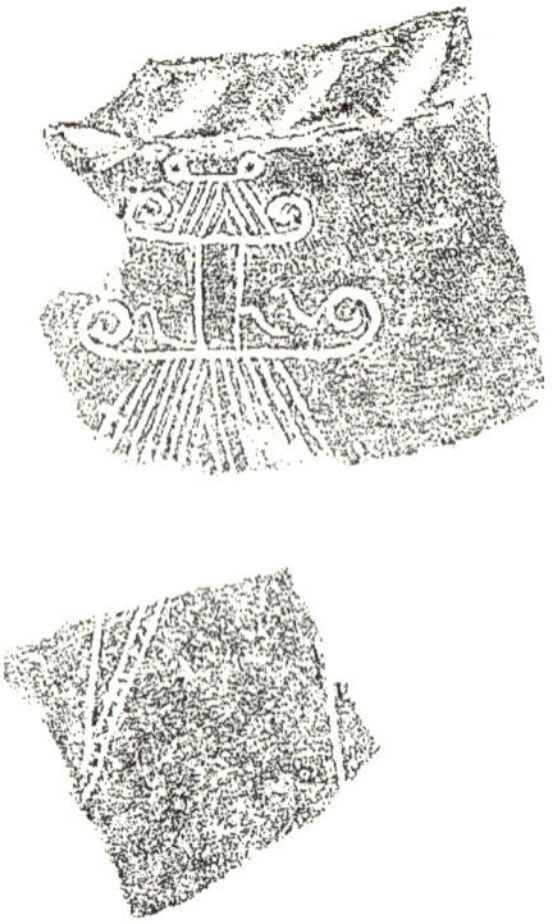

図 26　唐古・鍵遺跡出土の弥生中期の楼閣絵画土器（田原本町教育委員会提供）　32 頁参照。

図 27　池上曽根遺跡の大型建物跡遺構（和泉市教育委員会提供）　巨大な柱穴からその規模の大きさがわかる。

女陰は登場しないが、母なる大地と男根による農耕祭祀が想定できる。

弥生後期の山城内の一画に設けられた石組と小屋跡から出土した男根状石製品が兵庫県芦屋《あしや》市会下山《えげのやま》遺跡にある。標高一七〇メートル前後の山頂尾根に六軒の住居跡があり、最高所に位置するFと名づけた住居の後に接して石組と小屋があった。石組は人頭大から腰大の自然石を径一・二～一・五メートル、高さ〇・七メートルに組み、中央部に径二〇～三〇センチの凹みがあり、その上にもっとも大きな石をのせていた。小屋は一辺一・五×二メートルの四本柱で、建物を取り囲む溝に多くの土器がおかれている。男根状石製品は石組に接して出土した。

『報告書』では石組凹穴内の三ツ石に注目して、沖縄のウタキ信仰と関連づけて説明したが、現在に至るまで類例がなく、定かではない。しかし、弥生後期に山城の最大住居に接して石組と小屋があり、そこで男根を表わす石製品を使用した祭祀が行われていた。

図28　池上曽根遺跡に復元された大型高床建物（和泉市教育委員会提供）
大型高床建物は祭殿だったのだろうか。建物の南側には覆屋を架けた井戸が復元されている。

③　祭殿——大型太柱建物の発見

一九九二年に奈良県田原本《たわらもと》町唐古・鍵遺跡から弥生中期の「楼閣《ろうかく》絵画土器」（図26）が確認されてから、大阪府和泉《いずみ》市・泉大津《いずみおおつ》市にまたがる池上曽根《いけがみそね》遺跡をはじめ、西日本各地で弥生時代の大型高床建物跡（図27〜29）が続々と登場した。「楼閣絵画土器」に描かれた建物が、楼閣であるかどうかは議論のあるところだが、弥生時代に非日常的な重層建物が存在していたことが認識される契機となった点で重要である。

建物の大小は相対的なものであるが、小型に類する高床《たかゆか》倉庫は、すでに一九四七年の静岡市登呂《とろ》遺跡の調査以来確認されていた。一九七一〜七七年には、鳥取県米子《よなご》市青木遺跡の弥生中期末の中型の平屋（平地建物）と高屋（高床建物）五八棟の検出によって、穴屋（竪穴建物）ではない住居用建物があることも知られていた。しかし、それらの建物の柱穴の大きさは径一五〜三〇センチが普通で、柱径は一五センチ前後である。

図 29　描かれた弥生の大型建物

（秋山浩三『弥生大型農耕集落の研究』青木書店、2007年）

図30　復元された吉野ヶ里遺跡の建物群（佐賀県）

それに対し、池上曽根遺跡などの大型高屋は、柱穴径一〇〇センチ余り、柱径六〇～八〇センチと巨大木柱を使用している点に特色がある。さらに、建物規模も床面積が一三三平方メートル＝八〇畳と従来の平屋・高屋と比較にならないほど大規模である。

このような太柱建物は、弥生中期初の奈良県唐古・鍵遺跡や兵庫県尼崎《あまがさき》市東武庫《ひがしむこ》遺跡で始まり、弥生中期末の池上曽根遺跡などのピークを経て、弥生後期の佐賀県神埼《かんざき》郡吉野ヶ里《よしのがり》町吉野ヶ里遺跡（図30）などに継続する。その分布は、現在のところ中部以西に拡がる。

集落内での大型建物の場所をみると、東武庫と池上曽根は柱列や溝によって長方形に区画された別区の中にあり、池上曽根では建物の前に径二メートル余りの巨大な井戸が設けられていた。吉野ケ里もまた張出付の盾形区画の中にあり、特異だ。

一般住居としては不必要なほどの太柱の使用や特別区画内の位置などから、これら大型建物は祭殿と考えている。しかし、神社史の立場ではカミが常在する神殿の成立は鎌倉時代であり、弥生時代の大型建物は神殿とは認め難いという。そうではあっても、遺構としての太柱高屋は日常使用の住居とは考えられない。従って、弥生時代の太柱高屋は、神事に際してカミを依代《よりしろ》に招き、儀式を行う祭殿と考えておきたい。

ただし、近年、池上曽根の高屋周辺の土砂の中から異常に多量のイネ花粉が検出されたことを受け、同高屋の大型倉庫説がささやかれている。別区に大型倉庫を構築することはありうることではあるが、弥生中期に一三三平方メートルの高倉に貯蔵するだけのイネの収穫があったかという疑問とともに、高倉であれば総柱がふさわしいが、側柱と棟持柱だけで総重量を支えうるのか疑問である。やはり、これは祭殿としておきたい。

第四章　弥生中期末（前一世紀〜後一世紀）の画期

弥生山城の盛衰

水稲農耕を主な生業としたであろう弥生時代に、水田から離れた山上に住居を構える人々が現れた。山上のムラは地理的には高地性集落《こうちせい》であり（123頁参照）、機能的には山城《やまじろ》である。私は、弥生山城の盛期は二時期あり、古墳早期（三世紀）にも一つの盛期があると考えている（図32）。

弥生山城一期が中期末・前一世紀の争乱である。山城は、瀬戸内中部の岡山県児島《こじま》山頂、標高二〇〇〜三〇〇メートルの種松山《たねまつやま》や貝殻山《かいがらやま》、香川県荘内半島山頂の紫雲出山《しうでやま》（標高三五〇メートル）と大阪湾岸の六甲山《ろっこうさん》麓にある神戸市伯母野山《おばの》（標高二〇〇メートル）や芦屋市城山と会下山《えげのやま》（標高二三〇メートル、一七〇メートル）などに集中する。

比較的広く調査されている貝殻山や会下山では穴屋が四〜五棟あり、日常生活に使用された土器類も多く、墓地もあって人々は定住していた。戦乱のための一時のムラでもなく、のろし場の守備隊だけでもない。居延漢簡《きょえんかんかん》※17にみられる中国漢代の烽燧《ほうすい》制の

※17　**居延漢簡**（きょえんかんかん）　中国、内モンゴル自治区エチナ旗から甘粛《かんしゅく》省酒泉の東北部にある居延烽燧《ほうすい》遺跡から発見された前漢代・後漢代の木簡《もっかん》群。

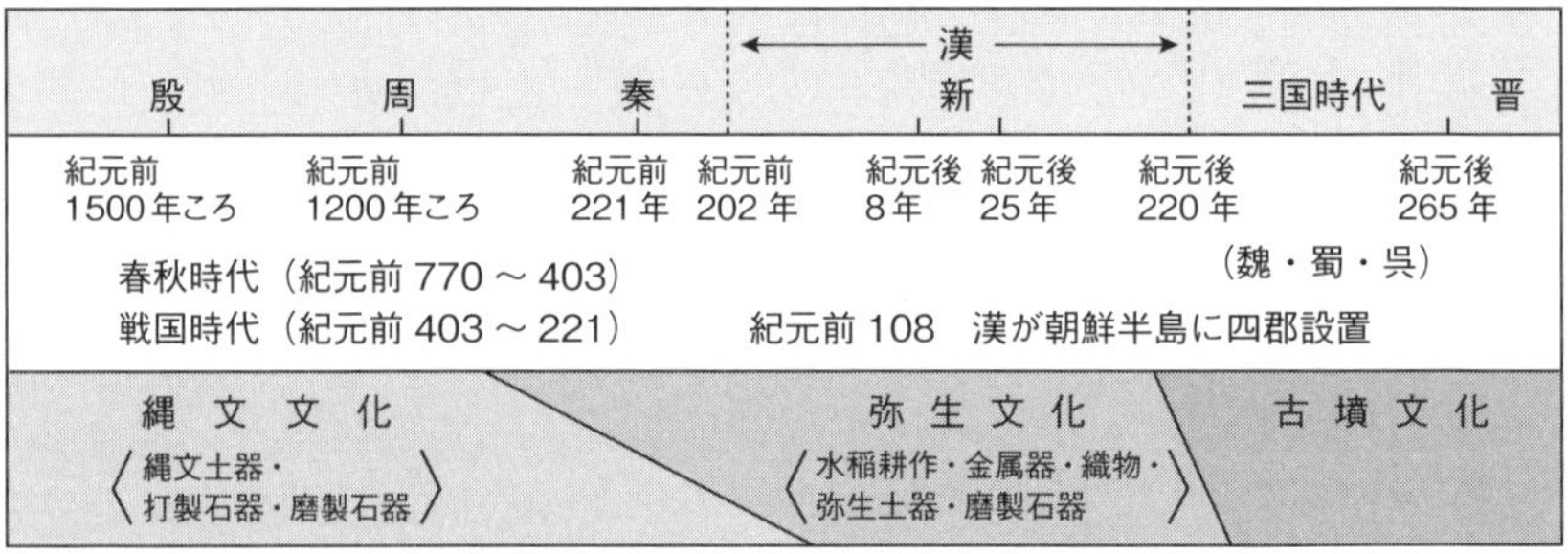

図 31　日本と中国の模式年表

図 32　２世紀の弥生山城　（小野忠熈『高地性集落の研究』、1979年）

ように約二キロ間隔でのろし場を設け、守備隊を置いたことも想定できる。しかし、今わかっている弥生山城の立地にはそれほどの計画性は認められない。

大阪大学名誉教授の都出比呂志《つでひろし》さんは弥生山城の分布密度が高い大阪湾岸の各山城の立地や間隔を検討したが、その間隔は一～五キロとバラツキがある（都出、一九七四「古墳出現前夜の集団関係」考古学研究二〇—四）。三キロ以上離れると深いキリ、モヤや雨の日にはのろしがとどかない。敵は、晴れの日にだけ攻めてくるわけではない。

山口大学名誉教授の小野忠熈《ただひろ》さんが、いち早く山城として注目した山口県島田川流域の周南《しゅうなん》市天王や岡山《おかのやま》の堀が、弥生中期末に埋められていることと同じ現象が、遠く離れた神奈川県横浜市の朝光寺原《ちょうこうじばら》でもおこってい

図33　岡山県楯築遺跡の墳丘墓頂上

る。このことから、私は、前一世紀に関東以西の全域を巻きこんだ広域の戦乱があったと想定した（石野、一九七三「三世紀の高城と水城」古代学研究六八）。

のちの戦国時代のような戦いがあったとしても、九州の戦死者には九州の武器である銅剣切先が、近畿の戦死者には近畿の武器である石剣や石鏃《せきぞく》が突き刺さっているのが普通である。九州と近畿、あるいは近畿と関東が直接戦ってはおらず、各地の極地戦の連続だった。

そして、後期初頭にいったん戦乱は小康状態をたもち、同後半に再び激化したようだ。

銅鐸を見限った地域——イズモ（出雲）とキビ（吉備）

北部九州の銅鉾《どうほこ》圏（ツクシ＝筑紫）と近畿以東東海の銅鐸《どうたく》圏（ヤマト＝大和・オハリ＝尾張）では弥生後期末に至るまで、それぞれ銅鉾・銅鐸を祭祀具として活用していた。

それに対し、イズモとキビでは、銅鐸の変革期である突線《とっせん》鈕《ちゅう》二式銅鐸※18という形式以降の銅鐸がない。イズモでは加茂岩倉《かもいわくら》（島根県雲南市《うんなん》）に四〇個の銅鐸があり、神庭荒神谷《かんばこうじんだに》（島根県斐川町《ひかわ》）で六個の銅鐸と三五八本の銅剣という多量の金属製祭祀具を保有しているにもかかわらず、新式の金属製祭祀具がない。

また、キビでは、銅鐸を捨てた一世紀中葉の弥生後期初に、新たな祭祀が始まった形跡がない。有名なキビ独特の特殊器台をともなう立坂《たちさか》（岡山県総社市《そうじゃ》・倉敷市吉備町）や楯築《たてつき》遺跡（岡山県倉敷市）の大型墳丘墓（図33）は二世紀末のことであり、約一〇〇年余の間隔がある。

むしろ、イズモでは出雲市中野美保《なかのみほ》遺跡に弥生中期後半に長方形貼石墓《はりいしぼ》が現れ、やがて後期には四隅突出型方形墓《よすみとっしゅつがたほうけいぼ》※19が出現する。そして、古墳前期にかけて方形墓世界が展開する。四隅突出型方形墓の初源型は、日本海沿岸ではイワミ（石見）の島根県邑智《おおち》郡邑南《おおなん》町順庵原《じゅんなんばら》や江津《ごうづ》市波来浜《ならはま》にあり、その祖型は韓国にたどれる。

前一世紀から後一世紀にかけて、金属製祭祀具を廃止したのはキビとイズモであり、中でもイズモは方形貼石墓を採用し、新たなカミを創造した。それに対し、ツクシとヤマトやオハリは後期末＝二世紀末まで銅鉾・銅鐸祭祀を継続した地域である。キビ・イズモを革新派とすれば、ツクシ・ヤマト・オハリは保守派・伝統派である。

※18　突線紐二式銅鐸（とっせんちゅうにしきどうたく）　元国立歴史民俗博物館長の佐《さ》原真《はらまこと》氏が、六〇〇近い銅鐸を紐の形態の変化によって編年し、四形式に分類されている。二式は外縁付紐とよばれる形式で、鐸身の両側の鰭《ひれ》が発達して紐の部分にまで及び、紐の外側に外縁が付く。

※19　四隅突出型方形墓（よすみとっしゅつがたほうけいぼ）　弥生時代中期から山陰・北陸の各地方で行われた墓制。方形墳丘墓の四隅がヒトデのように飛び出した特異な形の大型墳丘墓で、その突出部に葺《ふき》石《いし》や小石を施すという墳墓形態である。四隅突出型墳丘墓ともいう（111頁参照）。

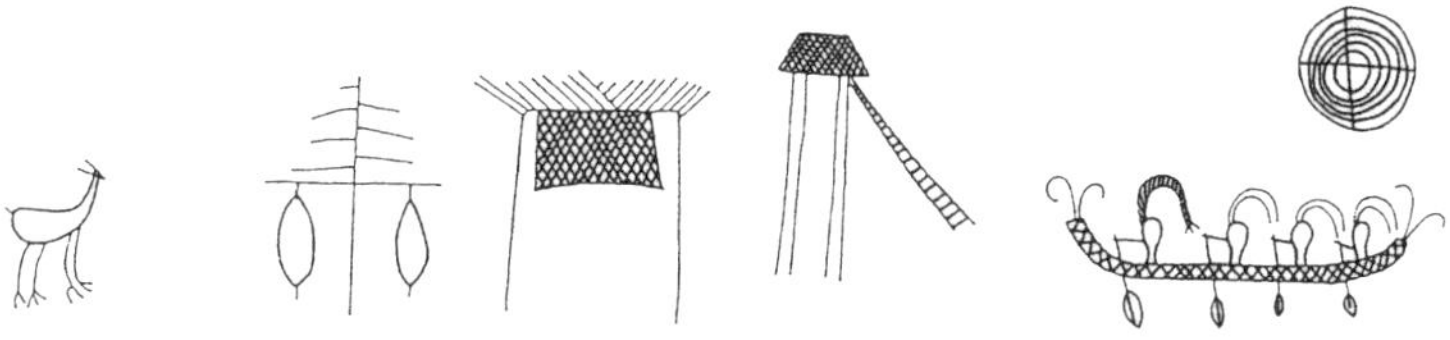

1．稲吉角田遺跡の土器絵画展開図（一部復元）

2．唐古・鍵遺跡の土器絵画展開図（一部復元）

3．舟と鳥（唐古・鍵遺跡）

図34　弥生人の絵物語り
（奈良県香芝市二上山博物館編『弥生人の鳥獣戯画』雄山閣、1996年）

弥生人の絵物語り
――ヤマト、唐古・鍵から

ヤマト保守派の中心は唐古《からこ》・鍵《かぎ》（田原本町）である。弥生前期末にヤマト中枢のマチに成長し、中期末・後期には径四〇〇メートル余の大型環濠を掘り、古墳早期まで環濠を掘り続けている。大阪平野では池上曽根《いけがみそね》（和泉市・泉大津市）をはじめとして、中期末・後期初に環濠を埋め、集村から散村へと集落形態を大幅に変化させている。これに対し、奈良盆地では唐古・鍵だけではなく、平等坊岩室《びょうどうぼういわむろ》（天理市）、中曽司《なかぞし》（橿原市）などの拠点集落のすべてが少なくとも後期末まで環濠を掘り続けている。

　大阪平野の拠点集落が環濠を埋める直前の弥生中期後半の唐古・鍵では、土器に連続する絵画を描く風習がおこった（図34）。絵画土器は、

	日本全域Ⅰ〜Ⅳ期（186個体）			近畿地方（97個体）		
	個体	百分率	順位	個体	百分率	順位
シ　カ	88	47.3	1	48	49.5	1
建　物	41	22.0	2	31	32.0	2
鳥	22	11.8	3	9	9.3	3
人　物	19	10.2	4	9	9.3	3
竜	14	7.5	5	0	0	
船	9	4.8	6	5	5.2	6
魚	7	3.8	7	7	7.2	5
イノシシ	1	0.5	8	0	0	
不明動物	4	2.2		0	0	

図35　土器絵画の各画材の出現頻度（橋本裕行「弥生時代の絵画」図34、同文献より）

何らかの儀式のあと、こわされて川や溝に流された。

橋本裕行さん（奈良県立橿原考古学研究所）によると、絵画土器は神奈川県二点を除くと東海以西に二七一点ある。地域別にみると、近畿二府四県の一七六点がもっとも多く、中国二二点、四国一八点、九州二〇点となる。土器に絵物語りを描く風習の中心が近畿であることがわかる。中でも、奈良県唐古・鍵遺跡には一〇〇点余の絵画土器があり、時期は弥生中期末が中心である。

画題は当時、眼につくすべてが描かれているわけではなく、図35のように選ばれている。

二七一点のうち、シカが一〇五点と最も多く、建物（五〇点）、人物（二六点）、鳥（二〇点）、竜（一六点）、舟（一四点）と続く。シカは害獣であり、益獣であり、霊獣である。イネを喰い荒らし、生血でイネを増殖し（『播磨風土記』）、カミの使いでもある。あらゆる生物は、人類にとって多様な性質をもっているが、シカはその中でも最たるイキモノで、それ故に絵物語りの多くの場面に登場していたのであろう。

弥生人の絵物語りは、弥生のカミをまつる祭祀用具である銅鐸にも描かれている。銅鐸絵画の画題の一位はシカ（二四点）で、鳥（一八点）、人物（一四点）と続く。

シカ、トリ、ヒトは土器絵画と共通し、弥生人にとっての祈りの原点を思わせる。中でもシカは、肉は食用として、皮は被服として、血は薬用として、骨は卜骨《ぼくこつ》・利器として実用されているとともに、イノシシなどにはない霊獣性が加わっていた。その象徴的場面が、奈良県天理市と田原本町にまたがる清水風《しみずかぜ》遺跡の鳥装のシャーマンである（図24・38）。体内にシカの霊を宿したトリが羽根を拡げてカミに祈る。民俗学

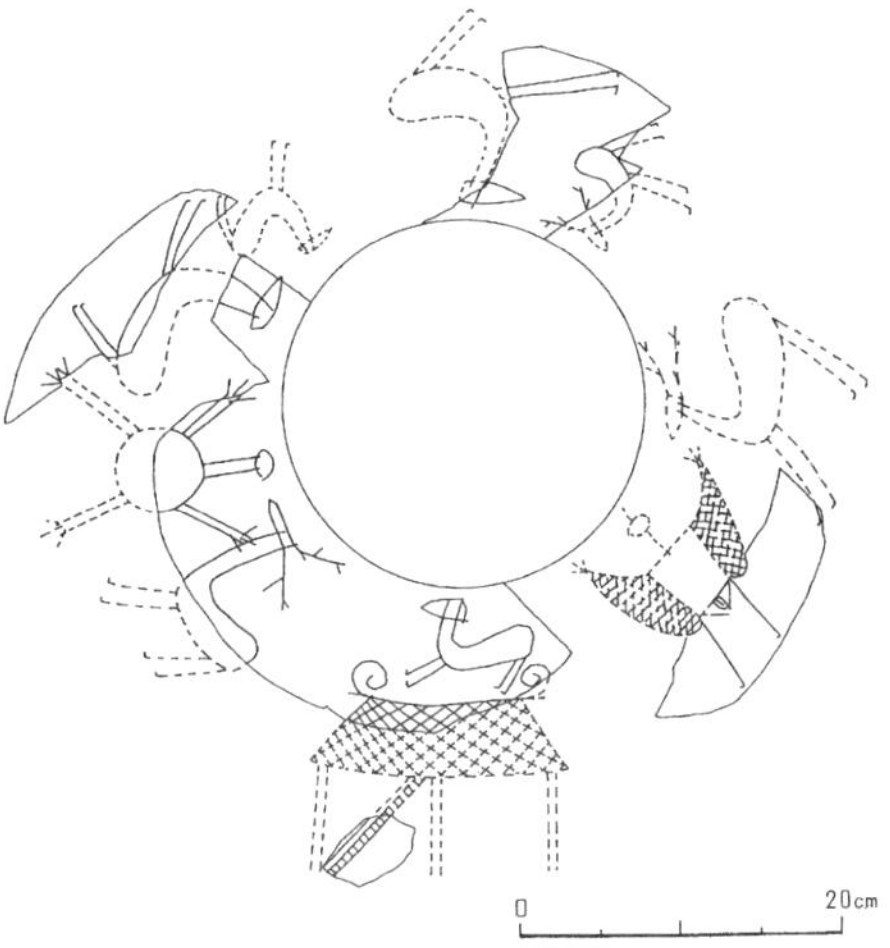

図36　唐古・鍵遺跡出土の土器絵画（田原本町教育委員会提供）　魂振《たまふ》りの祝儀をする巫覡《ふげき》と高床《たかゆか》式建物

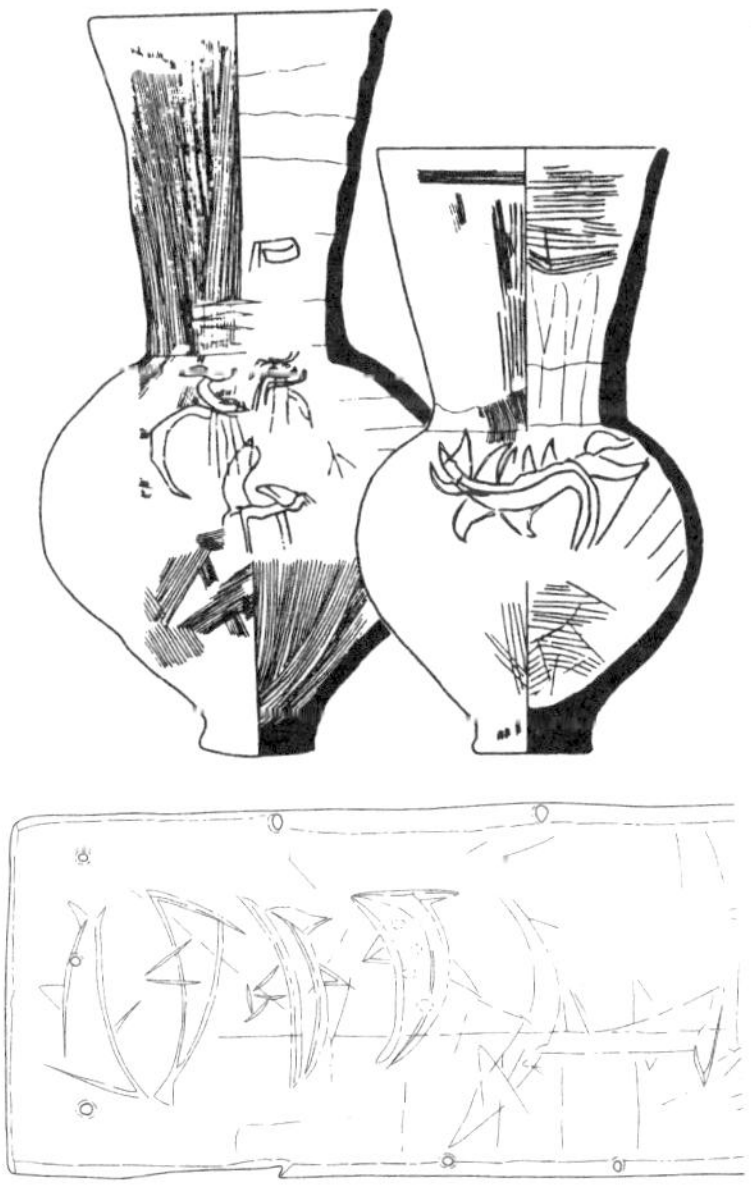

図37　弥生のカミ――竜とサメ
上：竜（大阪府池上曽根遺跡）　弥生後期
下：サメ（鳥取県青谷上寺地遺跡）　弥生中期後葉
（『弥生のまつりと大型建物』池上曽根整備委員会、1997年）

図38　清水風遺跡（図24・弥生時代中期）の土器に描かれたシャーマンとみられる人物と一組の男女を再現
（奈良県立橿原考古学研究所付属博物館提供）

の野本寛一《のもとかんいち》さんによると、その姿態は島根県津和野《つわの》町に現在も伝わる鷺舞《さぎまい》を思わせるという。

　土器絵画では、シカの次に多い建物が銅鐸絵画に三点しかないことの意味は何だろうか。土器絵画では、鳥取県米子《よなご》市の稲吉角田《いなよしすみた》や唐古・鍵遺跡から見つかった連続画でシカと鳥装のシャーマンと建物がセットで描かれている。稲吉角田画では、舟をこぐ鳥装シャーマンが太陽とともに高殿に向かうかの如くであり（図34）、唐古・鍵画は雌雄のシカと男女の巫覡《ふげき》が霊獣が宿る建物に向かおうとしているように思う（図36）。巫女は性器をあらわにし、いかにもシカの霊性を仮りて豊穣を願うかのようである。

　弥生後期・一世紀後半以降になると土器絵画は一変し、象徴的な竜文とサメや記号文が中心となる（図37）。

　一世紀は、中国では後漢時代で、九州の奴国《なこく》王は光武帝《こうぶてい》の金印を受け（55頁参照）、吉祥句《きっしょうく》を刻んだ方格規矩鏡《ほうかくきくきょう》（76・130頁参照）などに象徴される中国思想が入ったときである。方格規矩鏡には四神が描かれているので、竜文に四神思想の影響を見る考えもあるが、竜文土器が多い近畿には方格規矩鏡がまだ入っていない。むしろ竜文とサメ文は、対をなし、竜文は天のカミを、サメ文は海のカミを表わしているのではないだろうか。

Column

近畿弥生人、ツクシ（筑紫）の銅剣で倒れる

紀元前一世紀、近畿弥生人の一人がツクシの銅剣で刺された（図39）。場所は、ハリマ（播磨）の神戸市西区玉津田中《たまつたなか》四〇〇四号人骨だ。

背後から一突きされた戦士は、方形周《ほうけいしゅう》溝墓《こうぼ》の台上ではなく、周溝内の簡略な木棺に埋葬されていた。

弥生の戦争は、基本的には部族同士の地域戦であった。ツクシの戦士にはツクシの銅剣が突き刺さり、近畿の戦士には近畿の石製短剣が突き刺さる。例えば、これまで発見されているツクシの永岡《ながおか》人（福岡県）もセッツ（摂津）の勝部《かつべ》人（大阪府豊中市）

図39　ツクシ系銅剣に刺された近畿弥生人（神戸市西区玉津田中遺跡）（兵庫県立考古博物館提供）

もそうだ。それなのに、ハリマの玉津田中人だけがナゼ？　四〇〇四号人は、ツクシに派遣されていたのか、ツクシの尖兵がハリマに潜入していたのか？

近畿には、前一世紀に兵庫県尼崎市田能《たのう》に細形銅剣の鋳型があり、淡路島の南あわじ市古津路には細形銅剣が一括出土しているので、ツクシ系の銅剣は生産され、使用されていた。

しかし、玉津田中四〇〇四号人の銅剣切先は、兵庫県立考古博物館の種定淳介さんによると、これらより銅質もよく尖鋭であり、ツクシか本州島でも山口県域の所産だという。九州対近畿の広域の戦いは想定し難いが、人の動きがあったことは確実である。

第五章　金印外交、そして文字と鉄

「漢委奴国王」印の発見

「建武中元《けんむちゅうげん》二年、倭《わ》の奴国《なこく》、奉貢朝賀す。使人自ら大夫と称す。倭国の極南界なり。光武《こうぶ》、賜うに印綬《いんじゅ》を以てす。」『後漢書』倭伝

右は、有名な『後漢書』倭伝の一文だ。建武中元二年（西暦五七年）、後漢の光武帝《こうぶてい》のとき、倭の奴国が遣使し、印綬を受けた。

天明《てんめい》四年（一七八四）二月二三日、福岡県志賀島《しかのしま》（福岡市東区）から「漢委奴国王」印が発見され、直ちに福岡・黒田藩の西学問所の亀井南冥《かめいなんめい》※20が記した『金印弁《きんいんべん》』によって『後漢書』の記載と一致することが指摘されたことは著名である。その時から、ニセモノ説を含めての『研究史　金印』（大谷光男、吉川弘文館、一九七四年）は省略するが、江戸時代の伴信友《ばんのぶとも》※21による「漢の委奴《イト》国王」説から、明治時代の三宅米吉《みやけよねきち》※22による「漢の

※20　**亀井南冥**（かめいなんめい）江戸時代中・後期の儒学者。福岡藩（黒田藩）の藩校の一つである西学問所で徂徠《そらい》学を講じた（一七四一～一八一四）。

※21　**伴信友**（ばんのぶとも）江戸時代後期の国学者。若狭（福井県）小浜《おばま》藩出身。本《もと》居大平《おりおおひら》（本居宣長《のりなが》の門弟）の門人で、宣長の学風を慕い、古典の研究につとめた（一七七三～一八四六）。

委《ワ》の奴《ナ》国王」説への展開があり、本書では、考古資料からその委奴国王を探索してみよう。

「委奴国王」はだれか

建武中元二年（五七年）に倭人が使用していた土器は、現在の考古学の研究によると何式か？

考古学の年代は、土器様式の変遷によって相対編年を組立て、共伴する歴年代のわかる資料（鏡や銭貨）によって土器様式に歴年代を与える。

多くの検討を経て、五七年は弥生後期の初頭か前半に比定されている。北部九州では高三潴《たかみづま》式末か下大隅《しもおおすみ》式初頭、近畿では第五様式初頭（99頁参照）となる。

光武帝によって下賜された印綬が志賀島出土の金印であれば、委奴国王の領域は北部九州である可能性が高く、当該地域の王都・王墓が検討対象となる（図41）。王都・王墓を探索する要件は、五七年以後の漢系文物の多い遺跡・墳墓である。候補地は、福岡

※22　三宅米吉（みやけよねきち）　明治・大正時代の考古学者・教育者。中国や西域との接触に着目し、志賀島出土の金印を論じたことは有名。日本考古学会を創立した。

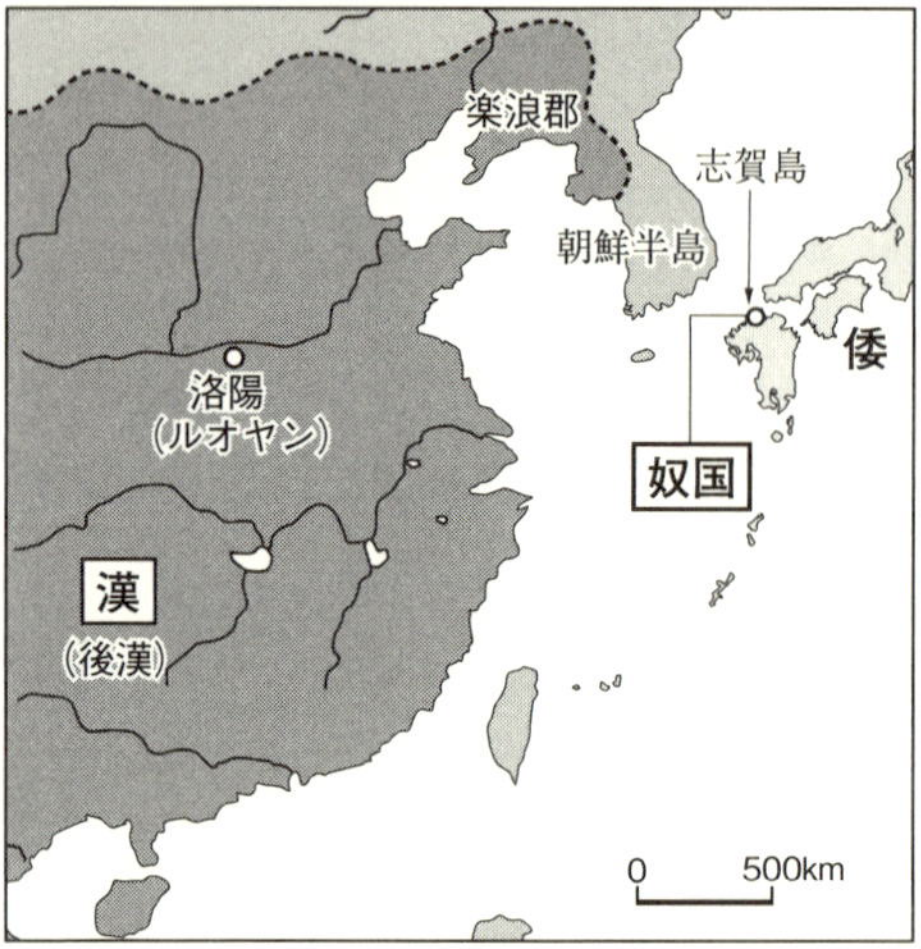

図40　1世紀ころの東アジア

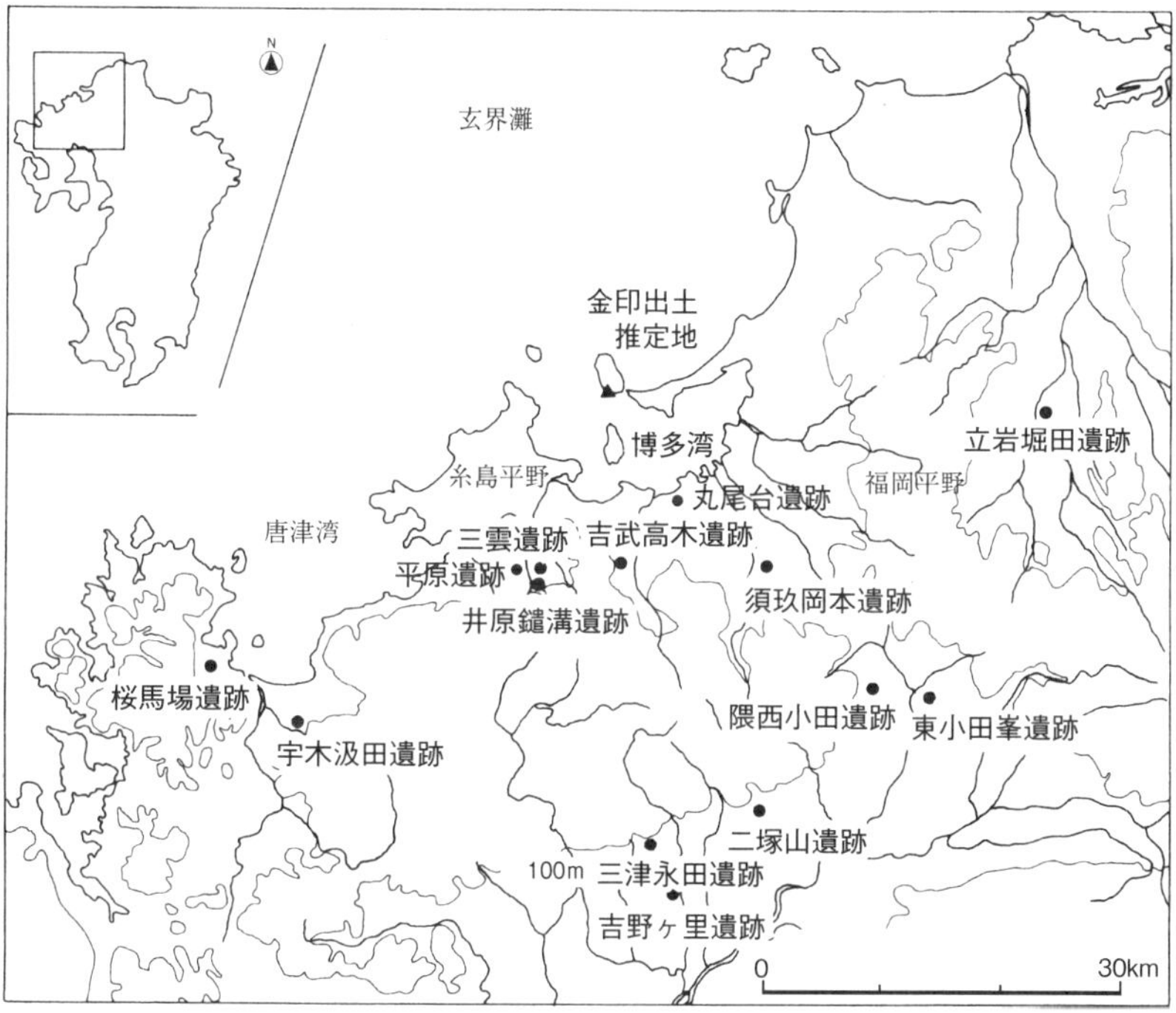

図41　弥生の王墓
（『卑弥呼の世界』大阪府立弥生文化博物館、1991年より一部改変）

平野を中心とする奴国《なこく》と糸島《いとしま》平野を中心とする伊都《いと》国に絞ることができる（図41）。

なお、この時期の墓は、列島の各地域に存在するが、ガラス玉などを副葬する例はあっても、九州以外では複数の漢式鏡などを保有する墓はない。

柳田康雄さんによる複数鏡副葬に限定した王墓・首長墓一覧（図42）をみると、弥生後期初頭、前半と考えられるのは奴国の須玖岡本《すぐおかもと》B地点墓（福岡県春日市）と伊都国の平原《ひらばる》五号墓（福岡県糸島市）・井原鑓溝《いけらやりみぞ》墓（糸島市）・早良《さわら》平野の丸尾台《まるおだい》墓（福岡市城南区）だけである。

図42で見るとおり、三者のうち、須玖岡本B地点墓と平原五号墓、丸尾台墓はいずれも後期初頭ではあるが、これらは前漢鏡二〜三面に限定される。後期前半の井原鑓溝墓の前漢末・後漢鏡二一面と刀剣・巴形《ともえがた》銅器三点

国	遺跡		鏡	武器・武具（祭器）	玉類・その他	時期
伊都国	三雲南小路王墓	一号	前漢鏡 35 （大型 1・中型 34）	有柄銅剣 1 細型（中細）銅矛 2 （中型形銅戈 1）	金銅四葉座飾金具 8 ガラス璧 8 ガラス勾玉 3・朱・水銀 ガラス管玉 100 以上	中期後半
		二号	前漢鏡 22 以上 （小型 22）		ガラス璧片ペンダント 1 硬玉勾玉 1・ガラス勾玉 12 朱	
	平原五号		前漢鏡 2 + α （中型 1・小型 1）			後期初頭
	井原鑓溝王墓		後漢鏡 21 （前漢末鏡を含む中型鏡）	刀剣・巴形銅器 3 鎧の板？	朱	後期前半
	平原王墓		前漢鏡 1（中型 1） 後漢鏡 1（中型 1） 仿製鏡 38 （超大型 5・大型 6・中型 26・小型 1） 計 40	素環頭大刀 1	ガラス勾玉 3 ガラス管玉約 20 ガラス小玉 600 以上 赤メノウ管玉 12 ガラス丸玉約 500 ガラス耳璫 2 （周溝）鉄鏃 10・ノミ 1 鉇 1・斧 1・土器片・砥石 2	後期終末
	飯氏七号		後漢鏡 2		朱	後期中頃
さわら	丸尾台小首長		前漢鏡 3（小型）	鉄小刀 1		後期初頭
奴国	須玖岡本	王墓	前漢鏡　約 30 （大型 3・中型 19・小型 8）	多樋式銅剣 1 （中細型銅剣 1） 細型（中細）銅矛 5 （中細形銅戈 1）	ガラス勾玉 1 ガラス管玉多数 ガラス璧片 3 朱	中期後半
		B地点	前漢鏡 2 （中型 1・小型 1）	細形銅剣 1		後期初頭
	松添		後漢鏡 2 （中型 1・小型 1）		朱	後期中頃
	門田辻田 24 号		（中型鏡 2）	鉄剣 1・（銅戈 1）	朱	中期末
やす	東小田峯 10 号		前漢鏡 2 （中型 1・小型 1）	鉄剣 1・（銅戈 1） 毛抜形鉄器 1	ガラス璧再加工円盤 2 朱	中期後半
ほなみ	立岩堀田 10 号大首長		前漢鏡 6（中型）	鉄剣 1 （中細形銅戈 1）	鉄鉇・砥石 2・朱	中期後半
末盧国	桜馬場大首長		後漢鏡 2 （大型 1・中型 1）	鉄刀・巴形銅器 3	有鉤銅釧 26 ガラス小玉 1	後期中頃

（注）〈鏡〉超大型40cm 以上、大型20cm 以上、中型13cm 以上、小型13cm 未満

図 42　弥生王墓・首長墓一覧（鏡複数副葬に限定）

（柳田康雄『九州弥生文化の研究』学生社、2002年）

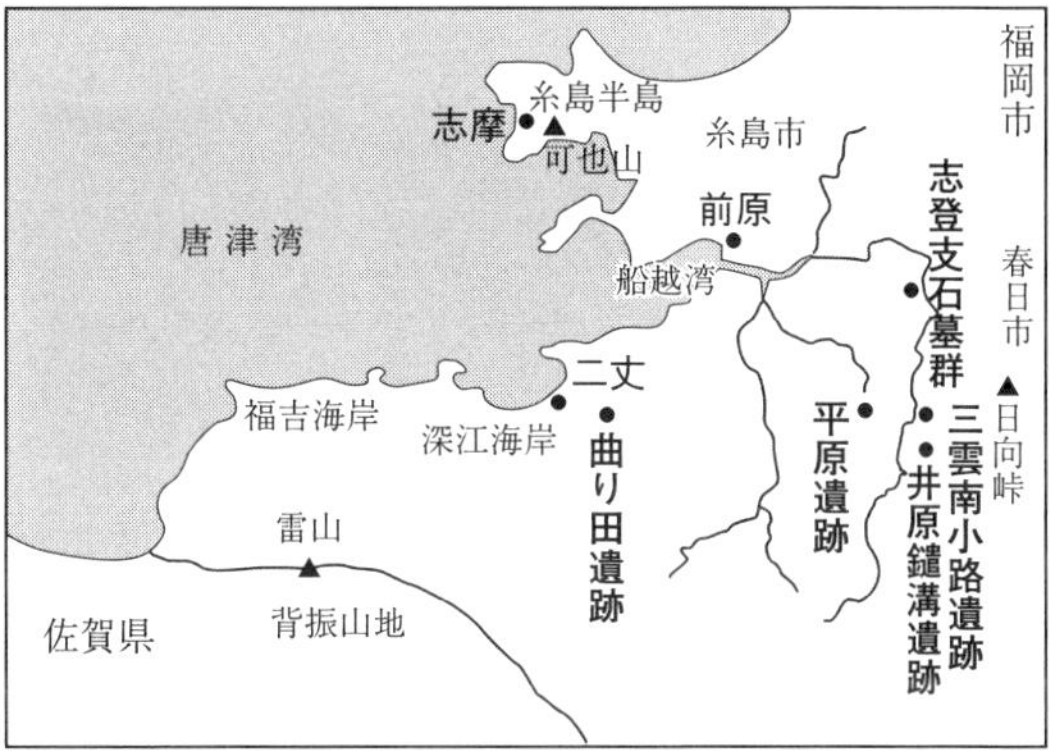

図43　伊都国の遺跡　『魏志』倭人伝に見える伊都国は、福岡県西端地域の現糸島《いとしま》市（旧前原《まえばる》市・糸島郡二丈《にじょう》町）を中心とした地域である。これに対し、奴国は伊都国の東部にあたり、今の福岡市南部や春日市の須玖《すぐ》・岡本地域が中心である。

※23　帥升（すいしょう）　『後漢書』倭伝に、次の有名な記述がある。
「安帝《あんてい》の永初《えいしょ》元年、倭の国王帥升等、生口《せいこう》百六十人を献じ、請見を願う。」

と格段の差がある。

委奴国王が短命であれば、その墳墓は現段階ではこれらの三者のどれかに求めざるを得ない。しかし、それ以前の奴国王墓（須玖岡本D地点墓）の前漢鏡約三〇面と伊都国王墓（糸島市三雲南小路墓）の前漢鏡五七面以上と差がありすぎ、適合しない。

井原鑓溝墓は、先の年代観からすればやや新しく、後漢の安帝《あんてい》の永初《えいしょ》元年（一〇七）に遣漢使を派遣した倭国王帥升《すいしょう》※23の墓に当てる考えがある。井原鑓溝墓が帥升墓であれば、委奴国王墓は未発見の墳墓に期待するしかない。

未発見の墳墓は、奴国と伊都国のどちらの領域から発見される可能性が高いのだろうか。先に見たように、『後漢書』倭伝（55頁参照）では、「建武中元二年、倭奴国奉貢朝賀」と記しており、「倭《わ》の奴《な》国《こく》」と読むのが通例である。五七年の奴国の領域は福岡平野であり、そこには須玖《すぐ》遺跡群があって、岡本地区には先行する王墓がある。しかし、現段階では王墓地区から今後、後期初頭の王墓が検出される可能性は同地区の調査事例からみて極めて低い。

それでは、伊都国の領域である糸島《いとしま》平野で未発見の墳墓が見つかるであろうか。旧怡土《いと》郡の三雲《みくも》・井原《いはら》地区（いずれも糸島市）は、瑞梅寺《ずいばいじ》川と川原《かわはら》川にはさまれた一×一・

※24　**楽浪郡**（らくろうぐん）
楽浪郡は、前一〇八年に前漢の武帝《ぶてい》が衛氏《えいし》朝鮮を滅ぼして、今の平壌《ピョンヤン》付近に置いた郡。後漢末になって、公孫康《こうそんこう》はその南を割いて帯方《たいほう》郡（今のソウル近郊）を置いた。

図45　「漢委奴国王」金印

五キロの長台形状の範囲の中に居住地と墓域があり、各地点から楽浪《らくろう》系[※24]を含む半島系や東海以西の列島各地の外来系土器に示されるように物流拠点の様相が強い。須玖岡本地区（春日市）のように住宅開発が進んでいないこともあって、該当する王墓が発見される可能性は高い。もし、伊都国で後期初頭の王墓が検出された場合、『後漢書』倭伝の「倭奴国」と志賀島金印の「委奴国」はイト国と読めるのだろうか。

　文字の判読については、私は発言しがたい。しかし、考古資料の解釈として、弥生後期初頭の王墓が伊都国の領域から発見される可能性が高い、とする立場からすれば、以下のように考えられる。つまり、すでに一世紀中葉に伊都国に併合されつつあった奴国王が遣漢使を派遣し、授与された金印を併合に際し、中枢地を避けて、領域の湾頭に埋納した、と想像したい。ただし、併合されつつある奴国に「奉貢朝賀」する余力があったか、疑問の残るところだ。

奴国を併合した伊都国王が遣使したとすれば、「倭奴国」は「伊都国」と読まなけ

図44　伊都国の可也山《かやさん》（福岡県糸島《いとしま》市〈旧志摩《しま》町〉）

ればならない。文字として伊都国と読めなければ、使節が奴国の外交権を伊都国が継承したことを漢王朝にいくら説明しても、通じなかった、と夢想することとなる。

さらに、伊都国王はその金印をなぜ、旧奴国の領域に埋めたのか。志賀島よりは、旧伊都国の神奈備《かんなび》型の優美な山容をもつ可也山《かやさん》（糸島市）がふさわしいのに（図44）。「委奴国王」は伊都国王だった。しかし、謎が多い。

記者の目 Column

金印はどこから出土するか

「金印出土の可能性は、どうでしょう」

一九八九年四月、奈良県桜井市の纏向石塚《まきむくいしづか》古墳の調査がはじまったさい、発掘責任者の石野博信氏（当時、奈良県立橿原考古学研究所副所長）に、そんな質問を真顔でぶつけた若い記者がいた。「邪馬台国が見える」と大騒ぎになった佐賀県神埼《かんざき》郡の吉野ヶ《よしのが》里《り》遺跡のニュースが、毎日流れていたころである。

纏向石塚古墳は邪馬台国時代のものらしいと、石野氏が主張していたもので、保存事業に向けて事前調査することになった日のことである。現場には、各社の記者が詰めかけていた。私もその中の一人だった。

何も事情を知らない記者が、応援に派遣されたのだろう。そのさいに「金印でも出たら大変だから」と、キャップかデスクに言われたらしかった。その質問に一瞬驚いたが、調査の意義を納得させるには、説得力のある言い方だと感心したものである。

『魏志』倭人伝によると、卑弥呼は金印紫綬《しじゅ》を、使節の難升米《なしめ》や牛利《ごり》は銀印青綬を受けている。難升米らは倭人伝記載の三十国のどこに属していたのか不明なので、銀印が出土しても、邪馬台国の所在地とは直接結びつかない。しかし、金印は別である。発見されれば、それこそ大騒ぎになるだろう。江戸時代の天明四年（一七八四）に、今の福岡市東区の志賀島で、「漢委奴国王」と刻まれた金印が出土しているだけに、マスコミにとっても気になる遺物である。

下賜された印に刻まれた文字は「親魏倭王」でないかと推測されている。この金印に対する関心は、今にはじまったことではない。江戸時代の藤貞幹《とうていかん》※25（一七三二〜九七）が残した『好古日録《こうこにちろく》』に、明《みん》代に出た『宣和集古印史』から転載したという印影が掲載されている。今ではこれは偽物であることが分かっているが、やはりその印影は「親魏倭王」である（90頁参照）。

もっとも、金印が九州で発見されれば、畿内説論者は「途中で盗まれた」というだ

※25　**藤貞幹**（とうていかん）
藤井貞幹《ふじいさだもと》。江戸時代の中・後期の考証学者。儒学や国学・有職故実《ゆうそくこじつ》・歌学をよくし篆刻《てんこく》にも長じた。古文書や金石文を研究し、その著『考古日録《こうこにちろく》』は有名である。

ろうし、畿内で発見されれば、九州説論者は東遷したさいに持っていったなどというかもしれない。従って「金印は証拠にならない」ともいえる。

それよりも、「金印は日本にはない」という大庭《おおば》脩《おさむ》氏（中国史）のような説もある（大庭脩編著『卑弥呼は大和に眠るか』一九九九年、文英堂）。

卑弥呼の後に男王が立ち、さらにその後、卑弥呼の宗女の壱与《いよ》も王になっている。壱与の時代は魏ではなく晋《しん》である。金印をもらったという記録はないが、壱与は晋に使節を送っており、「親晋倭王」の印をもらった可能性がある。晋は魏から王朝を禅譲されたのであり、この場合

図 46　纒向石塚古墳　全長約90メートルの前方後円墳。周辺からは幅約20メートルの周濠が確認されている。3世紀後半の箸中山《はしなかやま》（箸墓《はしはか》）古墳に先行する3世紀前半の築造と考えられる。同地には、石塚のほか、矢塚《やづか》古墳・勝山《かつやま》古墳・東田大塚《ひがんだおおつか》古墳・ホケノ山古墳など100メートル級の前方後円墳がある。

図 47　「漢委奴国王」金印発見地（福岡市東区志賀島）

は前に卑弥呼がもらった「親魏倭王」の印を返還するのがルールだというものである。

だが、金印そのものでなく、それを押した封泥《ふうでい》なら残っている可能性がある。奴国王がもらった「漢委奴国王」の印でもわかるように、印字は左右逆になっており、判を押した段階ではじめて、普通の文字になる。印はあくまでも、押すことが目的だからだ。

中国では、紐の結び目に粘土を張ってそれを封印したケースが多く、卑弥呼の印もそのような使われかたをした可能性がある。石野博信氏や高倉洋彰氏（西南学院大学教授）らのように、「封泥を探せ」と真面目に主張している考古学者もいる。現在の日本考古学の技術なら、あるいはどこかで封泥が発見される可能性はあるのではないかと、私も思う。ただし「漢委奴国王」の封泥さえも、一つも出土例がなく、やはり邪馬台国探しに結びつく手がかりを得るのは難しそうだ。

（元朝日新聞、高橋徹）

Ⅰ．刻書文字
1．２世紀末「奉」の文字が刻書された高坏《たかつき》（三重県津市安濃町大城遺跡）→ 108 ページ
2．３世紀中「竟」の文字が刻書された甕《かめ》（福岡県糸島市三雲遺跡）→ 108 ページ
3．３世紀後半「大」の文字が刻書された土器片（長野県下高井郡木島平村根塚遺跡）
Ⅱ．墨書土器と墨書短甲
4．４世紀前半「田」の文字が墨書された壷（三重県松阪市嬉野町片部遺跡）
5．４世紀初「田」の文字が墨書された木製短甲（熊本県玉名市柳町遺跡）
6．３世紀末「久」の文字が墨書された壺（千葉県流山市市野谷宮尻遺跡）

図 48　初期文字の例

倭国の文字

弥生中期以来、吉祥句《きっしょうく》に満ちた前漢鏡を多量に輸入していた北部九州の弥生人。とくに、王と側近は鏡の文様と文字に興味を示したはずだ。だからこそ同種の鏡が輸入され、副葬された。

とくに、「委奴国王」は漢との外交によって委奴国工であることが認知されたのであり、金印の文字が読めなければ、金印を授与された外交特権も理解できない。「委奴国」には文字を読み、漢語を話せる人物が存在していたに違いない。

一九九〇年代から、弥生時代の文字らしき記号が注意されるようになった（図48）。時期は弥生中期以降で、西は福岡県から東は長野県に及ぶ。

しかし、これらの遺物は言語学、文献史学、考古学の各分野から文字として大方の賛同を得られていない。その理由の一つは、直線を連結しただけの「口」、「日」、「田」などが多いことと、二文字以上が続いて文章になる例がない点であろう。その中で、福岡県糸島市三雲《みくも》遺跡の甕《かめ》に記された「竟」字の省略形とされた資料が最も文字に近い。「鏡」の略字を印象的に写したとされているが、もしそうであれば、さほど目立たない土器頸部《けいぶ》にいっそう目立たない細い線で描かれているのは何故か。

文字そのものが記録の手段としてではなく、鏡の神秘性を象徴する記号として記されたのだろうか。そうだとしても、伊都国の平原《ひらばる》王墓（糸島市）の時代に、同じ地域の土器工人の一人に、その神秘性が伝えられていた意味は大きい。

私は一九七二年、奈良県桜井市纒向《まきむく》遺跡の二・三世紀の大溝から大量に出土した木片に、文字の痕跡を求めて一人で洗い続けた記憶がよみがえる。結局は、大溝の護岸用矢板の削りくずだけだった、が……。

鉄を求めて

三世紀の列島では鉄資源を求め難く、倭人は半島南部の弁辰《べんしん》にそれを求め、「韓・濊《わい》・倭ここから鉄を入手する」（『魏志』韓伝）と記録されている。

それより前、従来、縄文土器と認識されていた前五世紀の突帯文《とったいもん》土器（27頁参照）とともに鉄器が出土した。福岡県糸島市（旧二丈《にじょう》町）曲《まが》り田《た》遺跡[※26]である。福岡県北九州市長行《おさゆき》遺跡の鉄斧も突帯文土器の段階であった。縄文晩期後半に水稲農耕とともに鉄器が存在することが明らかとなり、福岡県教育庁の橋口達也さんによって、この時期として弥生早期が提唱され、普及しつつある。そして、弥生中期後半には北部九州で小規模な鉄器生産が始まった。鉄素材を輸入して加工する鍛冶《かじ》は各地で行われたが、

※26　**曲り田遺跡**（まがりたいせき）　縄文時代末から弥生時代初頭の竪穴住居跡三〇などが検出された。また、多くの磨製《ませい》石器・土器・高坏《たかつき》などとともに、炭化米や板状鉄斧片が見つかった。

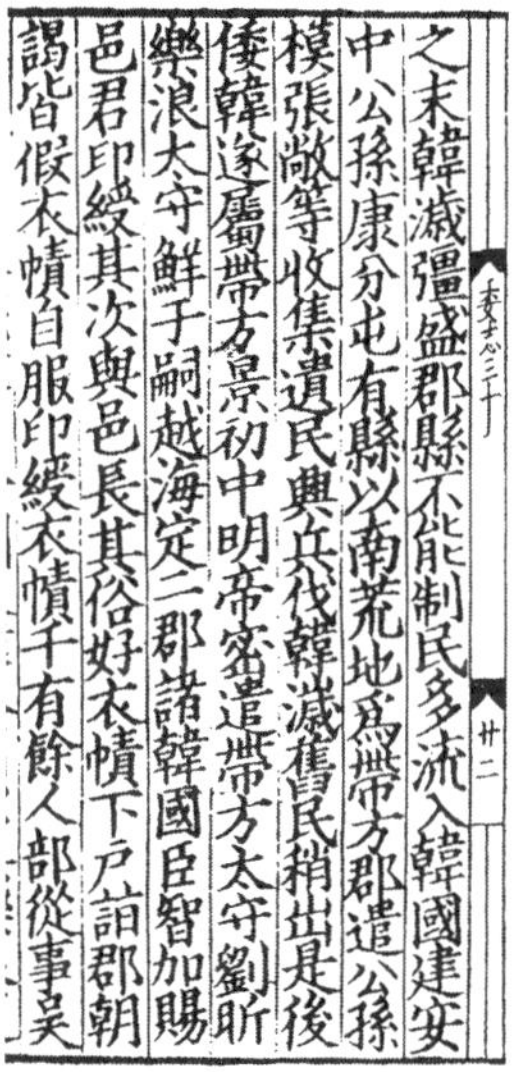

之末韓濊彊盛郡縣不能制民多流入韓國建安
中公孫康分屯有縣以南荒地爲帶方郡遣公孫
模張敞等收集遺民興兵伐韓濊舊民稍出是後
倭韓遂屬帶方景初中明帝密遣帶方太守劉昕
樂浪太守鮮于嗣越海定二郡諸韓國臣智加賜
邑君印綬其次與邑長其俗好衣幘下戶詣郡朝
謁皆假衣幘自服印綬衣幘千有餘人部從事吳

図49 『魏志』韓伝 3～4行目に「是後倭韓遂属帯方」とあり、倭は中国が半島に置いた帯方郡と関係を持っていたことがわかる。

本格的な鉄生産は古墳時代の五世紀後半か六世紀である。

愛媛大学の村上恭通さんによると、北部九州の製鉄や鍛冶は直接には半島からの技術導入によるが、そのものではないという。半島の技術者による直接指導を受けたのではなく、半島の倭人の「能動的な学習」だと指摘する。「能動的な学習」とは微妙な言いまわしだが、職人言葉でいう「技術を盗む」ということであろうか。技術のおおよそは把握できても、細部は理解しがたく、製品にその差が現れているのであろう。

弥生時代を通じて鉄器生産は圧倒的に北部九州が優位に立っていたが、弥生末に鉄素材輸入の中心が近畿に移り、古墳時代が始まったと主張されつつある。

しかし、古墳出現に象徴される政治的事件と鉄器生産という技術変革は連動しているだろうか。二世紀（弥生後期）と三世紀中葉（弥生終末・古墳早期＝庄内《しょうない》式中葉）の鉄器は、北部九州（福岡・佐賀・熊本）：近畿南部（兵庫南部・大阪・京都南部）は四〇〇二：三〇八で、北部九州は近畿南部の一〇倍をこえる（図50）。北部九州に次いで多いのは日本海沿岸一八三〇点で、中でも鳥取県の一二〇四点が群をぬく。この時、大和は五〇点に満たない。

この数字には弥生終末（庄内《しょうない》式期・三世紀）が含まれているだろうが、ほとんどは集落遺跡出土の日常用具であり、威信財と

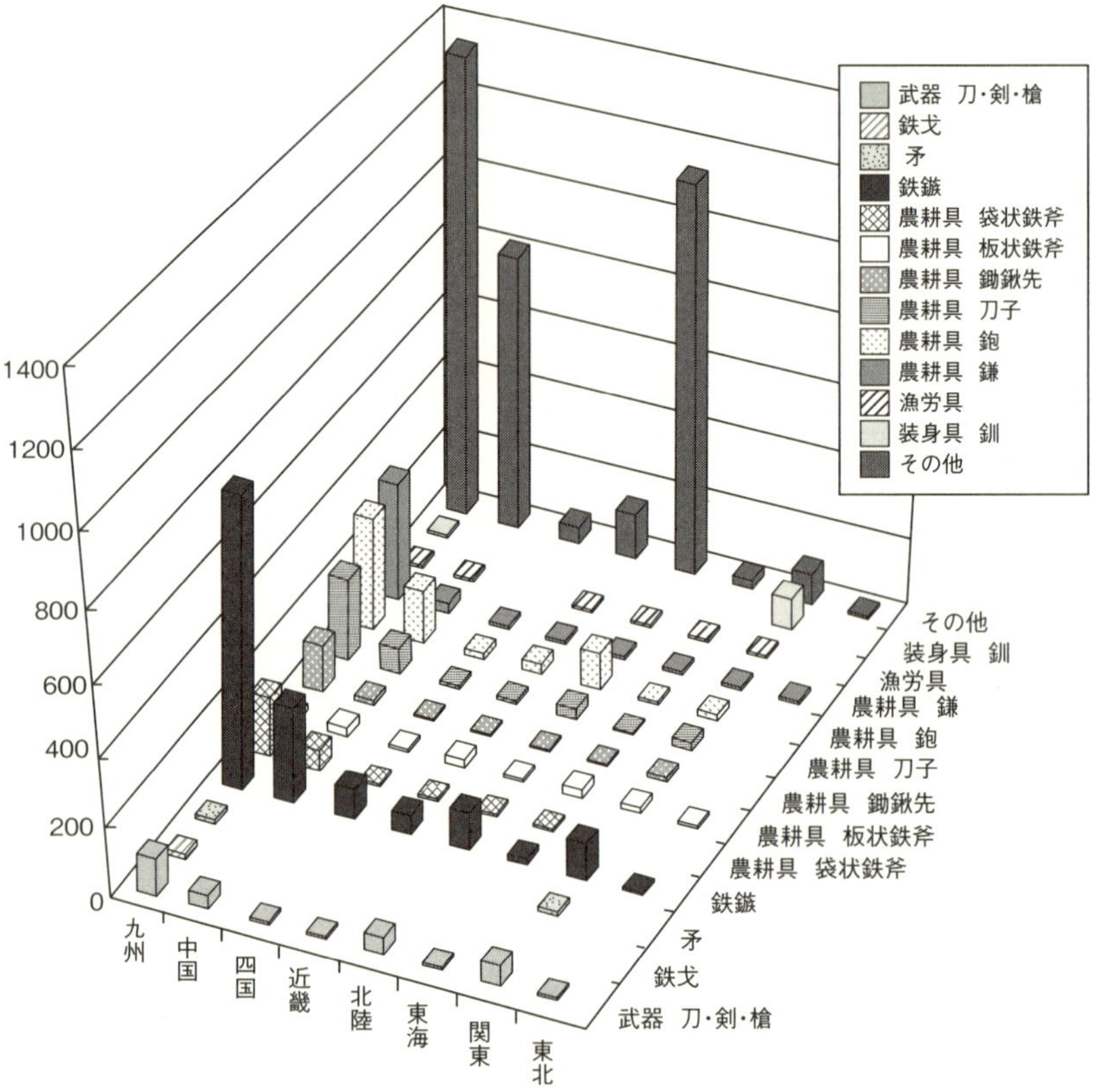

図50　2・3世紀の倭の鉄器　全国の弥生時代後期・終末期器種別鉄器出土数
（村上恭通『古代国家成立過程と鉄器生産』青木書店、2007年）

しての古墳副葬品は少ない。

大和の三世紀中葉の古墳である奈良県桜井市ホケノ山古墳の鉄鏃《てつぞく》八〇点以上、刀剣八点以上、への字形鉄製品など二〇点以上が唯一、三世紀近畿の多量鉄器であるが、同時期の集落遺跡である近くの纒向《まきむく》遺跡の鉄器は一〇点余にすぎない。

村上さんが指摘しているように二・三世紀の集落への鉄器の普及度は近畿中・南部は極めて低い。このような状況の中で、不思議な現象がある。纒向遺跡に含まれる勝山《かつやま》古墳周濠外縁出土の三世紀後半のフイゴ羽口《はぐち》の形態が、福岡市博多遺跡などの

図51 「石囲《いしがこ》い木槨墓《もっかくぼ》」が検出されたホケノ山古墳 この石囲い木槨墓から鉄鏃、刀剣、への字型鉄製品などが見つかった（高橋徹氏提供）。

図52 纒向遺跡出土の鍛冶関連資料（桜井市教育委員会提供）
フイゴ羽口、鉄滓《てっさい》、鍛造剥片、砥石《といし》などが出土している。

ツクシ（筑紫）型と同型だという。

中国・漢代の「塩鉄論」をまつまでもなく、塩生産も鉄生産も国家機密に属することであろう。その生産技術の一端を示すフイゴ羽口の形態＝鍛冶炉の構造が同型であるということは、ヤマト（大和）がツクシ（筑紫）の鍛冶技術の提供を受けていたことになる。

三世紀のツクシとヤマトは敵対的に検討することが多いが、事実はそうではなかったのか。同型のフイゴ羽口は島根県古志本郷《こしほんごう》遺跡や石川県一針B遺跡に拡がり、ツクシと日本海沿岸のクニグニとの連携、ツクシ政権の山陰・北陸への進出が想定できる。そうであれば、纒向のフイゴ羽口はツクシのヤマトへの進出を象徴しているのだろうか。

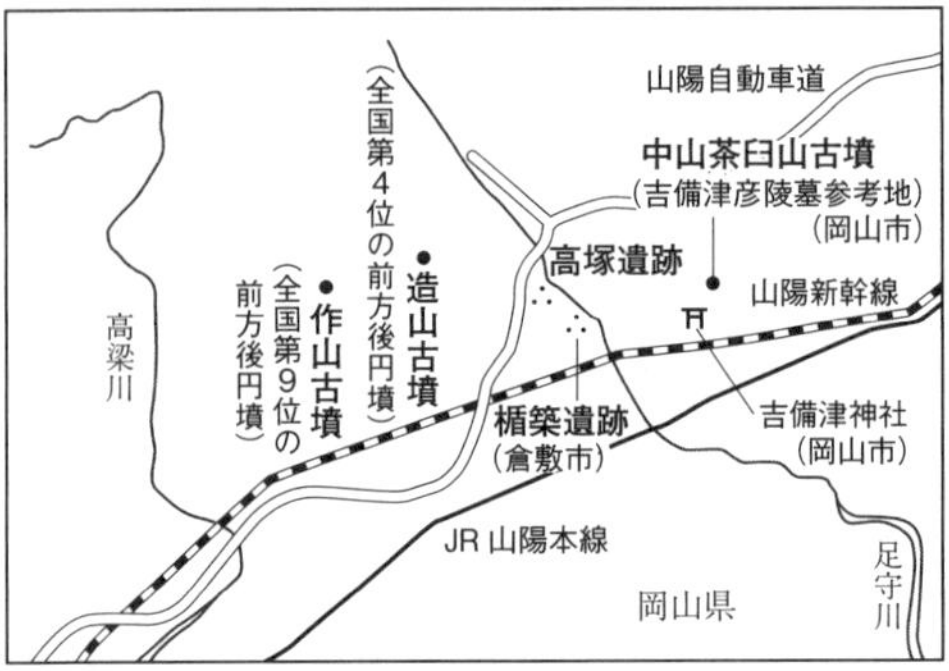

図53　楯築古墳周辺図　近くには5世紀代につくられた吉備国（岡山県）の巨大古墳がみられる。

第六章　女王・卑弥呼の登場

キビ・楯築王が卑弥呼を推す

キビ（吉備《きび》）の倉敷《くらしき》市楯築《たてつき》古墳（図33・54）は、径四〇メートルの円丘部の両側に突出部をもつ全長八〇メートルの二世紀末の二突起円墳＝双方中円墳として著名である（図55）。二世紀末の列島最大の墳墓であり、これに次ぐのは岐阜市瑞竜寺山《ずいりゅうじやま》の全長四〇メートルの短突方形墓（短い突起をもつ方形墓）である。三世紀の列島には「三〇のクニがあり、共に一女子を立てて王となし、卑《ひ》弥呼《みこ》と名づけた」、という（『魏志』倭人条）。卑弥呼共立の時期は二世紀末であり、列島最大の墳墓の主が女王共立の主導者であった可能性は大きい。

卑弥呼は、「鬼道《きどう》」という新思想をもって君臨した。楯築王も、四〇〇年余り続いた方形墓の伝統から抜け出して突出部付きの大型円丘墓を創出し、はじめて二〇キロ余りという多量の水銀朱を使用し、木槨構造の墓室をもつなど革新派だ。
四世紀以降に盛行する組帯文（直弧文《ちょっこもん》）のルーツとなる弧文（弧帯文）をめぐらす亀石・弧帯石も楯築に登場し、これもまた新思想を象徴する。弧文・組帯文の祖型がゴホウラ貝（南海産の大型巻貝）の断面形状にあるという橋口達也説（『護宝螺と直弧文』学生社、二〇〇四年）によれば、楯築王の新思想の一端はより西方にあることとなる。

それに対し、楯築王墓に次ぐ規模を持つ岐阜市の瑞竜寺山王墓が短突方形墓であるのは象徴的だ。方形墓の世界から脱皮した楯築王と、方形墓の伝統を生かして突出部を付設した瑞竜寺山王の対比である。

楯築王に推戴された女王・卑弥呼は、やがて「径百余歩」の円形墓に葬られ、狗奴《くな》国[※27]王とは「素《もと》より和せず」であった。東海地方にあったとも考えられている狗奴国王は、伝統的な長突方墳（前方後方墳）に葬られたであろう（図55）。

図 54　楯築古墳に祀られている楯築神社の御神体の亀石　弧文（弧帯文）をめぐらせている。

※27　狗奴国（くなこく）『魏志』倭人伝の記載からすると、卑弥呼はその最晩年を東海地方にあったと推測されている狗奴国との戦いに明け暮れた。狗奴国は強国で、連合を組織して、邪馬台国に都をおく倭国連合の三〇国を相手にしていたらしい。卑弥呼は帯方《たいほう》郡にまで応援を求めており、互角以上の対戦だったようだ。郡守は詔書と「錦の御旗」ともいえる黄幢《こうどう》を、帯方郡の官人の張政《ちょうせい》に託して邪馬台国に向かわせた。しかし、卑弥呼は交戦中の二四八年ごろ亡くなった。

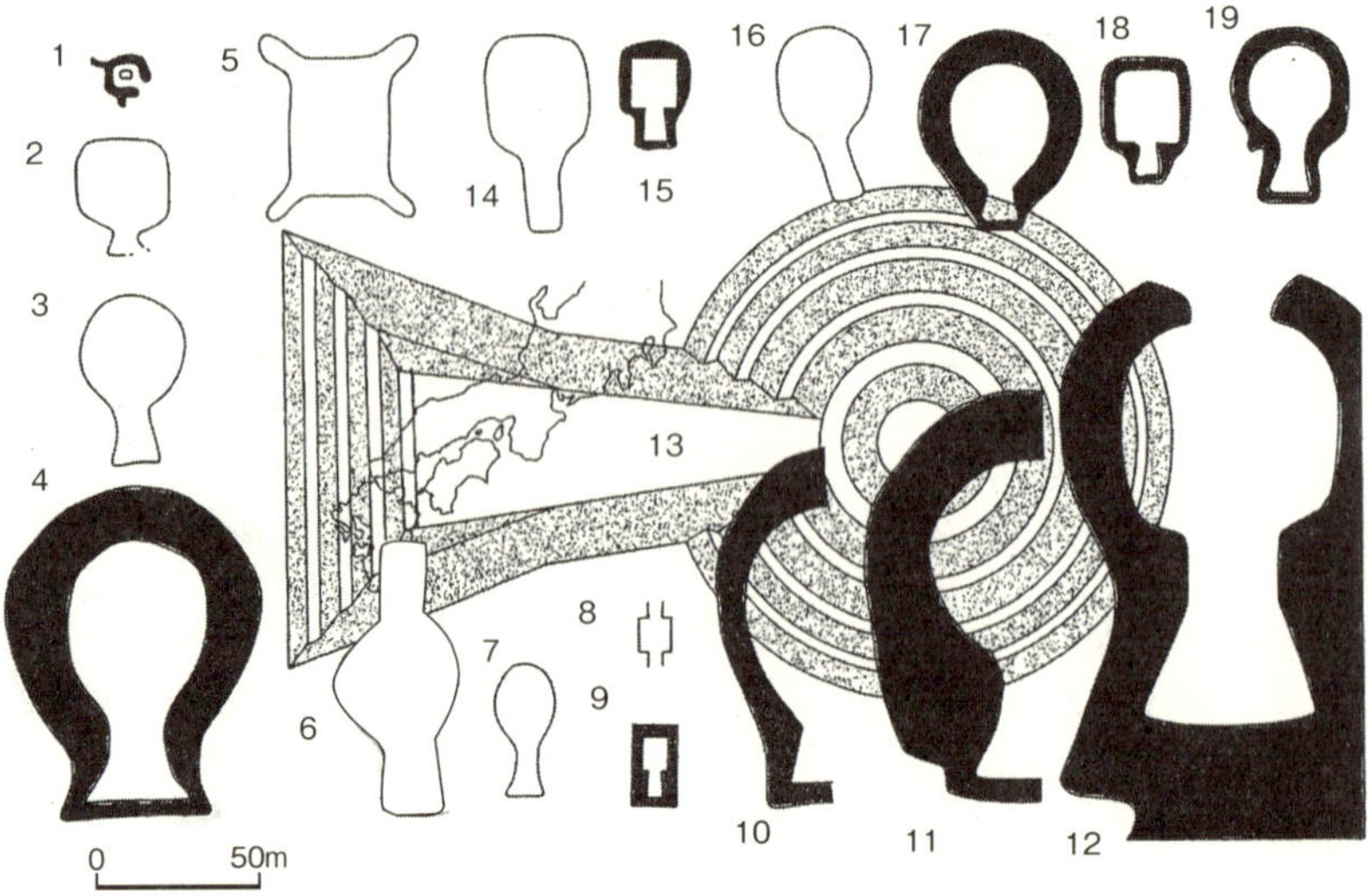

1　福岡・平原
2　福岡・津古生掛
3　福岡・光正寺
4　福岡・那珂八幡
5　鳥取・西桂見
6　岡山・楯築
7　香川・鶴尾４号
8　兵庫・養久山５
9　京都・芝ヶ原
10　奈良・ホケノ山
11　奈良・纒向石塚
12　奈良・中山大塚
13　奈良・箸中山（箸墓）
14　滋賀・小松
15　愛知・廻間
16　長野・高遠山
17　千葉・神門４
18　千葉・高部
19　福島・杵ケ森

図55　３世紀の大型古墳（石野『邪馬台国の考古学』吉川弘文館、2001年）

ヒメヒコ体制の成立

倭国女王・卑弥呼は、邪馬台国を都とした。卑弥呼は「鬼道に事《つか》え」「男弟あり、佐《たす》けて国を治」めた。魏では、キョウダイは男女を問わず兄弟と表記していたので男弟とは男子の弟であり、倭国は、ヒメヒコ制をとっていたことがわかる。想起されるのは、弥生中期末・紀元前後の伊都《いと》国王墓と思われる三雲《みくも》南小路墓※28（糸島市）の一・二号棺である。

三雲南小路墓は、一辺三二メートル前後の方形周溝墓で高さ二メートル余の墳丘が想定できる。中央部に二基の甕棺《かめかん》があり、両棺にはそれぞれ多くの副葬品があった。次に記そう。

一号棺――前漢鏡三五面・有柄《ゆうへい》中細形銅剣一本・銅矛《どうほこ》二本・中細形銅戈《どうか》一本・金銅四葉座飾金

具八個・ガラス壁八個・ガラス勾玉《まがたま》三個・ガラス管玉《くだたま》一〇〇個以上・朱《しゅ》多量・水銀少量・朱入り小壷一個。

二号棺――前漢鏡二三面以上・硬玉《こうぎょく》勾玉一個・ガラス勾玉一三個・ガラス壁片垂飾一個・朱少量（柳田康雄『九州弥生文化の研究』一六頁　学生社、二〇〇二年）。

柳田康雄さんの分析によると、一号棺は銅剣・銅矛など武器副葬からみて男性で、二号棺は勾玉・管玉などから女性的であるという。もしそうであれば、紀元前後の伊都国王墓は男女セットで埋葬されたことになり、その血縁関係が問題となる。

そこで登場するのが、九州大学の田中良之《よしゆき》さんの人類学的手法である。田中さんは三世紀、福岡県行橋《ゆくはし》市前田山遺跡の人骨と墓地構造を分析し、三組の男女墓を適出された（図57）。そして遺存していた人骨と歯牙から、これら男女には血縁関係があり、キョウダイだという（田中良之『骨が語る古代の家族』八一頁　吉川弘文館、二〇〇八年）。

前田山墓群には顕著な副葬品はないが、大分県日田《ひた》市吹上《ふきあげ》遺跡の弥生中期後半の甕《かめ》

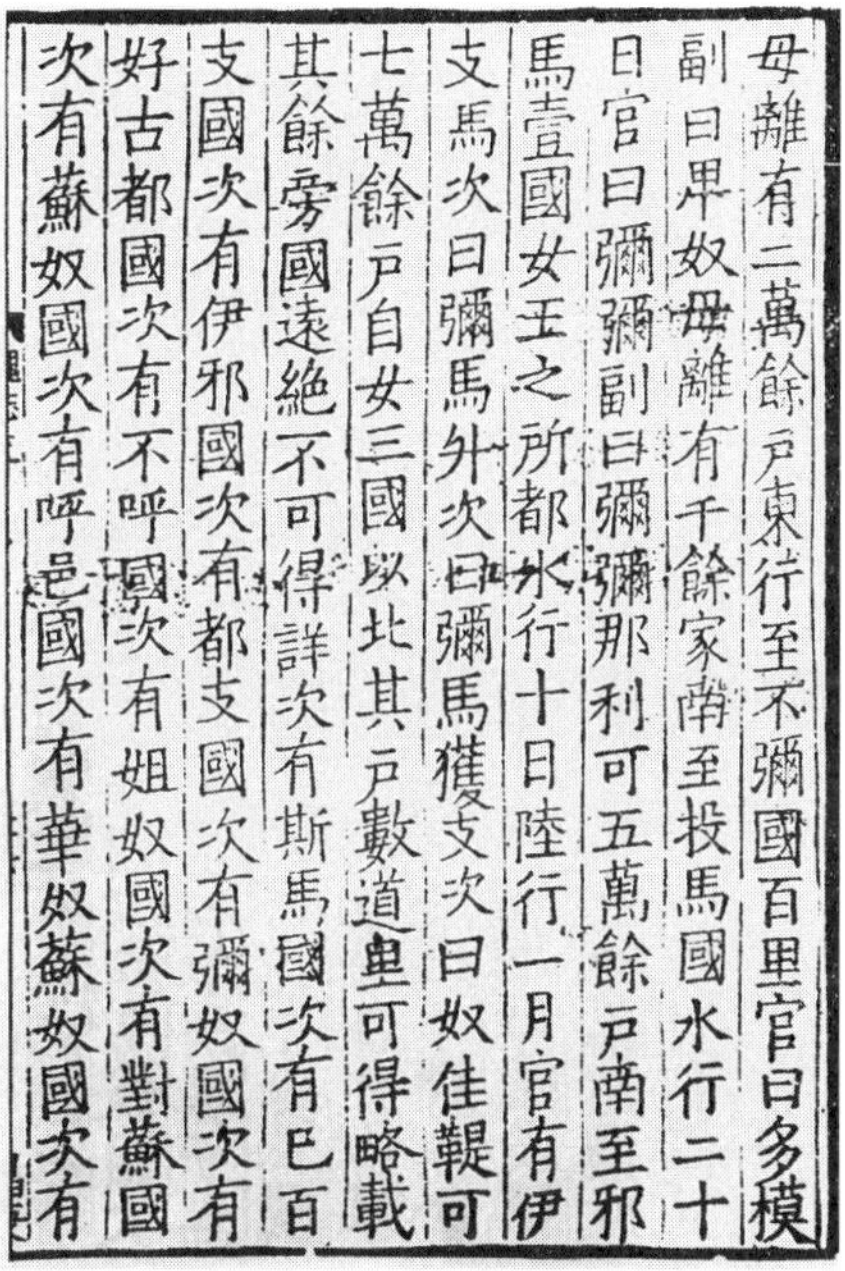
母離有二萬餘戸東行至不彌國百里官曰多模
副曰卑奴母離有千餘家南至投馬國水行二十
日官曰彌彌副曰彌彌那利可五萬餘戸南至邪
馬壹國女王之所都水行十日陸行一月官有伊
支馬次曰彌馬升次曰彌馬獲支次曰奴佳鞮可
七萬餘戸自女王國以北其戸數道里可得略載
其餘旁國遠絶不可得詳次有斯馬國次有巳百
支國次有伊邪國次有都支國次有彌奴國次有
好古都國次有不呼國次有姐奴國次有對蘇國
次有蘇奴國次有呼邑國次有華奴蘇奴國次有

図56　『魏志』倭人伝

『魏志』倭人伝を有名にした「邪馬台国」の名称は３行目の終わりから４行目のはじめにかけて、１ヵ所だけ出てくる。「邪馬台国」の「台」（臺）を「壹」と記している。

※28　**江戸時代に発見された三雲南小路墓**（みくもみなみしょうじぼ）　すでに文政《ぶんせい》五年（一八二二）に前漢鏡・銅剣・銅矛・銅戈などが入った甕棺が出土している。福岡・黒田藩の国学者・青柳種信《あおやぎたねのぶ》が『怡《い》土《と》郡三雲村所掘出古器図考』などで記録に残した。

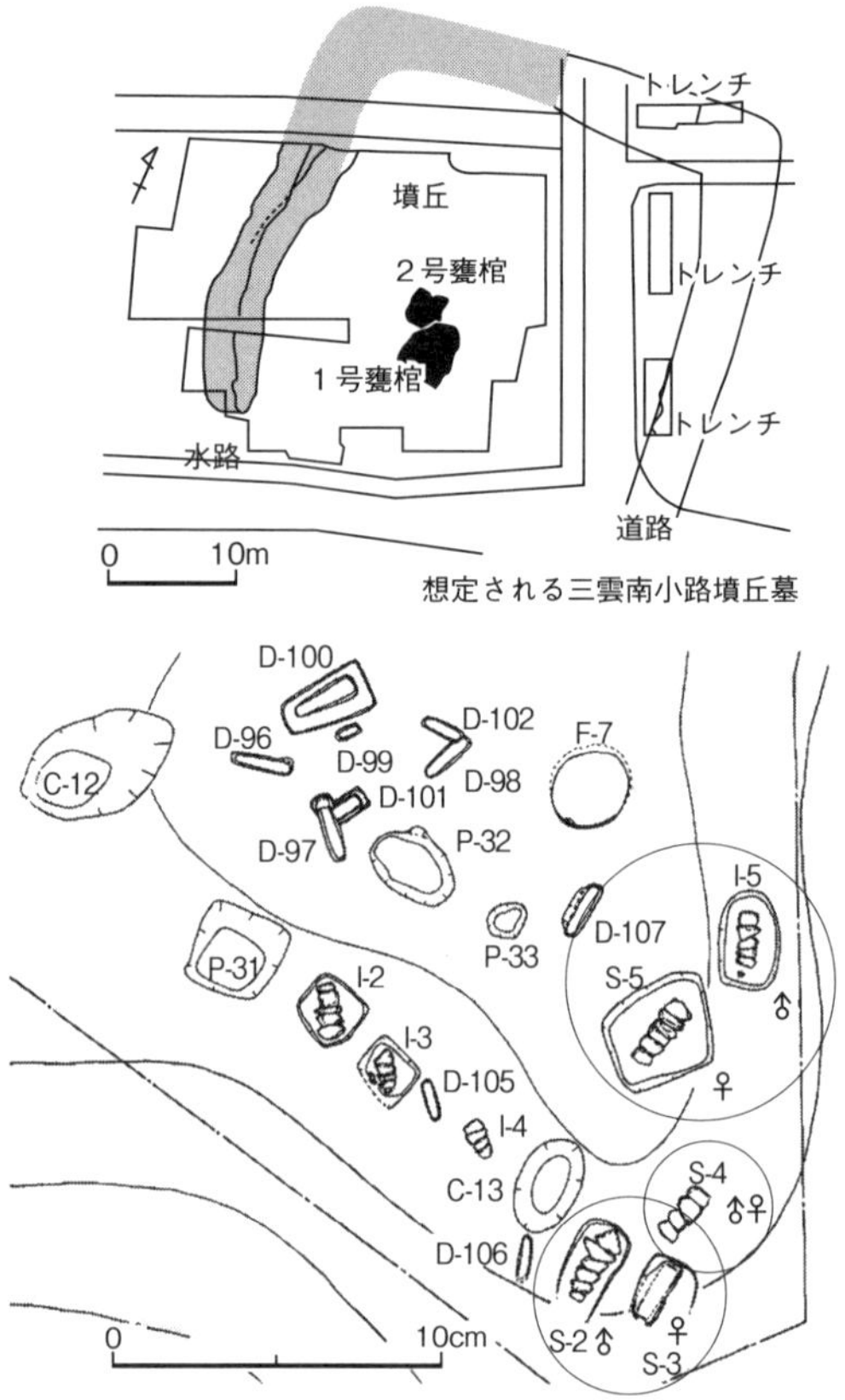

前田山遺跡墓地（行橋市教育委員会『前田山遺跡』1987年より）

図57　弥生・古墳のヒメミコ制（男女セット埋葬）
○印は男女ペア

棺《かん》群の中の相対する二基（四・五号棺）には、次のような副葬品があった。

熟年男性と思われる四号棺――銅戈《どうか》一本・鉄剣一本・ゴホウラ製貝輪一五個・硬玉製勾《まが》玉《だま》一個・管玉四八〇個以上

熟年女性と思われる五号棺――硬玉製勾玉一個・イモガイ製貝輪一七個

があり、厚葬墓での男女ペアが確認されている（日田市教育委員会『吹上遺跡――六次調査の概要』同、一九九五年）。

田中さんによると、このような厚葬墓における男女ペアは、古墳時代に継続する親族構造を示している。ヒメとヒコによるキョウダイ統治は、紀元前後の伊都国で行われており、三世紀の列島に継続していて魏使が記録するところとなったのであろう。

新思想「鬼道」とは

女王・卑弥呼は「鬼道《きどう》に事《つか》え、衆を惑わ」したという。著者である魏を継いだ晋《しん》の陳寿《ちんじゅ》が「鬼道」の語句をどのような内容で使用していたかは、『三国志』の用例を検討する必要がある。

他方、「鬼道」は漢代の民間道教《どうきょう》を含むと考えられている。卑弥呼即位に際して賜られてきた可能性がある奈良県天理市の東大寺山古墳出土の「中平《ちゅうへい》銘鉄刀」※29（一八四～一八八）には、「百練清剛《ひゃくれんせいごう》　上應星宿《じょうおうせいしゅく》　下辟《ふへき》不祥《ふしょう》」の道教的銘辞があり、「鬼道」の背景が浮かぶ。その上、二三九年の遣魏使に際し、卑弥呼が魏の皇帝から「汝《なんじ》の好物」として下賜された「銅鏡百枚」に含まれる画文帯神《がもんたいしん》獣鏡《じゅうきょう》や方格規矩鏡《ほうかくききくきょう》（76頁参照）の銘文には、西王母《せいおうぼ》・東王公《とうおうこう》などの神仙が登場する（図58）。

それでは、女王・卑弥呼が共立された二世紀末から、邪馬台国が狗奴国《くな》との戦乱中の二

※29　**東大寺山古墳出土の鉄刀**（とうだいじやましゅつどのてっとう）　東大寺山古墳は、四世紀後半の全長一四〇メートルの前方後円墳。中国歴史博物館の孫机氏は、鉄刀に後漢の年代である中平《ちゅうへい》年間（一八四～一八八）の銘があるが、書体の研究から「東大寺山古墳出土の鉄刀の銘文は、中国から渡来した工匠が日本列島で製作した」と発表するなど、議論されている。

図58　神獣鏡　中央に刀をくわえた獣がみられる。その右に東王父、その左に西王母を配す。

図59　平原1号墳（高橋徹氏提供）
平原1号墳から東をのぞむと日《ひ》向《なた》峠がある。ここは、糸島半島で一番早く太陽の顔をのぞかせる所である。原田大六氏は、ここは太陽信仰にかかわる聖地ではないかという。

四七年か二四八年に死亡した卑弥呼治世期間に、それ以前にはない新たな祭祀遺構・遺物を抽出し、「鬼道」との関連を検討しよう。

① 道教的銘辞をもつ器物

東大寺山古墳の「中平銘鉄刀」は、銘文によって二世紀末の中平年間に作刀された可能性は高いが、いつ列島に到来し、なぜ四世紀後半の古墳に副葬されているのか明らかでない。しかし、作刀時期が卑弥呼即位の二世紀末とほぼ同じであるため、後漢皇帝か中国東北部を支配していた公孫《こうそん》氏（127頁参照）から賜られた可能性がある。ただし、東大寺山古墳では棺外副葬で他の刀剣類とともに雑多に置かれており、歴史的意味も銘文の意味も忘れられていたようだ。

道教的銘辞をもつ二世紀末～三世紀前半の方格規矩鏡は、ツクシ（筑紫）の伊都国王墓である井《い》原《はら》鑓溝《やりみぞ》墓（糸島市）や平原《ひらばる》墓（糸島市）に集中的に副葬されている。それ以前の王墓である三雲《みくも》南《みなみ》小路《しょうじ》墓（糸島市）や奴国王墓の須《す》玖《ぐ》岡《おか》本《もと》D地点墓（春日市）に同鏡が稀であることは、紀元前後の段階には「鬼道」は希薄で、二世紀末、三世紀初に濃厚に流入したと考えられる。

方格規矩鏡の規はコンパスで円を描く道具であって「陽」であり、矩はサシガネで正方形を描く道具で「陰」である。漢代の画像石には規をもつ女媧《じょか》（陰

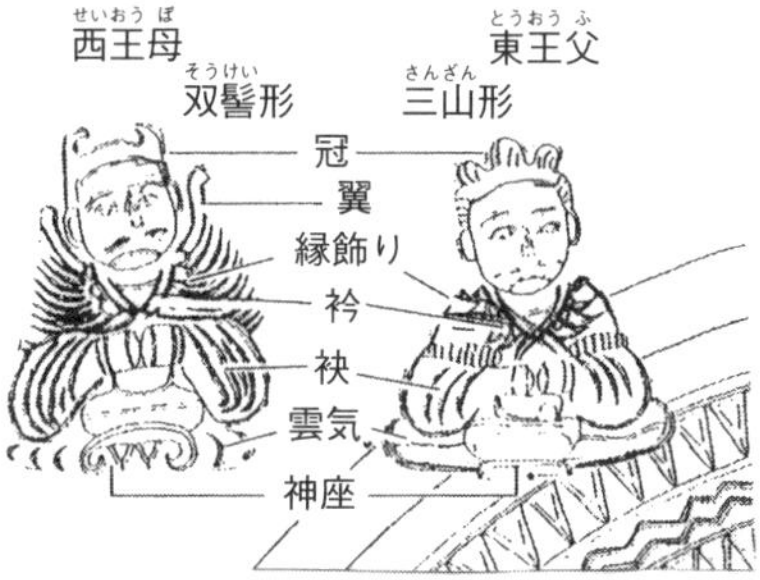

図60　（上右）方格規矩四神鏡（佐賀県 桜馬場《さくらのばば》遺跡出土。佐賀県立博物館蔵）
倭（上）と漢（下）の神像（岡本健一「卑弥呼の家と鏡」『三角縁神獣鏡・邪馬台国・倭国』新泉社、2006年）

神）と矩をもつ伏義《ふくぎ》（陽神）が互いに尾を交えている図がある。天地創造の陰陽神とされていることは、すでに平原王墓の発掘者である原田大六《はらだだいろく》さんをはじめ、多くの人によって指摘されている（図60）。

本州島には三世紀前半までの方格規矩鏡の集中的出土はないが、三世紀中葉、桜井市ホケノ山古墳に副葬されていた画文帯神獣鏡は道教が満ちている。最上段中央には「伯牙《はくが》」、下段中央に「黄帝《こうてい》」、その下に水神「蠡《れい》」、左側に西王母、右側に東王公を描く。

なお、水神蠡は、卑弥呼の遣魏使が帰国した年の正始《せいし》元年（二四〇）銘をもつ群馬県高崎市の蟹沢《かにざわ》古墳出土の三角縁同向式《どうこうしき》神獣鏡にも登場する。三世紀初葉に、中国江南《こうなん》地域で量産された重列式《じゅうれつしき》神獣鏡に描かれた水神だという（今尾文昭『カミよる水のまつり』橿原考古学研究所付属博物館、二

図61　纒向遺跡出土の弧文板（桜井市教育委員会提供）　一部欠損しているが、表面には黒漆が塗られていた。

〇〇三年）。
蟹沢古墳の鏡は、兵庫県豊岡市の森尾《もりお》古墳の鏡と同型鏡であり、水神蠡《れい》は卑弥呼の遣魏使とともに列島に到来し、各地に拡まっていたようだ。

②　導水施設

導水施設とは、木槽を並べて水を導き、しばしば数棟の仮屋や祭祀的器物をともなう。三世紀後半に近畿地方に出現し、古墳時代には埴輪《はにわ》にも形象され、七世紀の奈良県明日香《あすか》村から出土した亀形石《かめがたいし》に続く。現段階では、卑弥呼没後に現れた聖水を得るための施設である。

儒教は天・地・人を説くが、道教は天・地・水を説き「人間はこの世に生きて天の道理をふみにじり、大地を損ない傷つけ、河川の水を汚染する。（従って）「道教では天と地と水に対して――ただひたすら隋順する」と、二・三世紀の漢魏の時代の三張道教を解説した『三国志・魏書』張魯《ちょうろ》伝に引用されている（福永光司・千田　稔・高橋　徹『日本の道教遺跡』二三六頁、朝日新聞社、一九八七年）。

張魯が水を重視したとしても、卑弥呼の遣魏使が知り得たかどうかは不明である。しかし、次の女王壱与《いよ》の二六六年の遣魏使以降に列島各地に登場している点が示唆的である。

導水施設が始めて現れたのは一九八七年のことで、奈良県桜井市の纏向《まきむく》遺跡であった（図62）。上方約二〇〇メートルの湧水穴から引水し、扇状地端に方形区画状に水路を設置し、木槽を構える。木槽上には纏向四類（三世紀末）の土器群があり、下層の三世紀後半の大溝には弧文板《こもんばん》、火鑽臼《ひきりうす》、剣把《けんは》、団扇《だんせん》形木製品などの祭祀用具があり、東一五メートルから

図 62　纏向遺跡から検出された木槽（1987年出土）（桜井市教育委員会提供）

図 63　纏向遺跡の柱穴群（奈良県立橿原考古学研究所提供）　遠方の森は、卑弥呼の墓の候補の一つとなっている箸中山《はしなかやま》（箸墓《はしはか》）古墳。

は半島南部産の韓式土器が出土している。聖水を得るための導水施設の祭場である。ところが、木槽内の一センチ立方の堆積土から二五〇〇個余の寄生虫卵が検出され、トイレ説が登場した。まさに「カミとシモは紙一重」である。もし、トイレであれば三世紀末に方形区画状の公衆トイレ的施設があったことになり、都市纒向としても考え難い。

私は、『古事記』のスサノオがアマテラスの「大嘗《おおにえ》を聞看《きこしめ》す殿《との》に屎麻理《くそまり》散らし」（『古事記　祝詞』七九頁、岩波書店）たという奇妙な事件を連想した。

スサノオのクソマル行為は多くの研究者によって不浄とされているが、民族学・神話学の東ゆみこさんは、クソは不浄とは限らないと、民族例による神話解釈を行っていて興味深い（『クソマルの神話学』青土社、二〇〇三年）。

五世紀の奈良県御所《ごせ》市南郷《なんごう》遺跡の導水施設では、こわれた屋根材にこびりついて寄生虫卵が多量に検出されていた。まさにアマテラスの忌服屋《いみはたや》の屋根をこじあけて天《あめの》斑馬《ふちのこま》を投げ込んだスサノオの乱暴狼藉にたどりつく。

導水施設は、トイレではなくやはり聖水を得るための施設であり、そこに神話が語るクソマル神事が行われる場合があったことを教えているように思う。

※30　纒向遺跡の調査地（まきむくいせきのちょうさち）　纒向遺跡は、一九七一年以来、桜井市教育委員会や奈良県立橿原考古学研究所によって調査が続けられている。

二〇〇九年三月の調査は第一六二次、同年十一月までの調査で一六六次を数えた。二〇〇九年三月や十一月の調査地は標高七五メートル前後の東側から派生する扇状地上の微高地にあたる（図66）。この微高地は地名をとって太田北微高地とよばれ、微高地の南北には旧河道が流れていた。周辺は纒向遺跡内でも比較的古い段階（三世紀前半）の遺構が分布する地域である。

三世紀前半の計画的建物群の発見 ①——纒向遺跡

　二〇〇九年三月、奈良県桜井市辻の纒向遺跡の一画で三世紀前半の建物三棟が桜井市埋蔵文化財センターの調査によって確認された。[※30] 建物は、三棟とも平屋（平地建物）か高屋（高床建物）であった。このうち、一棟は二間×三間の柵囲いの建物として、一九七八年に奈良県立橿原考古学研究所によって調査済みのものを含む。

　弥生・古墳時代の平屋・高屋の検出例は数多く、とくに珍しくはないし、今回の纒向例は柱径一五～二〇センチ程度で規模も四×五メートル前後で小さい。弥生中期（前一世紀）の奈良県田原本町唐古《からこ》・鍵《かぎ》遺跡や大阪府池上曽根《いけがみそね》遺跡の径六〇～九〇センチという巨大な柱や大型建物とは比べようもない。

　それなのに調査関係者や一般の人びとが注目したのは、三棟の建物が柱筋を揃えて東西方向に整然と配置されている点にある（図64・65）。

　弥生・古墳時代を通じて平屋・高屋をもつ遺跡は数多い。とくに三世紀前後に注目すると、佐賀県吉野ヶ里《よしのがり》町の吉野ヶ里遺跡、福岡県甘木《あまき》市の平塚川添《ひらつかかわぞえ》遺跡、愛媛県松山市の樽味四反地《たるみしたんじ》遺跡、大阪府羽曳野《はびきの》市の尺度《しゃくど》遺跡、滋賀県守山《もりやま》市の伊勢《いせ》遺跡、愛知県一宮《いちのみや》市の八王子《はちおうじ》遺跡、石

図64　計画的建物群が見つかった纒向遺跡の発掘現場
（2009年3月の162次調査）

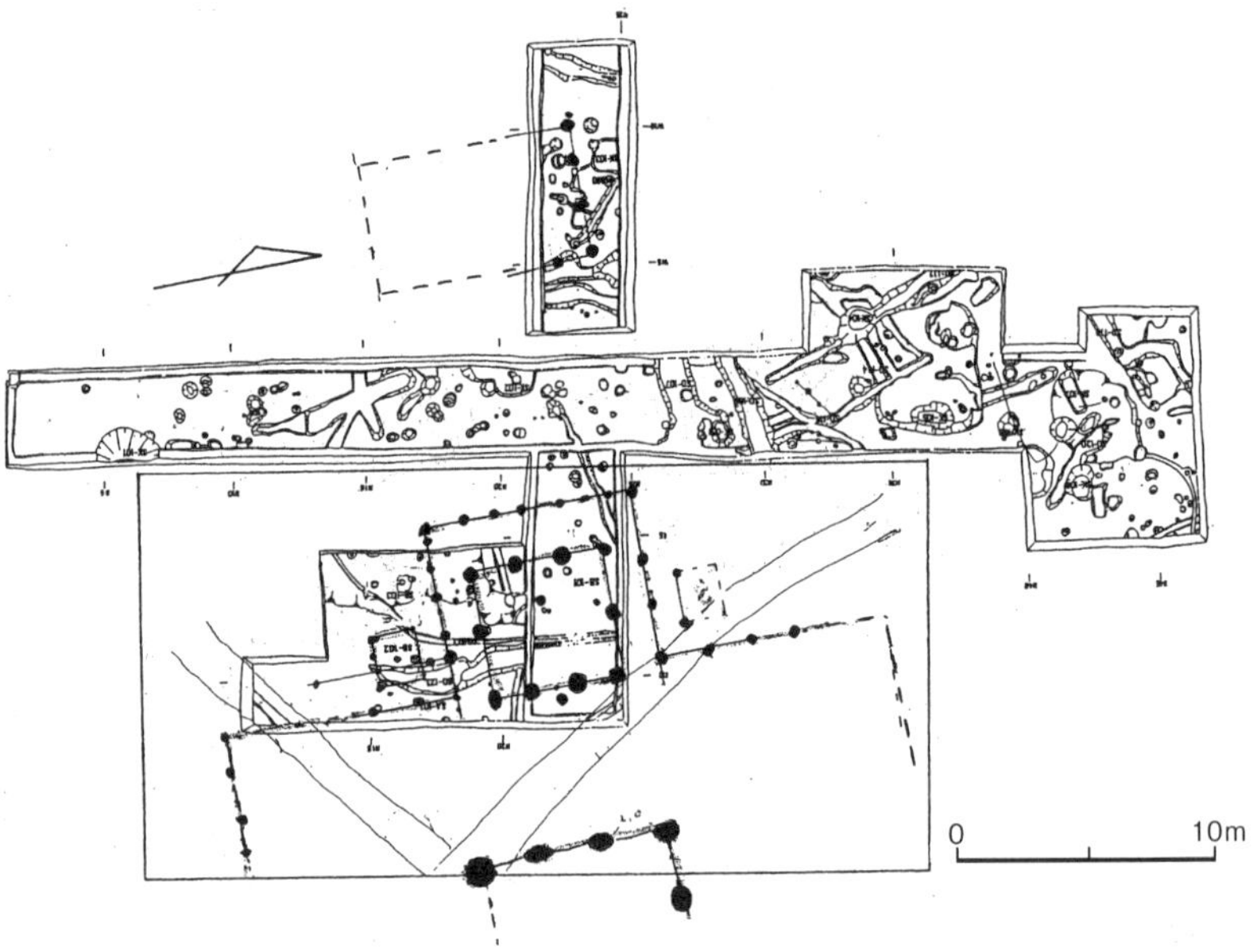

図 65　纒向遺跡の建物跡図 2009年３月（162 次）（桜井市教育委員会提供）

川県七尾《ななお》市の万行《まんぎょう》遺跡等々が顕著である。

しかし、これらの遺跡では高倉と思われる万行遺跡の建物群以外は、柱筋を揃えた三棟以上の建物群はない。それは、五・六世紀の豪族居館内の建物についても同様であり、柱筋を揃えた大壁建物群は飛鳥・奈良時代の宮殿以降をまたねばならない。

従来、纒向遺跡に径三〇センチをこえる柱痕はなく、径十五センチ前後の不揃いな柱穴群は無数に認められていた。従って、倭国の都が置かれた邪馬台国の有力候補地の遺構としては、根拠に乏しかった。

そのような時、弥生・古墳時代を通じて例のない柱筋を揃えた建物群が現れたのである。建物群の纒向遺跡内の位置は、二本の旧河道に挟まれた微高地であり、地形的には南北八〇×東西一二〇メートルの長方形区画を想定することができる。今回検出した建物群は、想定区画内の西端部であり、建物の規模も小さいので、東方に中心建物群が想定されたのである。

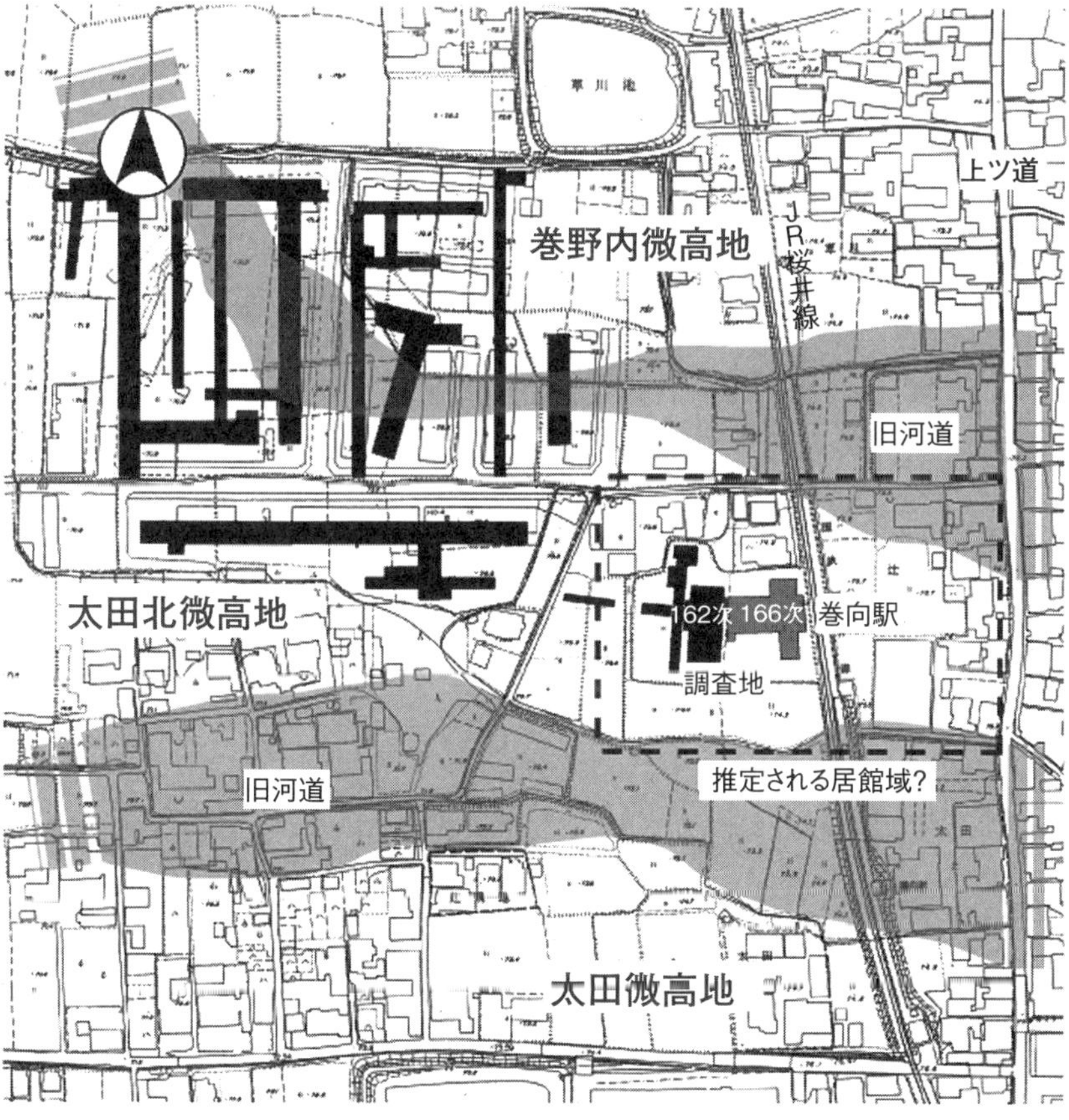

図 66　纒向遺跡の周辺地図（桜井市教育委員会提供）

三世紀前半の計画的建物群の発見 ②――纒向遺跡

三月の発表から九か月後の二〇〇九年十一月十一日、この纒向遺跡で邪馬台国時代の大型建物跡が検出され、〝卑弥呼の宮殿か〟と報道された[※31]（図67）。同年三月の調査で小さな建物が一直線上に並んでいることが判明していたが、同じ軸線上に、一二・四×一九・二メートルの三世紀では列島最大の建物が現れた（図68・70・71）。

一九八〇年代から纒向邪馬台国説が喧伝されていたが状況証拠によるところが多く、とくに建物に関してはゼロに等しい状況だった。それが、一九七一年の調査開始から三十八年目にしてようやく登場したのである。

現れてみれば、今だかってない計画的な建物配置と巨大さである。建物群の位置は、遺跡全体の中央部北寄りで三輪山北麓を水源とする二本の自然河川にはさまれた南北八〇メートル、東西一二〇メートルの長方形微高地上にある。

私は『纒向』報告書（一九七六年刊）で同地に長方形区画を推定し、その範囲を明示した。ただし、それは飛鳥時代の柿本人麻呂《かきのもとのひとまろ》の屋敷としてであった。一九七一年の調査で飛鳥時代の川跡が見つかったとき、万葉学者の吉岡義信氏に現地に来ていただいた。その時、吉岡氏から発掘された川の地点こそ、人麻呂の纒向万葉の状景と合致することを教えていただいた。その後、南北方向の飛鳥時代の流路が見つかり、改め

※31　**二〇〇九年十一月の調査地**　同地は桜井市辻の太田北微高地にあり、三月の調査地の東隣接地にあたる。三月の調査で検出された遺構群より東側の遺構のようすを解明するために調査された。

て地形図を片手に現地を歩いて、長方形区画を人麻呂屋敷と推定した。
ところが、今回の推定で、人麻呂から卑弥呼へと一挙に居館の主が交替した。
三世紀代の建物群は、先述のように佐賀県吉野ヶ里遺跡、愛媛県樽味《たるみ》四反地《したんじ》遺跡、大阪府尺度《しゃくど》遺跡、滋賀県伊勢遺跡、石川県万行《まんぎょう》遺跡などで知られているが、いずれも建物配置に歴然とした計画性がない。ただ、尺度遺跡だけは五〇メートル四方の区画の外の左右に穴屋群があり、区画の北側にのびる道路側溝らしい痕跡から北方区画が想定される程度である。

卑弥呼の宮殿か

纒向遺跡に大型建物跡

邪馬台国と同時代　大和説前進

邪馬台国の最有力候補地とされる纒向《まきむく》遺跡（奈良県桜井市）で、卑《ひ》弥呼《みこ》（248年ごろ没）と同時代の3世紀前半の大型建物跡が見つかり、桜井市教委が10日、発表した。柱穴が南北19・2㍍、東西6・2㍍に整然と並び、同時代の建物では国内最大級。過去の発掘調査で確認された3棟の建物や柵列と共に、東西方向の同一直線上で南北対称となるよう計画的に配置されており、卑弥呼の「宮室」（宮殿）の可能性がある。邪馬台国大和説を前進させる成果と言えそうだ。（3面にクローズアップ、26面に関連記事）

78年に柵と建物跡が確認された調査地点を、今年2月から区域を広げ再調査。東西に計画的に並ぶ三つの建物群や柵を確認。大型建物跡は、その東側の区域で新たに見つかった。直径約30㌢の柱跡が南北に4・8㍍、東西に3・1㍍の間隔で並んでおり、南北方向の柱の間には床を支える細い束柱の穴があった。

市教委は、後世に柱穴が削られた西側も含め、東西幅は倍の12・4㍍だったと推定。復元図を作成した黒田龍二・神戸大准教授（建築史）は地上約2㍍に床を設けた高床式・一層の入り母屋造りで高さは約10㍍とみている。

推定床面積は約238平方㍍あったとみられ、弥生時代最大規模の環濠集落とされる吉野ケ里遺跡（佐賀県）で最も大きい「主祭殿」（2～3世紀）の約1・5倍になる。

また、同一直線上で南北対称となる建物配置は、同時期までには例がない。飛鳥時代（7世紀）の宮殿と共通する特徴で、当時の王権中枢の一角であった可能性が高い。現地説明会は14、15日の午前10時～午後3時。雨天中止。【高島博之】

石野博信・兵庫県立考古博物館長（考古学）の話　邪馬台国が纒向遺跡にあったという有力な根拠。建物は同時代には例のない大きさだ。祭祀(さいし)の場で魏志倭人伝にある卑弥呼の「宮室」に相当するのではないか。

纒向遺跡で見つかった大型建物跡（右端）と、3月までに確認された3棟の建物跡が一直線に並ぶ＝奈良県桜井市で5日、本社ヘリから山本晋撮影

図67　「卑弥呼の宮殿か」と報じる新聞（「毎日新聞」2009年11月11日）

私は二〇〇一年、『魏志』倭人伝から祭祀空間（卑弥呼）と政治空間（男弟）の両

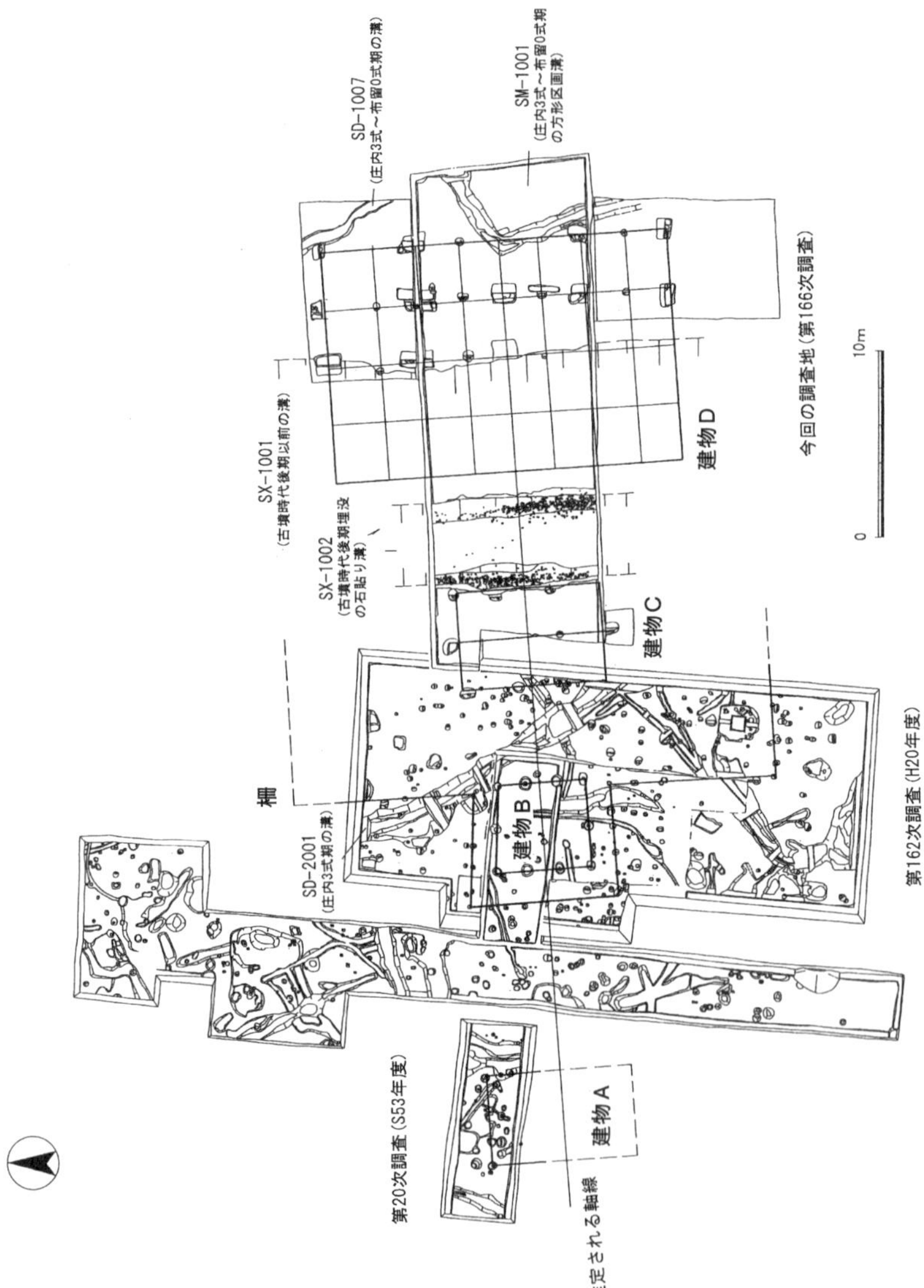

図 68　2009年11月の第166次調査と1978年の第20次・2009年３月の第162次調査の遺構配置図（1/200）（桜井市教育委員会提供）

図69　纒向石塚古墳の墳丘（63頁参照）から東の大型建物跡が検出した地をのぞむ

居館を横配置と推定したが、同時に尺度遺跡から縦配置もありうると考えた（石野二〇〇一『邪馬台国の考古学』吉川弘文館）。また、吉野ヶ里遺跡や伊勢遺跡には広い集落範囲の中に二つの区画が存在しており、倭人伝から考えられるヒメヒコ制（祭祀と政治）が邪馬台国だけではなく、少なくとも三世紀の西日本には普遍的に存在していた可能性がある。

つまり、纒向の長方形区画内の建物群は単独ではなく、セットとなる居館を想定しておかなければならない。その上、纒向は約一五〇年間継続しているので、二〇〜三〇年に一度の建て替えを推定すれば、二セットの居館が五〜六組存在していた可能性があり、その具体的な手がかりが初めて現れたといえる。

今回の大型建物の一つの特色は、柱穴が方形か長方形であることで、弥生〜古墳時代の円形柱穴と異質な点である。五・六世紀にも、大阪市中央区の法円坂《ほうえんざか》遺跡などに方形柱穴の建物群はあるが稀である。円形柱穴と方形柱穴の差は、建築の際の計画性であろう。飛鳥時代の宮殿跡、例えば飛鳥浄御原宮《あすかきよみはらのみや》跡（奈良県明日香村）の柱穴は、一辺一メートル余りの方形で柱穴の側線まで一直線に揃えて掘削されている。

今回の建物の柱穴はそれほどではないが、建物配置が一直線に並ぶこととともに、計画性の点で飛鳥時代以降の宮殿建築群に類似する。ただし、四〜六世紀の

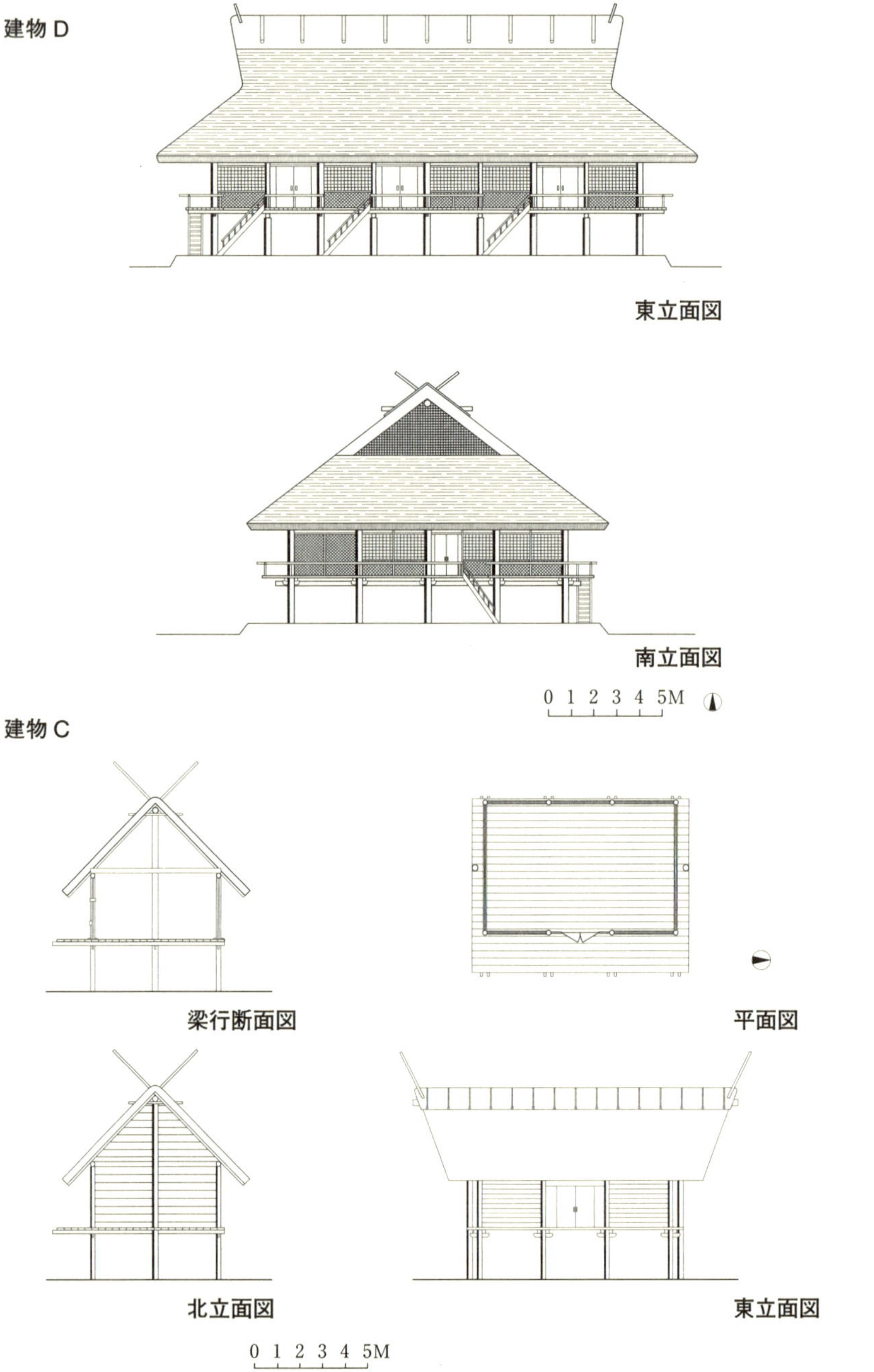

図 70　纒向遺跡で検出された大型建物の復元案（神戸大学黒田龍二氏による。桜井市教育委員会提供）

図71　2009年11月15日纒向遺跡の現地説明会　「卑弥呼の宮殿」かと騒がれ、多くの人がつめかけた。柱穴列後方の墳丘は箸中山《はしなかやま》（箸墓《はしはか》）古墳。

古墳時代の大王宮の建物配置は未知であり、その先駆けとは言い難い。『日本書紀』清寧《せいねい》天皇条のワカタケル大王（雄略天皇）の没後、星川《ほしかわ》皇子が「大蔵」を占拠したという記述がある。それによると、ワカタケル大王の居館は「大蔵」など機能別に別区画として独立していた可能性が高く、同じ区画内に縦か横に配列されてはいなかった。それは、五世紀の葛城《かづらき》氏の居館群の一つと考えられる奈良県御所《ごせ》市の南郷極楽寺《なんごうごくらくじ》ヒビキ遺跡でも同じであり、纒向の直線配列の建物群は現段階では孤立した資料である。

今回、三世紀の直線的建物配置が初めて検出された意義は大きい。しかし、これによって従来、七・八世紀とされていた方形柱穴の建物群が再検討され、三・四世紀であることが確認される事例があるだろう。

従って、今回の計画的建物群によって邪馬台国所在地論が決着したとは言えず、居館群による議論がようやく開始できる端緒となったことだけは確かである。

（二〇〇九年十一月十五日　纒向遺跡　現地説明会会場で）

年号鏡をもつ古墳の謎

日本列島には、三世紀の年号をもつ銅鏡が一二面ある（図73・74・75）。一二面の鏡の年号は二三五年〜二九九年間におさまり、ほぼ列島における邪馬台国の卑弥呼と壱《い》与《よ》の治世期間に当る。とくに、二三九年（景初《けいしょ》三）と二四四年（正始《せいし》五）の卑弥呼の遣魏使派遣期間に集中している。

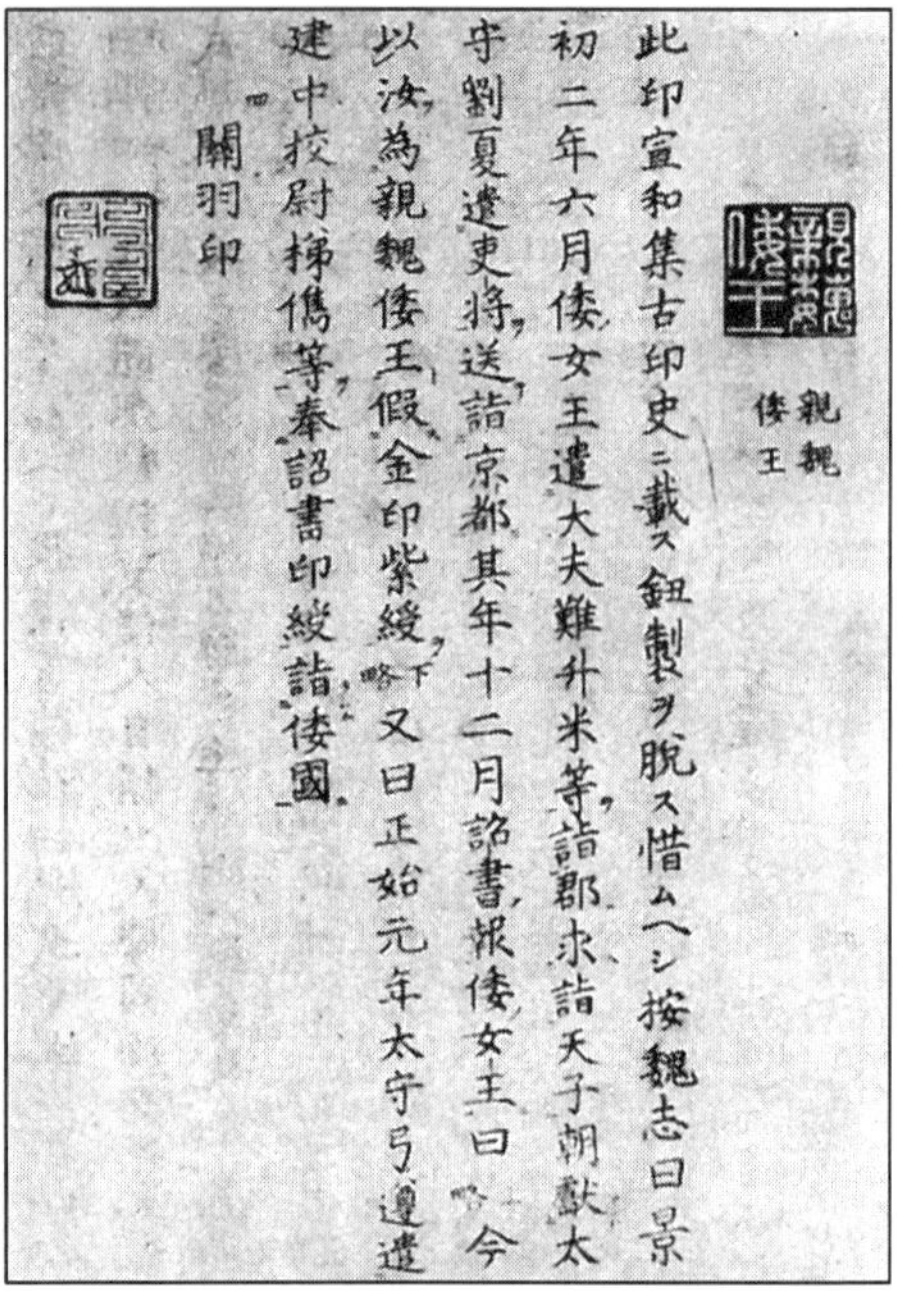
親魏倭王

此印宣和集古印史ニ載ス鈕製ヲ脱ス惜ムヘシ按魏志曰景初二年六月倭女王遣大夫難升米等詣郡求詣天子朝獻太守劉夏遣吏將送詣京都其年十二月詔書報倭女王曰今以汝為親魏倭王假金印紫綬略下又曰正始元年太守弓遵遣建中校尉梯儁等奉詔書印綬詣倭國

關羽印

図72　藤貞幹《とうていかん》の『考古日録《こうこにちろく》』（江戸時代寛政《かんせい》年間、1789〜1800）に記された「親魏倭王」の印

二三九年の倭国の女王・卑弥呼の遣魏使派遣と「親魏倭王」印の授受は、倭国が初めてクニとして世界（中国）から認知されたときである。

ここから、鏡の製作年について二通りの考え方が生まれる。一つは、魏の皇帝が倭国からの遣魏使のために魏への到着年を刻んだ鏡を製作し、それ以前の鋳造鏡を含めて下賜した、とする。他は、派遣年鋳造鏡もありうるが、多くは後世に倭国としての記念すべき年号を刻んで製作した可能性があり、年号が製作年を示すとは限らない、とする。

私は、鏡そのものの精細な検討とは別に、出土

	紀年銘鏡	紀年	出土した古墳	古墳の形
1	青龍三年方格規矩四神《ほうかくきくししん》鏡	235年	京都府峰山町・弥栄町 太田南５号墳　＊1	方墳
2	青龍三年方格規矩四神鏡	235年	大阪府高槻市 安満宮山古墳	方墳
3	赤烏元年対置式神獣《たいちしきしんじゅう》鏡	238年	山梨県三珠町＊2 鳥居原古墳	円墳
4	景初三年画文帯同向式《がもんたいどうこうしき》神獣鏡	239年	大阪府和泉市 黄金塚古墳	＊6 前方後円墳
5	景初三年三角縁《さんかくぶち》同向式神獣鏡	239年	島根県加茂町＊3 神原神社古墳	方墳
6	景初四年斜縁盤龍《しゃえんばんりゅう》鏡	240年	京都府福知山市 広峯15号墳	前方後円墳
7	景初四年斜縁盤龍鏡	240年	辰馬考古資料館蔵 伝宮崎県持田古墳群	
8	正始元年三角縁同向式神獣鏡	240年	兵庫県豊岡市 森尾古墳	方墳
9	正始元年三角縁同向式神獣鏡	240年	群馬県高崎市 蟹沢古墳	円墳
10	正始元年三角縁同向式神獣鏡	240年	山口県新南陽市 竹島古墳	前方後円墳
11	赤烏七年＊4対置式神獣鏡	244年	兵庫県宝塚市 安倉古墳	円墳
12	元康□年＊5対置式神獣鏡	291～299年	五島美術館蔵 伝京都府上狛古墳	

＊1 現京丹後市　＊2 現市川三郷町　＊3 現雲南市　＊4 赤烏七年の年号について、十年と読む見方もある。＊5 元康□年については、文字の判読ができないとする意見がある。＊6 著者は、前方後円墳を長突円墳《ちょうとつえんぷん》とよぶ。また、前方後方墳を長突方墳とよぶ。

図73　倭の年号鏡（『卑弥呼誕生』大阪府立弥生文化博物館、1997年）

古墳から年号鏡の性格を考えてみたい。年号鏡の出土古墳が不明確な図73の7と12の二面を除く、一〇面の出土古墳は方墳四基、円墳三基、長突円墳（前方後円墳）三基である。

四基の方墳のうち三基（京都府京丹後市《きょうたんご》〈旧峰山町・弥栄町〉太田南五号墳・島根県雲南《うんなん》市神原《かんばら》神社古墳・兵庫県豊岡市森尾《もりお》古墳）は日本海沿岸にあり、古くみて三世紀中葉（太田南五号墳）から、新しくみて三世紀末・四世紀初から四世紀前半の古墳である。

それに対し、三基の長突円

A 景初３年三角縁同向式神獣鏡
（島根県雲南市神原神社古墳出土）

B 景初３年画文帯同向式神獣鏡
（大阪府和泉市黄金塚古墳出土）

墳（前方後円墳）のうち、二基（大阪府和泉《いずみ》市の黄金塚《こがねづか》古墳・山口県新南陽市の竹島古墳）は大阪湾岸と瀬戸内沿岸にあり、年代も四世紀後半〜末と新しい。京都府福知山市の広峯《ひろみね》一五号墳は内陸だが、日本海水系で四世紀前半とやや古い。

おおまかには、日本海沿岸の方墳は鏡の製作年代に近い頃に入手して、入手者の死とともに副葬された可能性が高いのに対し、長突円墳の場合は鏡の製作年から数世代後に入手し、副葬されたようだ。もしかすると、日本海沿岸の方墳の被葬者は中国（魏か公孫氏《こうそんし》）から直接鏡を

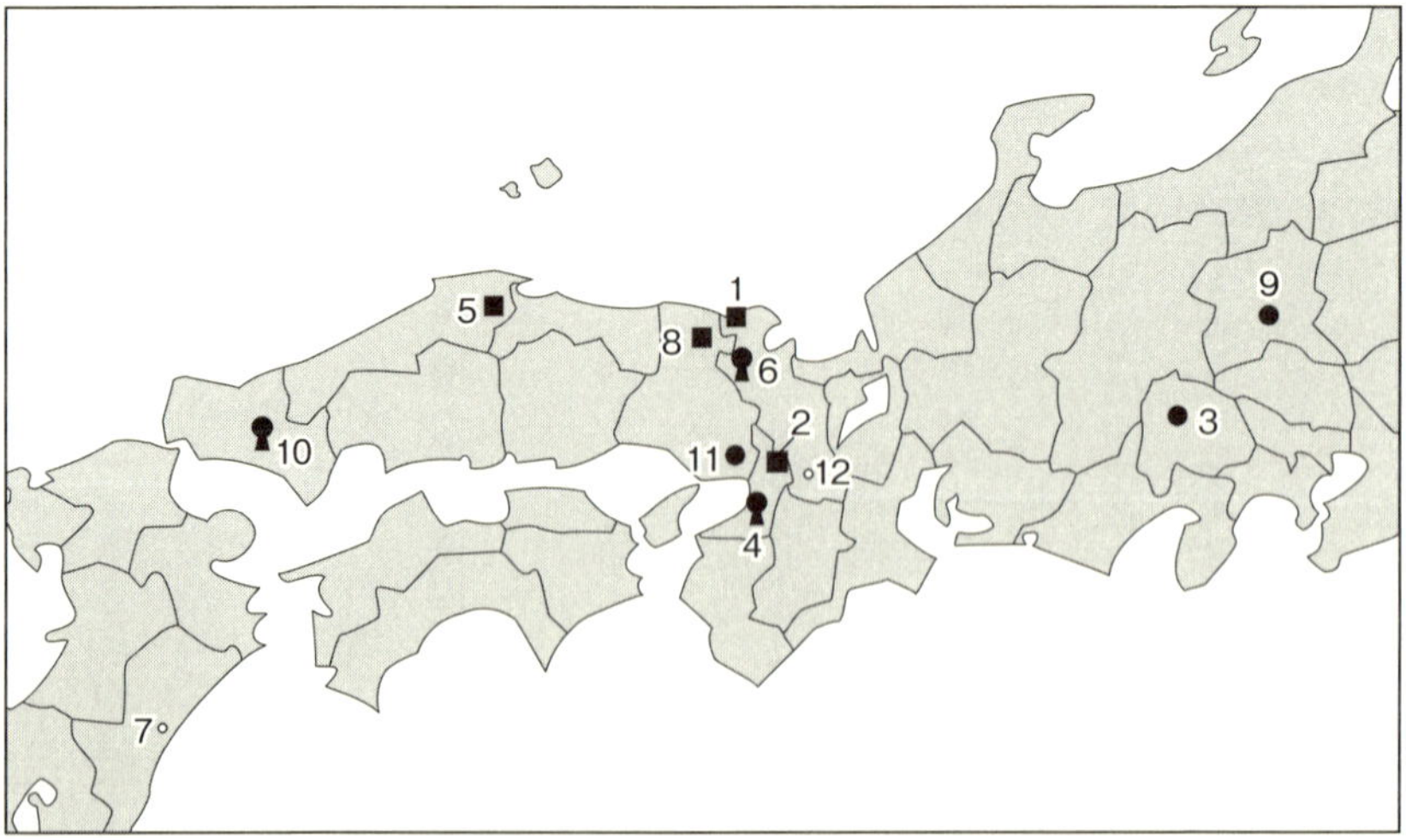

図74　年号鏡の分布（数字は図73と一致）

D 景初４年龍虎鏡
（京都府福知山市広峯15 号墳出土）

C 正始元年三角縁同向式神獣鏡
（群馬県高崎市蟹沢古墳出土）

図 75　景初３年・景初４年・正始元年の年号鏡

入手したが、長突円墳被葬者は間接入手のようだ。ここに公孫氏が登場するのは、一二面の年号鏡のうち、一〇面は魏の年号であるのに対し、二面が呉《ご》の年号（赤烏）をもつからである。

赤烏元年（二三八）銘の山梨県西八代《にしやつしろ》郡市川三郷《いちかわみさと》町（旧三珠《みたま》町）鳥居原古墳と赤烏七年（二四四）銘の兵庫県宝塚市安倉《あぐら》古墳はともに円墳で、四世紀前半の古墳と思われる。両古墳の被葬者一族が呉と直接交渉していた可能性も考えられるが、中国東北部を領域としていた公孫氏は時によって魏と呉に服属しており、魏・呉の文物を保持していた可能性は高い。

三世紀の列島内の地域勢力は倭国の公式外交ルートとは別に、それぞれが交易を行っていたと考えておいた方がよさそうだ。

図 76　３世紀（三国時代）の東アジア

※32　伽耶《かや》　四～六世紀ごろ、朝鮮半島南部にあった国。加羅《から》ともいった。北の高句麗《こうくり》や東の新羅《しらぎ》に圧迫され、五六二年に滅亡した。

第七章　三世紀の地域王権と交易

二世紀末、卑弥呼は三〇のクニグニの王に共立されて倭国の女王となった。つまり、二世紀末から三世紀末の列島には三〇のクニと王が存在していたのである。女王・卑弥呼が都とした邪馬台国を介在しない各地域間交流があって当然であり、そのことを検討してみよう。

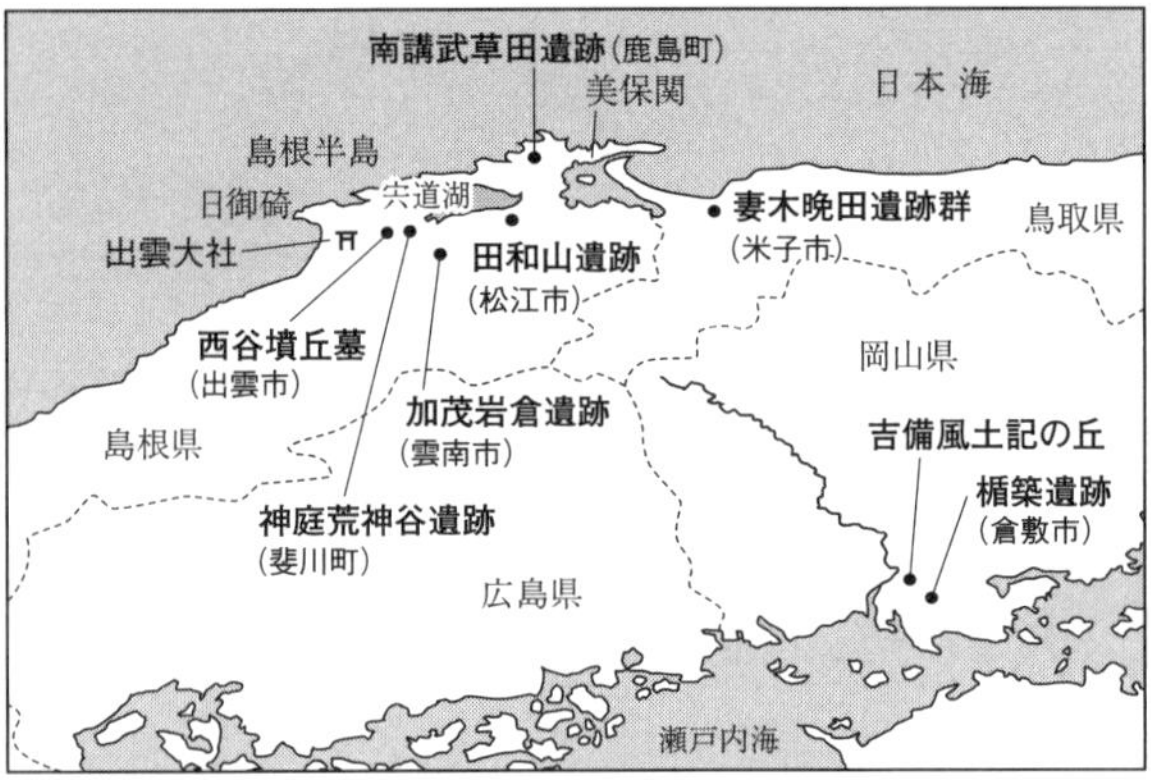

図77　イズモとキビ

ツクシとカヤとイズモ（筑紫・伽耶・出雲）

半島カヤ（伽耶※32）の府院洞《ふいんどう》遺跡などには、ツクシ（筑紫）とイズモ（出雲）の土器がある（図78・79）。イズモは少量ではあるが二世紀末の九重《くじゅう》式土器があり、ツクシはツクシ産の三世紀末～四世紀前半の布留《ふる》式系甕《かめ》（奈良県天理《てんり》市の布留遺跡で見つかった古墳時代初頭の標式となる土器）が主体である。ヤマト（大和）の土器は、博多湾岸の西新町《にしじんまち》遺跡（福岡市早良《さわら》区）や伊《い》

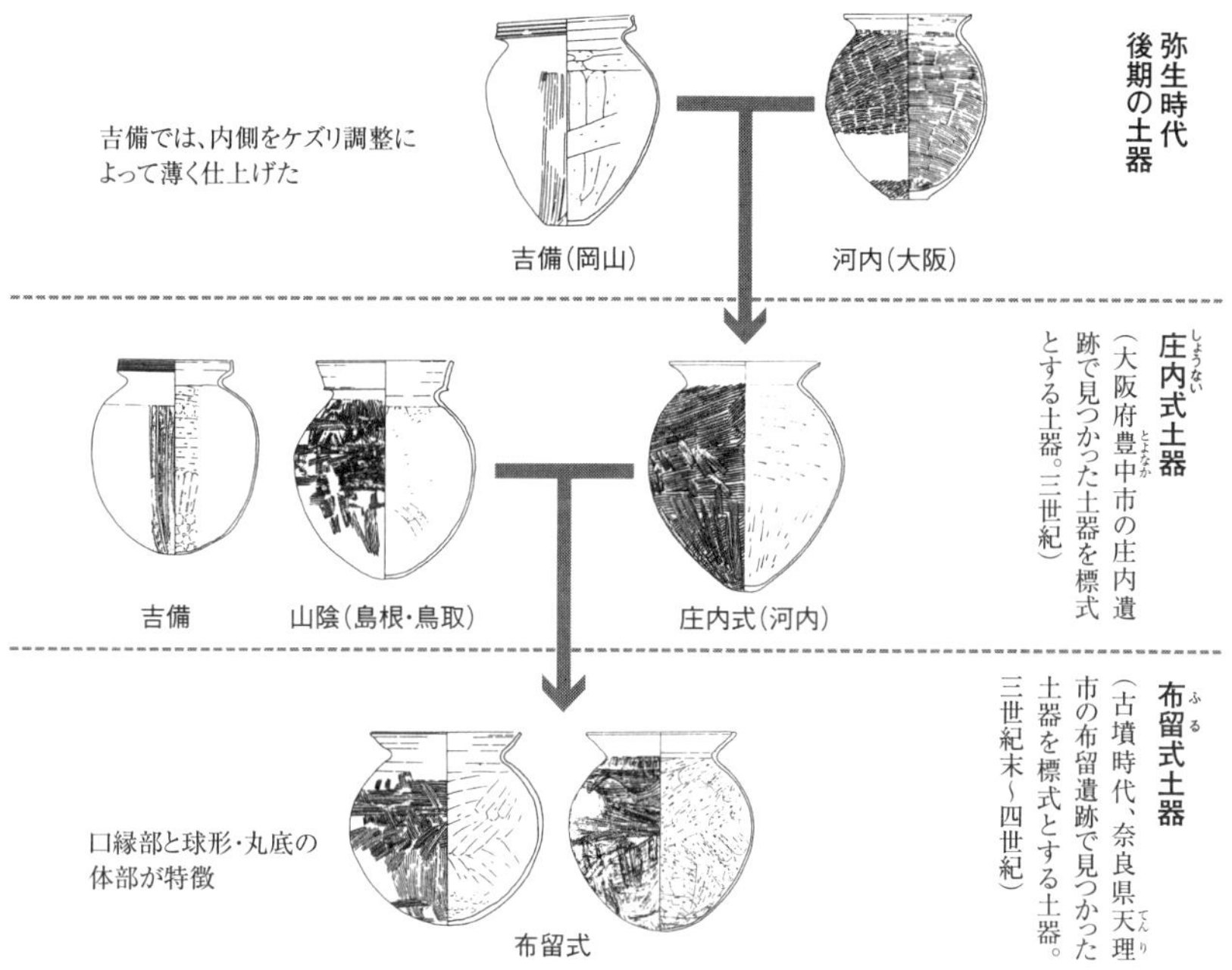

図78　土器のうつりかわり―甕《かめ》の場合―　大阪府立近《ちか》つ飛鳥《あすか》博物館「平成21年度秋季企画展ちかつ解説シート」より一部改変（大阪府立弥生文化博物館『激動の３世紀』をもとに改変・作成）

都《と》国の三雲《みくも》遺跡（糸島市）には登場するが、半島には渡っていない。

ヤマトに邪馬台国があれば、半島経由で魏の都と通交したのであり、その痕跡がないのは邪馬台国はヤマトではなく、ツクシなどにあったか、ヤマト派遣の一大率がツクシの人物を派遣したかのいずれかであろう。

なお、ツクシの西新町などにはカヤ系土器が、三雲には楽浪《らくろう》系土器が顕著であり、ツクシが半島交易の拠点であったことは確実である。

イズモとコシとキビ（出雲・越・吉備）

イナバ・ホーキ（因幡・伯耆＝鳥取県）を仮にイズモ世界として話を進めると、イズモにはタニハ（丹波）、タジマ（但馬）、コシ（越）、キビ（吉備）の人々が往来していた。例えば、三世紀前

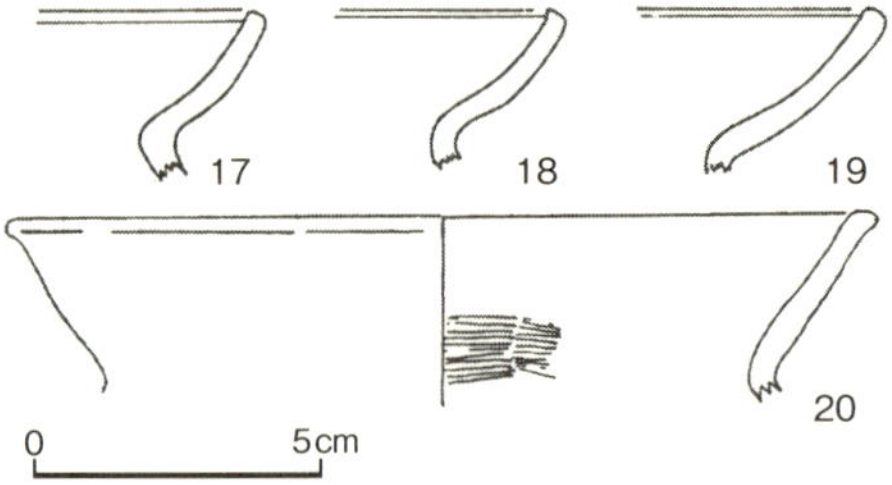

韓国・朝島貝塚出土の布留式系甕（国立中央博物館、1976 年より）

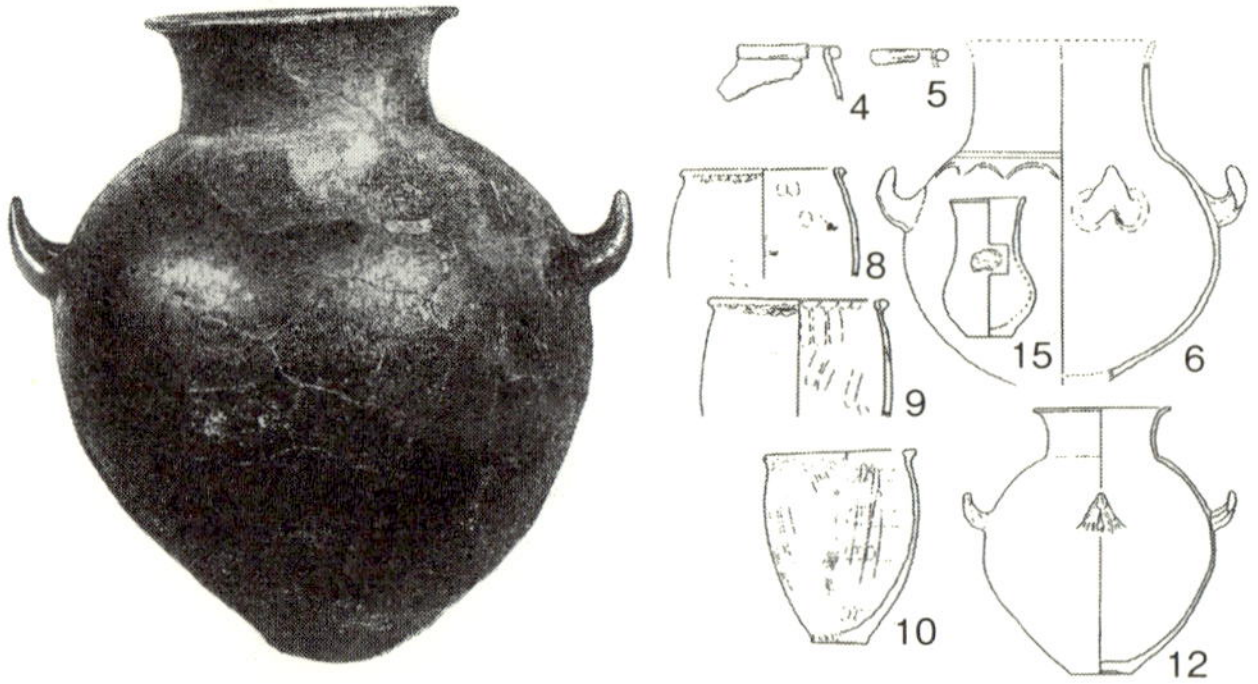

佐賀県・土生遺跡の無文系土器（ただし 15 は同県・鍋島本村遺跡）

図 79　韓の倭系土器（上）と倭の韓系土器（下）
（上：武末純一『土器からみた日韓交渉』学生社、1991年）
（下：武末純一「土生遺跡の無文土器」『弥生時代の考古学』266 頁、学生社、1998年）

半のホーキ東部の下張坪遺跡にタニハ・タジマ・コシの多量の土器があり、集団移住が想定されている（湯村　功「庄内式併行期の山陰の様相」『庄内式土器研究』一八、一九九八年）。

二世紀のイナバ新子谷一号墓には、タニハ・タジマ・コシとキビやヤマトの土器が供献されており、各地域からイナバ王の葬儀への参列が予想できる。

さらに劇的なのは、二・三世紀のキビと畿内系土器の動向である。二世紀末（鬼川《おにがわ》市《ち》三式期）のキビ系土器はイナバとイズモで増量し、とくにイズモ西部の王墓である西谷《にしたに》三号墓（島根県出雲市）にはキビ系の特殊壺・特殊器台が供献される。西谷三号墓には、朝鮮半島ルーツと推定される墳丘上建物（冢上屋）が建てられており、列島内

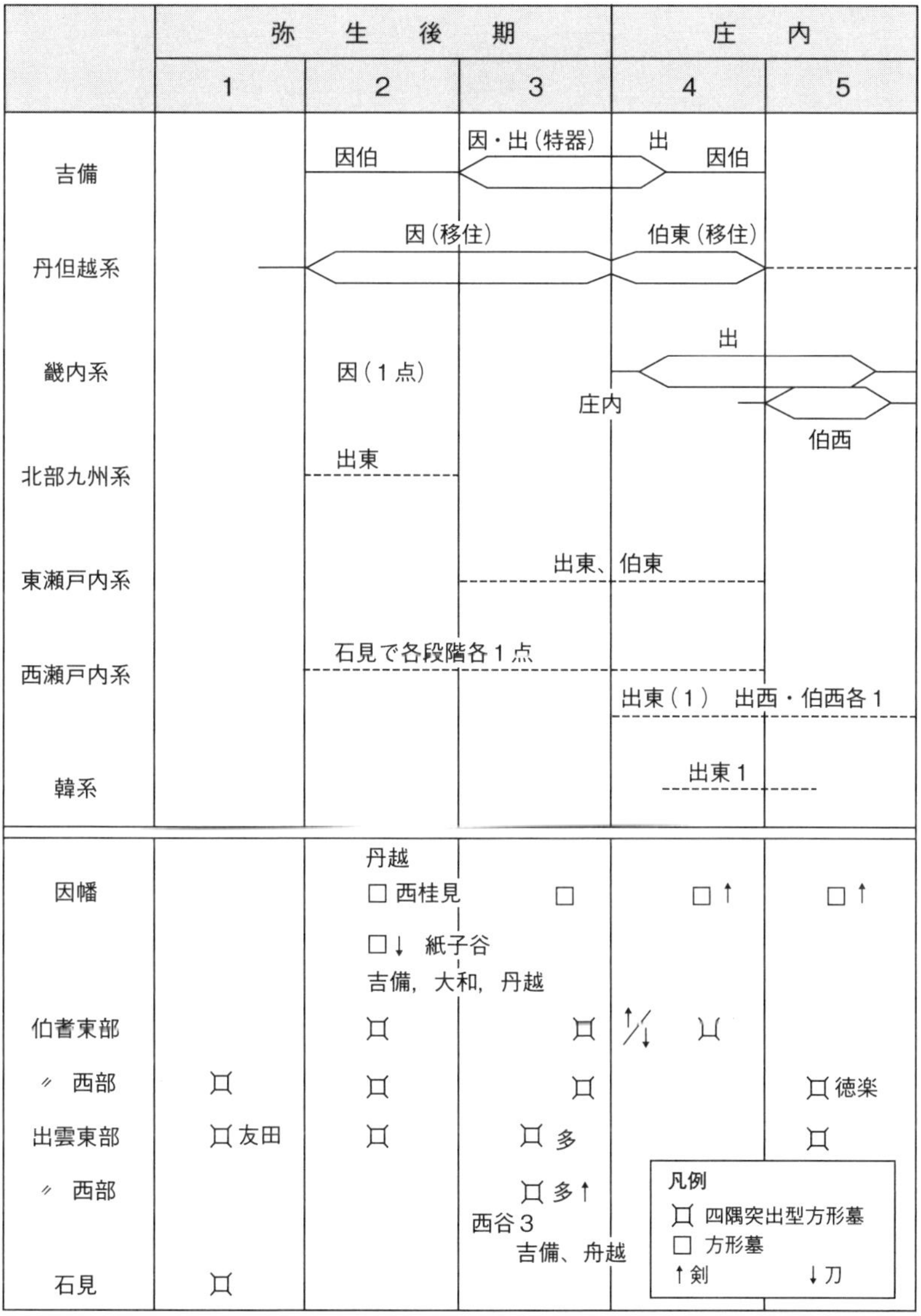

※因伯は因幡・伯耆、丹但は丹波・但馬、出東、伯西などは出雲東部、伯耆西部の略

図 80　山陰の外来系土器と墳墓

（湯村功「庄内式併行期の山陰の様相」『庄内式土器研究』18、1998年）

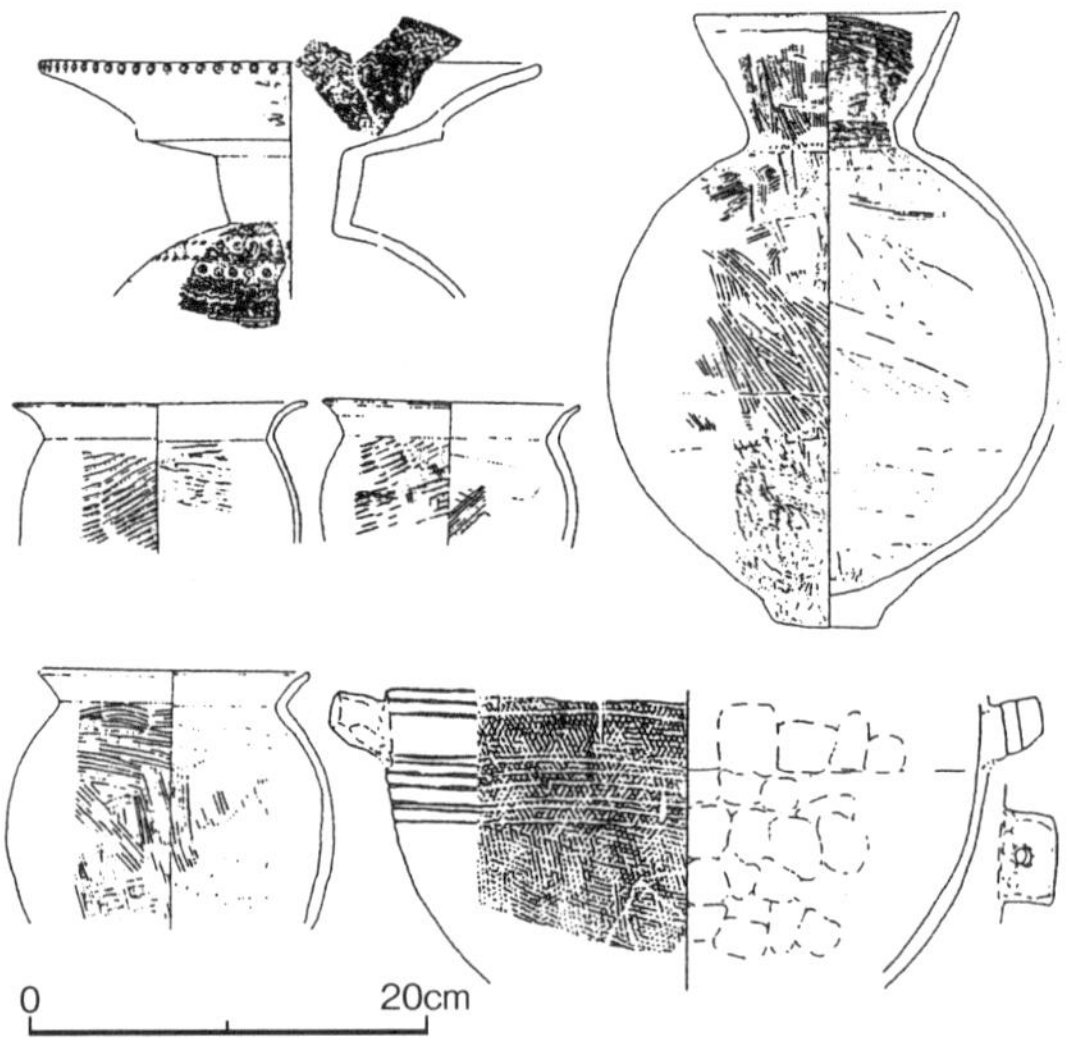

図81　出雲・南講武草田遺跡の外来系土器
（赤沢秀則編『南講式草田遺跡』鹿島町教育委員会、1992年に加筆）

外に視野を拡大していた人物像が浮かびあがる。

三世紀前半（纏向《まきむく》三類期）になると、キビ系土器はイズモに姿を見せない。代って畿内系土器がイズモに登場し、三世紀後半へと継続する。島根半島中枢部の鹿島町南講武草田《みなみこうぶくさだ》遺跡が一つの典型である（図81）。畿内系土器は、三世紀後半にはホーキ西部にも集中し、壺・甕・鉢・高坏《たかつき》・器台などの生活用具がセットで現れる（湯村　一九九八年、三頁）。

三世紀の畿内のクニグニにとって、日本海航路は対中朝貿易の重要ルートの一つであり、三世紀になってはじめて主体的に利用できる港津を設置できたようだ。三世紀前半以降（纏向三類期）、イズモの四隅突出型方形墓は衰退の道をたどる（石野　『邪馬台国の考古学』　二〇〇一年、吉川弘文館）。

さらに、イズモとコシとキビは、四世紀になっても円形プランの住居が主流となる地域として共通する。三世紀（庄内《しょうない》式期）以降、列島全体の住居プランが方形に統一されはじめ、四世紀（布留《ふる》式期）には、これら三地域を除いて方形住居が主流となる。

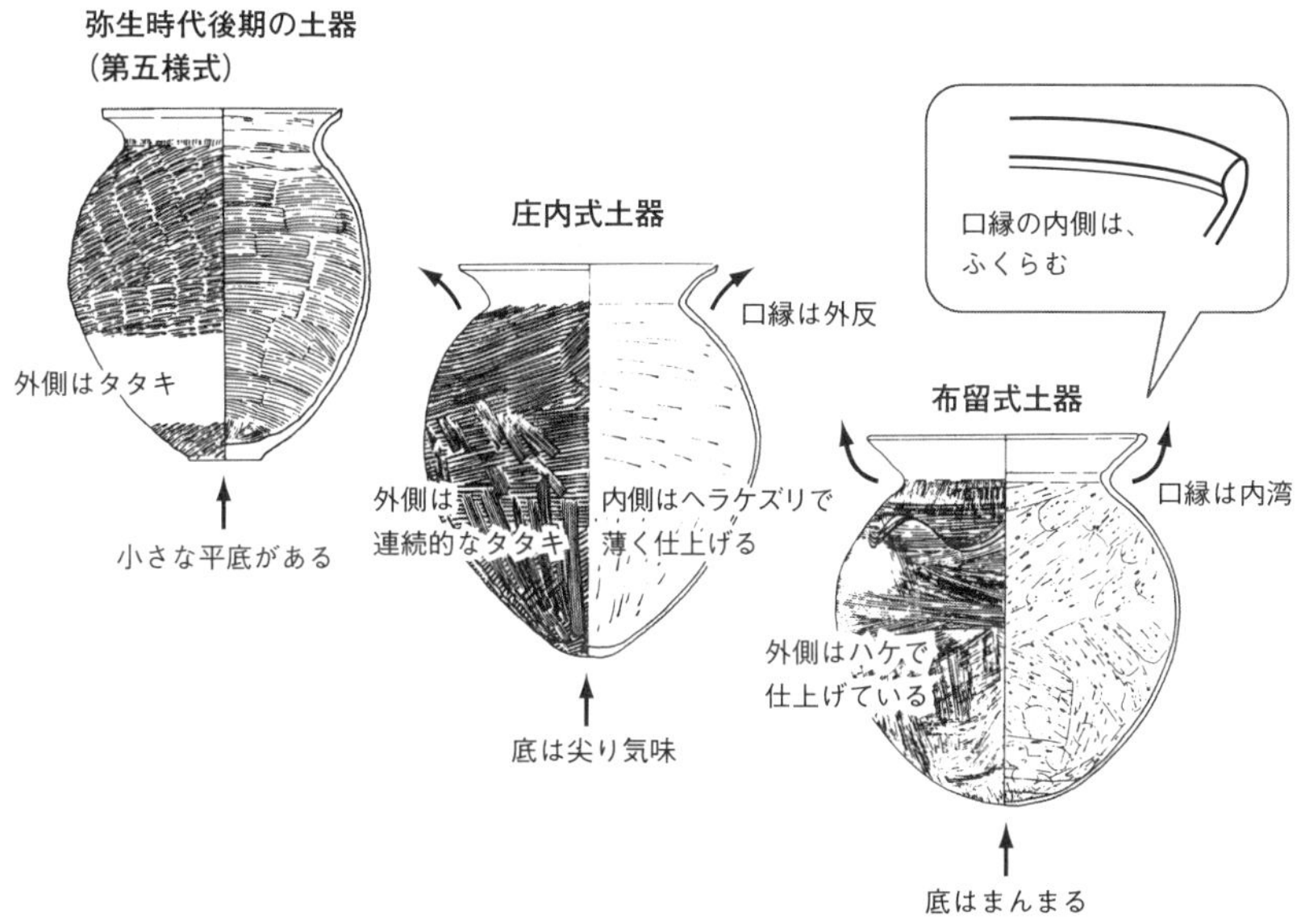

図82　弥生時代から古墳時代への土器のうつりかわり―近畿地方の甕の場合―
（大阪府立近《ちか》つ飛鳥《あすか》博物館「平成21年度秋季企画展ちかつ解説シート」より）

このような傾向の中で、イズモ・コシ・キビは伝統的な居住環境を維持した地域として特異である。

アワとサヌキとハリマ（阿波・讃岐・播磨）

三世紀のアワ（阿波）・サヌキ（讃岐）・ハリマ（播磨）には、アサンバン（阿讃播）連合が存在したようだ。弥生時代を通じて独自の土器様式を保持していたアワとサヌキで、三世紀（庄内式併行期）になると、東阿波型土器とサヌキ・西川津《にしかわず》式土器に共通の様相が認められるようになる（奈良県香芝《かしば》市二上山博物館編二〇〇六年『邪馬台国時代の阿波・讃岐・播磨と大和』）。そして、ハリマには兵庫県揖保《いぼ》郡太子町の川島遺跡などにサヌキ系土器が多量に出現する。

住居型では、アワ・サヌキに点々と認められる張出し出入口をもつ円形住居がハリマにも出現する。住居群の中の少数例ではあるが、人々の定住的交流を思わ

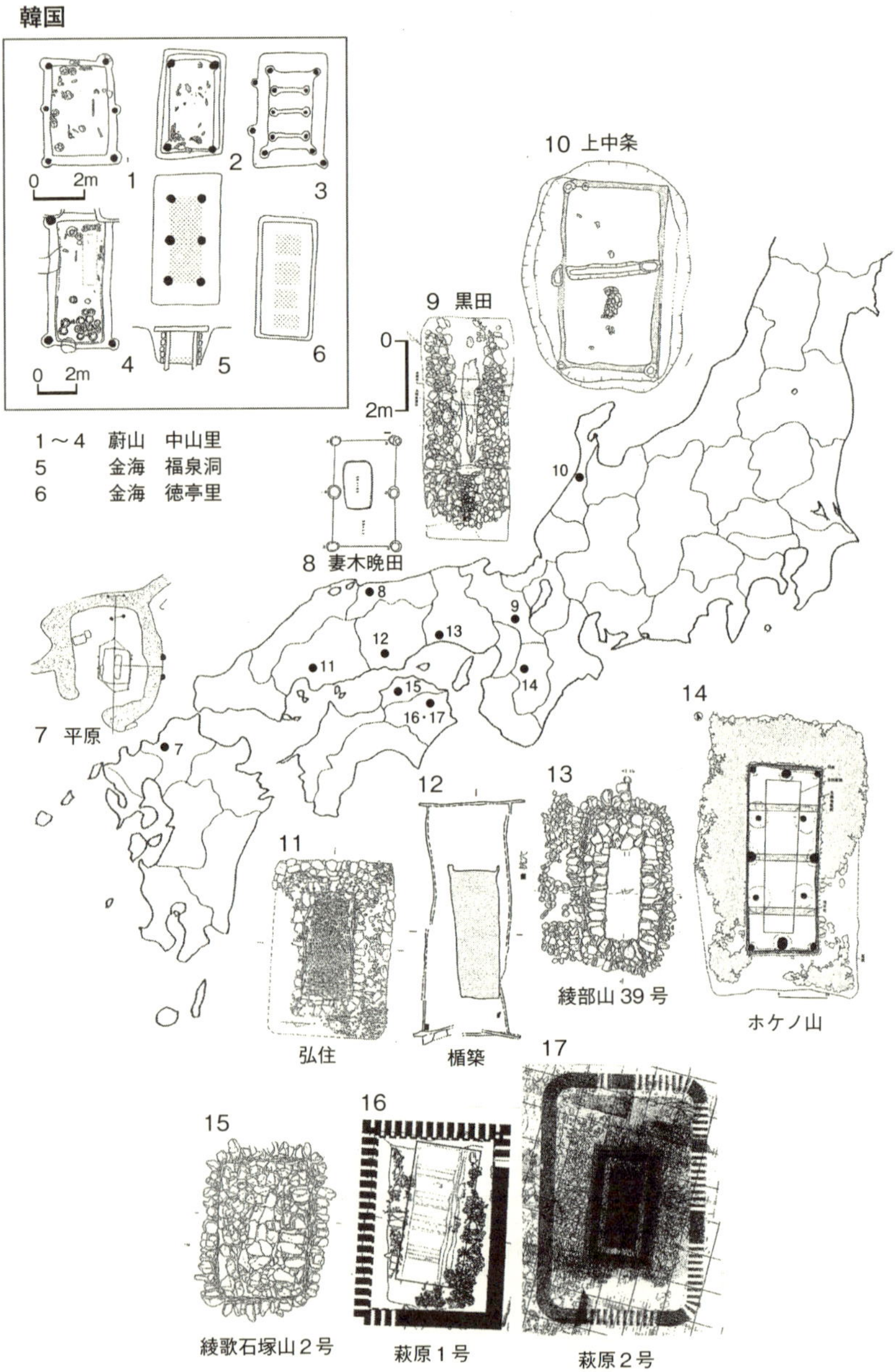

図83 ２・３世紀木槨墓（類似）の分布

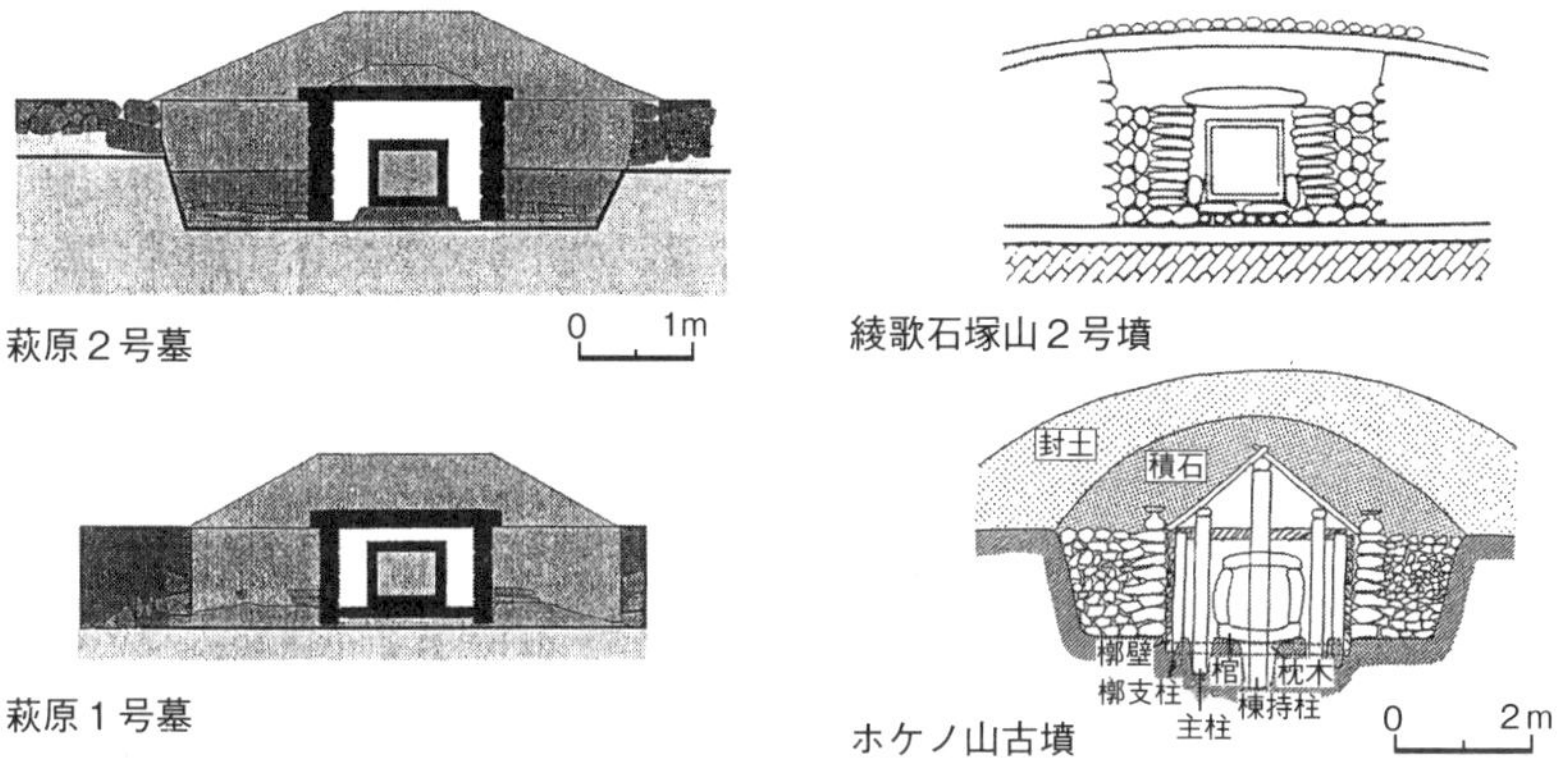

図84　木槨墓の構造復元案

萩原１、２号墓、綾歌石塚山２号墳―菅原康夫『阿波国のはじまり』徳島県埋蔵文化財センター、2007年

ホケノ山古墳―石野『邪馬台国の考古学』吉川弘文館、2001年

せる。

墳墓では、三世紀の積石塚《つみいしづか》と石囲《いしがこ》い木槨《もっかく》が共通項となる（図83・図84）。二世紀末・三世紀初（纒向1類期＝近畿弥生五様式末併行）に、長い突出部をもつ積石円丘墓（長突円墳）で石囲い木槨をもつ萩原二号墳（徳島県鳴門《なると》市）が東アワに登場する。同一号墳は、同タイプで同地域に三世紀前半に継続して築造された。萩原一号墳の木槨構造は、三世紀中葉のヤマト・ホケノ山古墳（桜井市）の祖型であり、画文帯神獣鏡《がもんたいしんじゅうきょう》を副葬する点でも共通している。

積石木槨墓は、サヌキ・綾歌《あやうた》石塚山二号墳（香川県）やハリマ・綾部山三九号墳（兵庫県たつの市）にあり、アワ・サヌキ・ハリマ三地域の一体観が明瞭である。

積石木槨墓の一例がヤマト・ホケノ山古墳に存在することは、邪馬台国時代にアサンバン連合とヤマトの間に強力な連携があったことを考えさせる。

いうまでもなく連携の意図は、瀬戸内海航路と結びつくアサンバンがもつ船と航海技術であろう。

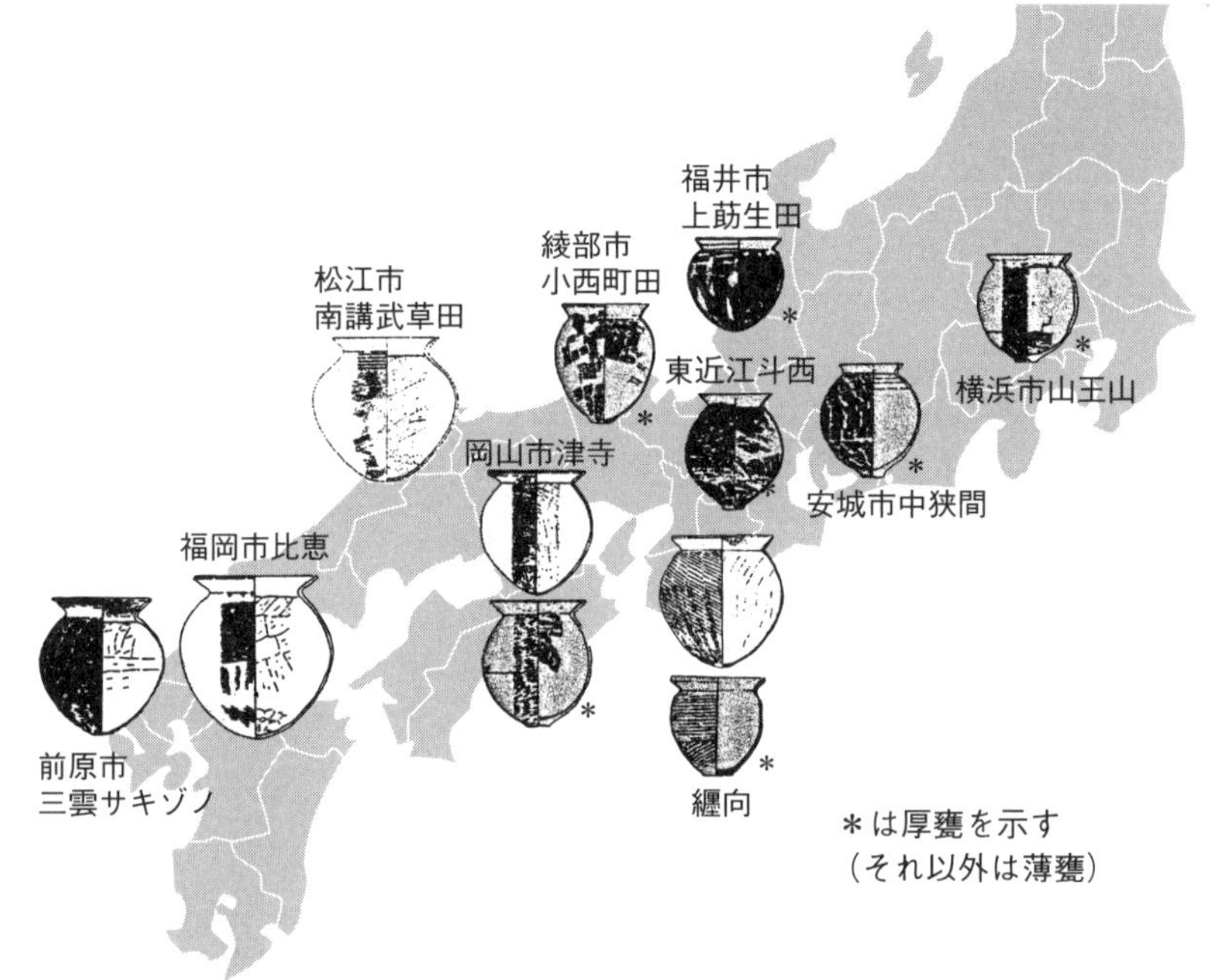

図85　３世紀の近畿系土器の移動

セッツ・カワチ・イズミとヤマト（摂津・河内・和泉・大和）

畿内の摂津・河内・和泉は摂河泉（セッカセン）と略称され、弥生時代以来、ヤマト（大和）と一体だと漠然と考えられている傾向が強い。

しかし、私はセッカセンとヤマトの一体観に疑問を感じた。それは、三世紀（庄内式期）の近畿系土器の動向である（図85）。三世紀の近畿には、伝統的な弥生五様式系の厚甕と庄内式の薄甕があり、厚甕は東方へ、薄甕は西方へと伝播している。厚甕の東方での拠点は、ミカワ（三河）・伊保《いぼ》遺跡（愛知県豊田市）やシモフサ（下総）・神門《ごうど》古墳群（千葉県市原市）などであり、薄甕の西方への拠点はキビ（吉備）・津寺《つでら》遺跡（岡山県）やツクシ（筑紫）・西新町《にしじんまち》遺跡（福岡市早良《さわら》区）などである。

近畿で薄甕を主要器種として生産し、使用して

図86　３世紀の河内の甕《かめ》（大阪府八尾市小阪合《こざかあい》遺跡ほか）

写真左後方がいわゆる庄内式期の甕である。八尾市など中河内一帯で生産された。均整のとれた形、薄い器壁《きへき》（厚み）、尖《そ》り気味の丸底、茶褐色《ちゃかっしょく》の色調などに特徴がある。この土器は、西日本に多く搬出された。

なお、写真中央から左手前は小型の丸底壺や器台である。

八尾市立埋蔵文化財調査センター提供。

いるのは中カワチ（東大阪市・八尾《やお》市域）とヤマト（天理市南部・桜井市北部）である。両地域の薄甕は区別できるので、西方に搬出した主な地域がカワチであることが判明している（図86）。

それに対し、厚甕は近畿全地域に存在していて、東方への搬出地を特定できない。ヤマト・纒向《まきむく》遺跡でも厚甕と薄甕は五：五の比率であり、纒向の厚甕派が東方へ動いたのか、ヤマトでの厚甕地帯である御所《ごせ》市などの葛城《かつらぎ》地方が動いたのか、セッカセンの厚甕派が動いたのか、不明である。セッカセンとヤマトが一体であれば、なぜ、厚甕と薄甕が一体になって東西に動かなかったのか、政権中枢が厚甕派と薄甕派をそれぞれ意図的に使い分けるほどの権力をもっていたとは考え難い。

セッツの六甲山《ろっこうさん》麓（兵庫県）や淀川《よどがわ》沿岸（大阪府北東部）とヤマトには前期長突円・方墳（前方後円墳・前方後方墳）群が存在するが、大阪府中・南部のカワチ・イズミにはない。こうした三世紀末・四世紀前半の状況から、三世紀の近畿の政権には、ある地域の人々を強制的に派遣するほどの権力はなかったのではないか。薄甕は、三世紀の政権中枢と考えられるヤマト東南部に集中しているので、西方への薄甕伝播は政権の意思だとしても、厚甕の東方伝播はヤマト西部（葛城地方）かセッツかイズミの独自の動きのように思われる。カツラギ・セッツ・イズミのうち、可能性が高いのはセッツであろう。そのヒントは、弥生中期のセッツの土器が神奈川県小田原《おだわら》市中《なか》里《ざと》遺跡から集中的に出土している点にある。

摂津は文字通り津の国であり、将来的に西《せい》セツ（六甲山麓）と東《とう》セツ（淀川沿岸）の厚甕が区別できるようになれば、東方派遣の主体が明らかになるであろう。出土古墳は四世紀に降るが、西セツの兵庫県宝塚市安倉《あぐら》古墳から呉の赤烏元年銘鏡が、東セツの大阪府高槻《たかつき》市安満《あま》宮《みや》山《やま》古墳から魏の青龍三年銘鏡が出土していることも参考になる。

図87　近畿・東海の遺跡

ノウビセイゾウ（美濃・尾張・伊勢・三河）

愛知県のオハリ（尾張）中枢部の弥生拠点集落の朝《あさ》日《ひ》遺跡（愛知県清須《きよす》市）が姿を消したとき、北方の木曽川流域の八王子《はちおうじ》（一宮市）に巨大な長方形区画が出現した（図88）。区画は内郭だけで四〇×七〇メートルあり、二重の溝・柵の中に一〇メートル四方の大型建

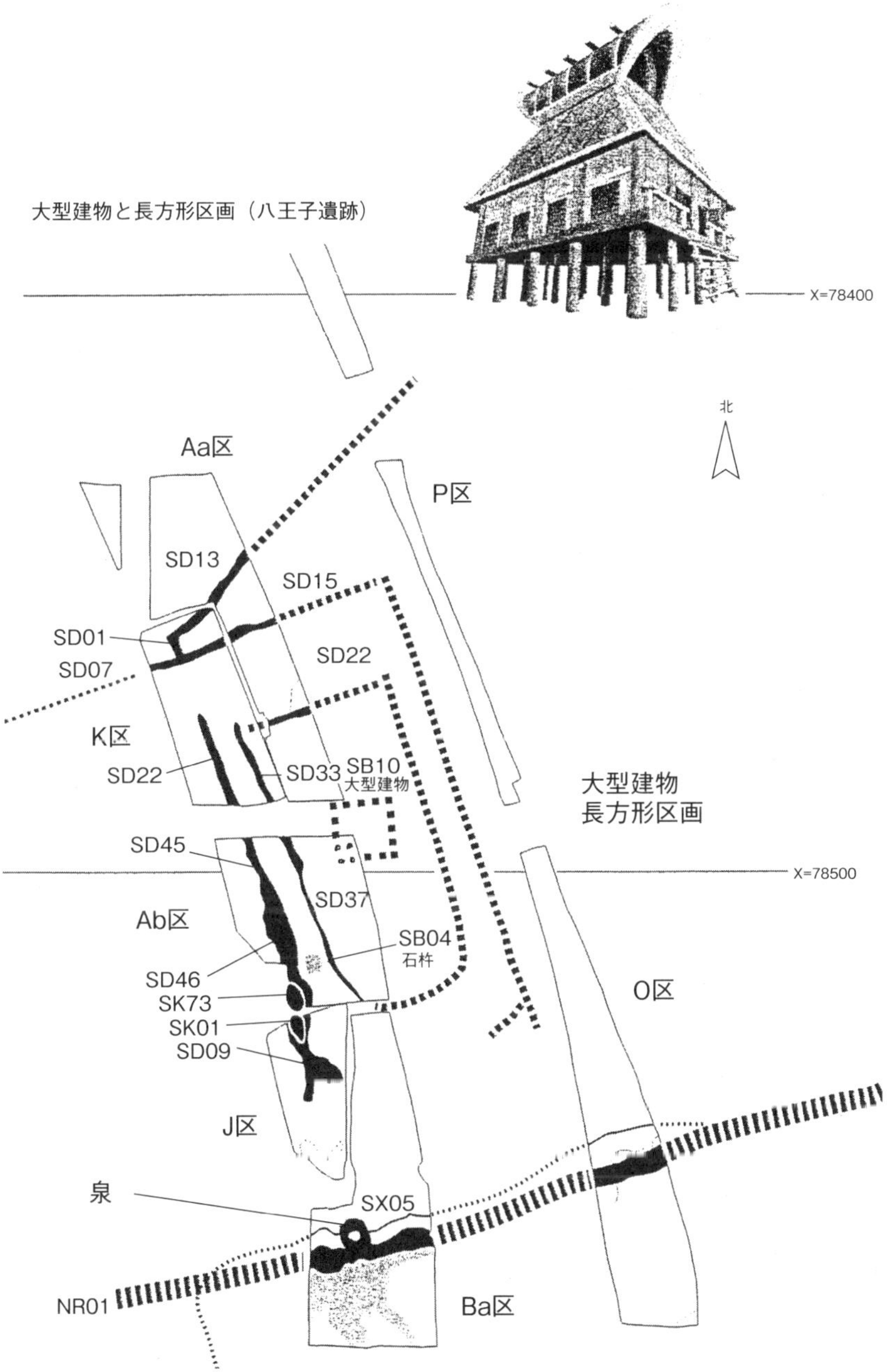

図 88　大型建物と長方形区画（八王子遺跡）

（愛知県埋蔵文化財センター編『八王子遺跡』一宮市博物館、2000年）

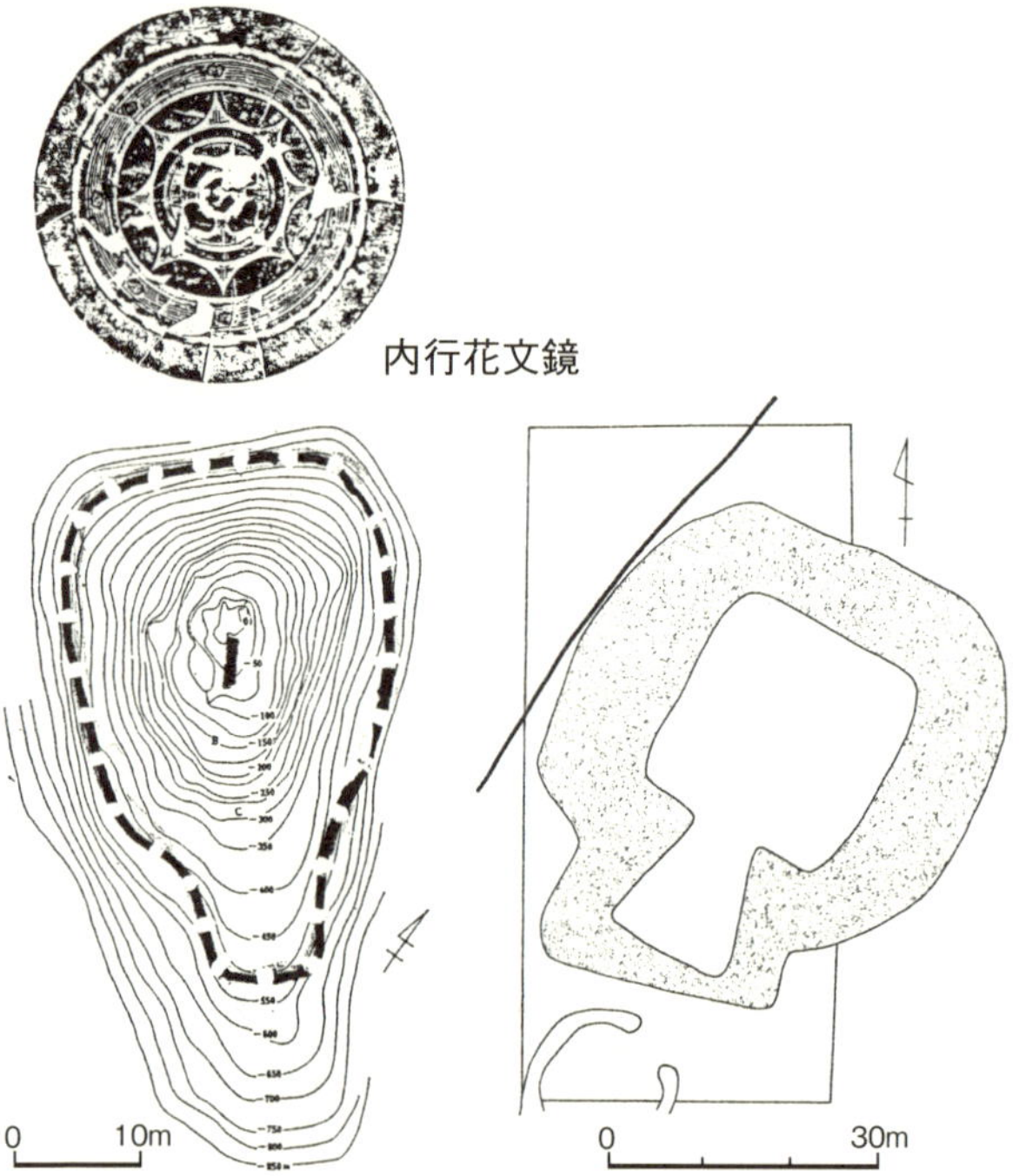

図89　2・3世紀における濃尾の長突方墳（前方後方墳）と出土品
左：岐阜市瑞竜寺山　　右：愛知県尾西市西上免古墳
（石野『邪馬台国の考古学』吉川弘文館、2001年）

物（SB10）が建つ。時期は二世紀末（廻間《はざま》一式初頭）で、まさに倭国王として卑弥呼が共立され、邪馬台国に都を定めたときである。

長方形区画外側の水路に接して「井泉」（SX05）があり、祭祀に使われた刀・剣形木製品や土器が多量に収められていた。

「この巨大な施設に参集した人々や儀式の内容が推測できよう。二世紀後葉から三世紀にかけて濃尾平野には共通した宗教や生活習慣をもつ部族的なまとまりが存在した可能性が高い。」（土本典生編、二〇〇八年『八王子遺跡』一宮市博物館）

八王子の巨大施設で濃尾の人々の共同祭祀が行われるようになる前、二世紀前半・中葉頃（山中式期）の大型墓がミノ（美濃）の瑞竜《ずいりゅう》寺《じ》山《やま》山頂（岐阜市）に築か

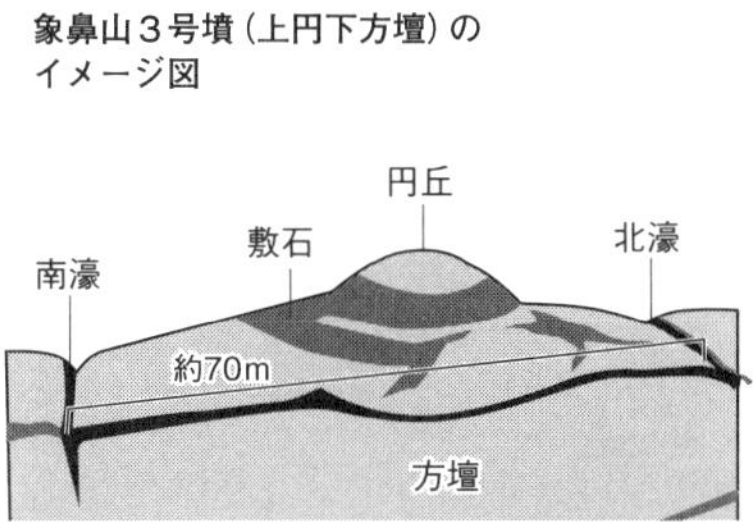

富山大学の調査による

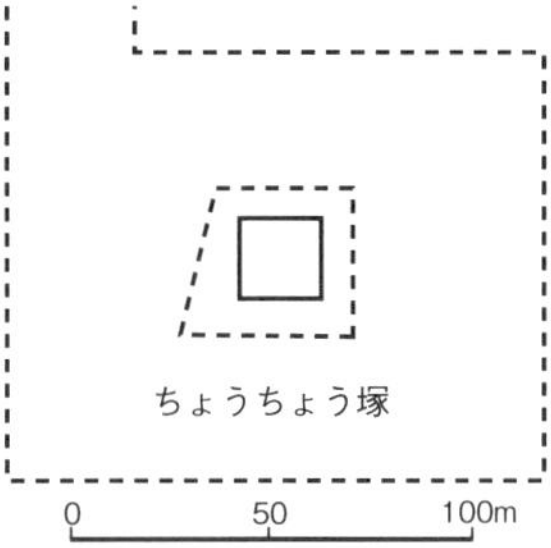

『古墳文化出現期の研究』より

図 90　低平な方形区画と方・円丘墓
右：富山市ちょうちょう塚　左：岐阜県象鼻山３号方円壇
ちょうちょう塚は、常願寺《じょうがんじ》川扇状地にある。一辺が20 メートル前後の方形墳で、高さ3.5 メートル、墳頂は一辺約13 メートル四方の平坦面があり、いわゆる頭角錐形（台形）になっていた。
象鼻山古墳群は、象鼻山（142 メートル）の山頂付近にある古墳群で、60 基以上もの古墳がある。

れていた（図89）。全長四〇メートルの短い突出部をもつ方形墓（短突方墳）で、二基の埋葬施設の一方から内行花文鏡《ないこうかもんきょう》が採集されている。

弥生時代の墳墓の最大は、全長八〇メートルの中円双方墳である二世紀末のキビ（吉備）・楯築《たてつき》古墳（岡山県倉敷市）である。それ以前では、一辺四〇メートルの吉野ヶ里《よしのがり》遺跡（佐賀県吉野ヶ里町）で、瑞竜寺山は、それに匹敵し列島最大級に相当する。

そして、三世紀中葉にはオハリに全長四〇メートルの長突方墳である西上免《にしじょうめん》古墳（愛知県尾西《びさい》市）が現れる。同時に、ミノ・象鼻山《ぞうびさん》（岐阜県養老《ようろう》郡養老町）に奇妙な上円下方壇が登場する。二・三世紀（弥生後期・古墳早期）の墳墓群の中の小高い位置に七〇×八〇メートルの方形区画を設け、その中心に石敷帯をもつ径一〇メートルの円丘を設置する。かつて、五世紀後半に祭天の儀が行われたであろう円丘壇を河内の玉手山《たまてやま》（大阪府柏原《かしわら》市）で見つかった玉手山型祭祀として検討したが（石野、一九八三年）、そのルーツは中国漢代の天円地方思想にさかのぼる。天円地方とは、天を祭る円壇、地を祭る方壇の意だが、二・三世紀の列島に伝流していたと考えるには類例が少ない。

わずかに、二世紀（弥生後期末）の富山市ちょうちょう塚に一辺一三

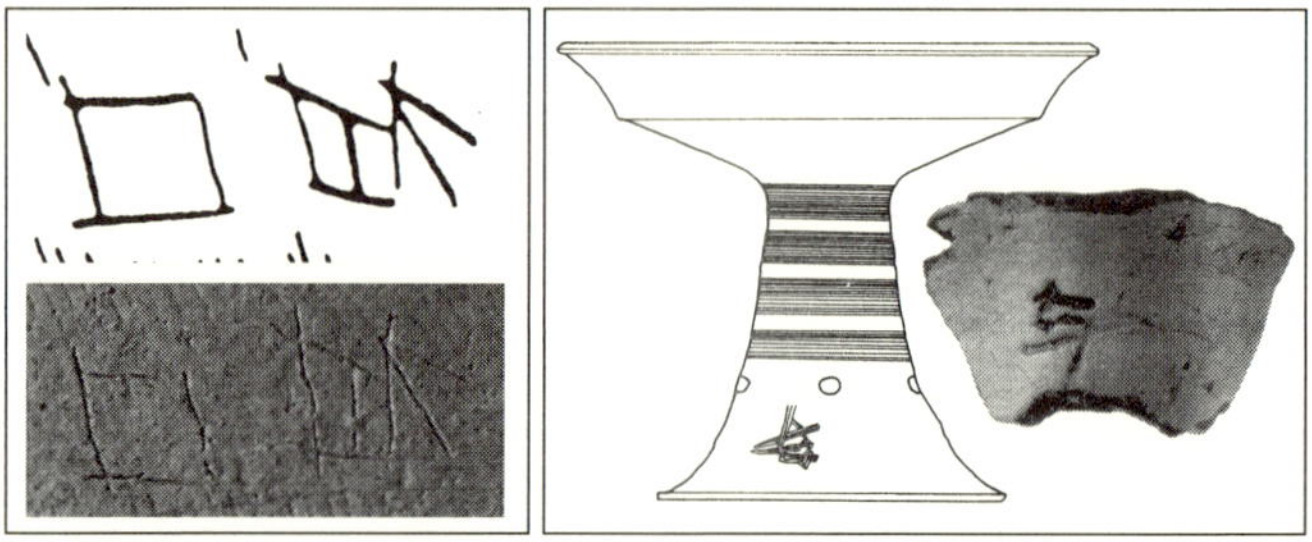

図91　左：福岡県糸島市三雲遺跡出土の刻書土器　甕《かめ》の口縁部に「竟」とある。3世紀半ば（福岡県教育委員会提供）。

右：三重県津市大城遺跡出土の刻書土器　高坏《たかつき》の脚部に鉄製のヘラ状の工具で「奉」と刻まれている。2世紀末（津市教育委員会提供）。

○メートルの方形区画内に方形壇を設置する例がある。墳墓の確証はなく、象鼻山例の調査によって、祭場としての可能性が検討課題となった（図90）。

弥生時代の文字については先述したが、三重県のイセ（伊勢）中部には初期文字とされる資料がある（図48）。

全国的には、イズモ（出雲）・田和山《たわやま》遺跡（島根県松江市）には楽浪《らくろう》伝来とされている紀元前後の硯《すずり》があって、弥生中期に墨書の存在が考えられるようになった。従って、比較的に集中している二世紀後半、三世紀の文字資料は検討すべき対象にはなった。しかし、「口」や「田」は記号の可能性があり、区別して考えるべきであろう。

それにしてもイセ中部は港津地域であり、近畿系や北陸系土器の東方への発進基地とも考えられるので、文字が発達する地域にふさわしい。そして、イセ中部の対岸であるミカワ（三河）湾岸の愛知県豊田市伊保《いぼ》遺跡に近畿五様式系の厚甕が集中しており、東方への中継地となっていた。

近畿系厚甕はおそらく奈良県宇陀《うだ》—三重県雲出《くもず》川ルートでイセへ、コシ（越）系文物は近江から甲賀《こうが》（滋賀県）・鈴鹿《すずか》（三重県）を越えてイセへ、そしてイセ—ミカワラインで東方へと拡散したのであろう。

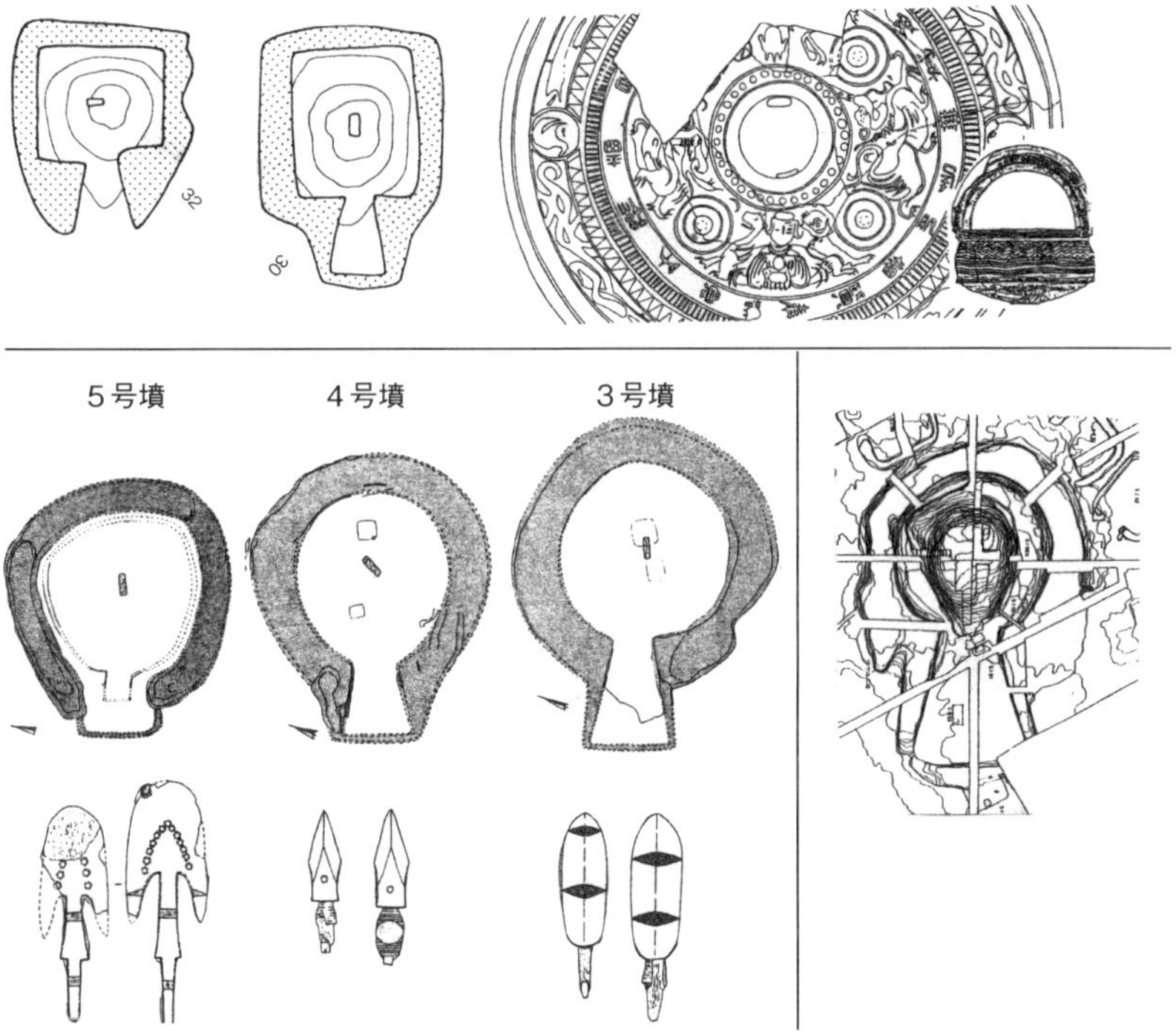

図 92　３世紀における関東・東北の大型墓（出土品）
上：千葉県木更津市高部古墳群
下左：千葉県市原市神門古墳群（3、4、5号墳）　　下右：福島県会津坂下町杵ヶ森古墳
（石野『邪馬台国の考古学』吉川弘文館、2001年）

サムフケ（相模・武蔵・総・毛野）

『古事記』によると、ヤマトタケルは妃のオトタチバナヒメを犠牲にせざるを得なかった難所を越えてサガミ（相模）からフサ（総）へ渡った、という。サガミに東接してムサシ（武蔵）がある。フサの千葉県木更津《きさらづ》市マミヤク遺跡には三世紀のイセ（伊勢）・オハリ（尾張）系土器が共伴し、同じく、高部《たかべ》古墳群（図92）には三世紀の長突方墳（前方後方墳）とイセ・オハリ系土器が共伴している。

他方、フサの市原《いちはら》市神門《ごうと》古墳群（図92）には、二世紀末～三世紀にかけて短突円墳から長突円墳（前方後円墳）へ継起する三古墳と近畿系厚甕が多量

図93　出雲世界で発達した四隅突出型方形墓（鳥取県安来《やすぎ》市仲仙寺９号墳丘墓遺跡）

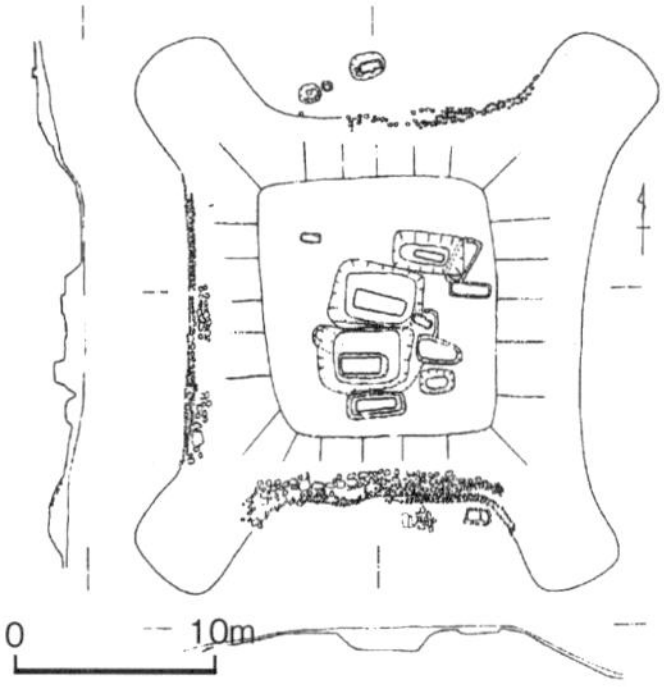

に出土している。ヤマトタケルは、近畿政権の皇子であるとともに、イセのミヤズヒメを後盾としての東征であり、フサにはまさにイセ・オハリ系と近畿系の文物が激突している。

他方、ケヌ（毛野）には石田川式と呼称されているイセ・オハリ系S字甕を主流として使用する地域が多く、三・四世紀のイセ・オハリからの集団移住を思わせる。三世紀から四世紀初頭のケヌは長突方墳（前方後方墳）の卓越地域であり、イセ・オハリ系集団のサムフケ地域の一大拠点を形成している。

コシナアイ（越・信濃・会津）

コシ（越）は福井県東部から山形県までの広大な地域を占め、古代日本の表玄関としてシナノ（信濃）・アイズ（会津）に連なる重要な役割をはたしていた。コシ路は『古事記』・『日本書紀』伝承（以下、記紀伝承とする）では崇神《すじん》天皇十年条にみられる四道《しどう》将軍の一人、大彦命《おおひこのみこと》の征服路であり、東山道の武渟河《たけぬなかわ》別《わけ》とアイズで遭遇した、という。また、イズモ（出雲）のオオクニヌシが、コシのヌナカワヒメへの求婚伝承も著名であり、イズモにも古志《こし》地名が残っている。

前一世紀から三・四世紀にかけて、イズモ世界に発達した四隅突出型方形《よすみとっしゅつがたほうけい》

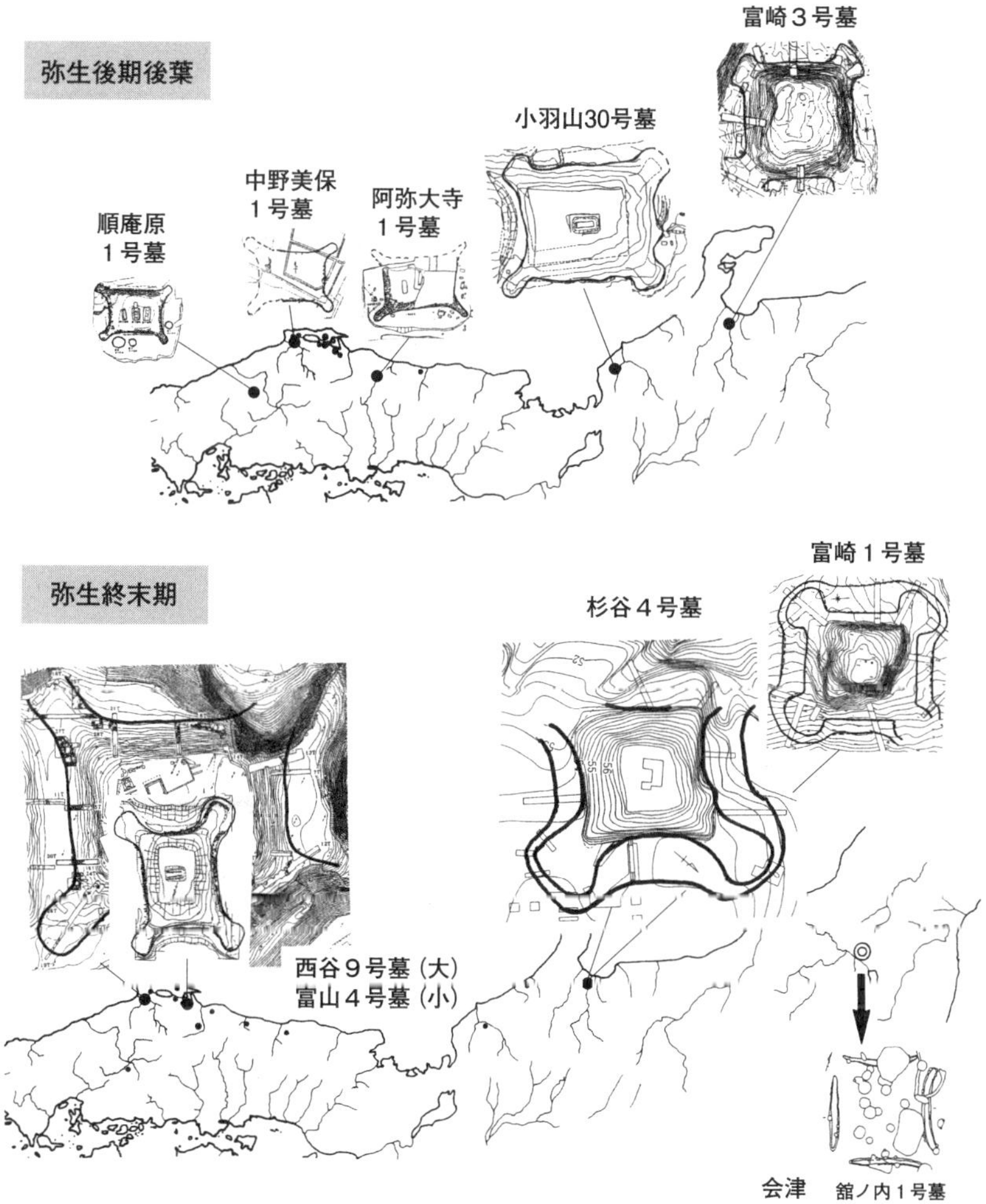

図 94　四隅突出型方形墓の分布

（『四隅突出型墳丘墓とその時代』山陰考古学研究会、1997年より作図）

墓《ぼ》（図93）は、三世紀には福井市小羽山《おばやま》墳墓群、石川県松任《まっとう》市一塚《いちつか》遺跡、富山市杉谷《すぎたに》墳墓群、福島県喜多方《きたかた》市館《たて》ノ《の》内《うち》遺跡（会津盆地）などコシ世界からアイズへと拡散している（図94）。

また、コシの新潟県上越《じょうえつ》市下割《しもわり》Ⅱ遺跡などからは、四世紀の近畿系や東海系土器が検出されており、交流の深さを思わせる。シナノ北部の長野県木島平《きじまだいら》村根塚《ねづか》墳墓出土の韓国・カヤ（伽耶）系の渦巻把手《うずまきとって》鉄剣は、日本海ルートを経由したことを明瞭に物語っている。

なお、シナノには長野市浅川端《あさかわばた》遺跡出土の三世紀の馬形帯鉤《たいこう》※33は列島二例目で最古であり、また、長野県中野市安源寺《あんげんじ》遺跡や七瀬《ななせ》遺跡の近畿系厚甕とイセ・オハリ系土器もコシ（越）ルートでもたらされた可能性が高い。

コシからカガ（加賀）として分国した石川県河北《かほく》郡津幡《つばた》町北中条《きたなかじょう》遺跡には、三世紀（月影《つきがた》式期）の木槨墓が検出された。コシでは現在唯一の例であり、ルーツをたどることは難しいが、木槨墓は半島の慶尚南道に比較的多いことから、その可能性を考えておきたい。

※33　帯鉤（たいこう）　中国の春秋戦国時代から後漢時代に広く使われた帯金具《おびかなぐ》。革帯の一端につけ、他端にひっかけて使用した。朝鮮半島や日本からも出土する。

ヒタカミ（日高見・陸奥《むつ》）

ヒタカミ国は日高見と書き、記紀ではエミシの国を指す。東北地方のイワキ（磐城、福島県東部）以北を指した段階もあったようだ。現在も残る地名は、主にヒタカミ川＝北上川流域で、宮城県・岩手県地域を示す。北上川河口の宮城県石巻《いしのまき》市新金沼《しんかなぬま》遺跡からイセ（伊勢）・オハリ（尾張）系土器（高坏《たかつき》）と北海道系の後北C_2・D

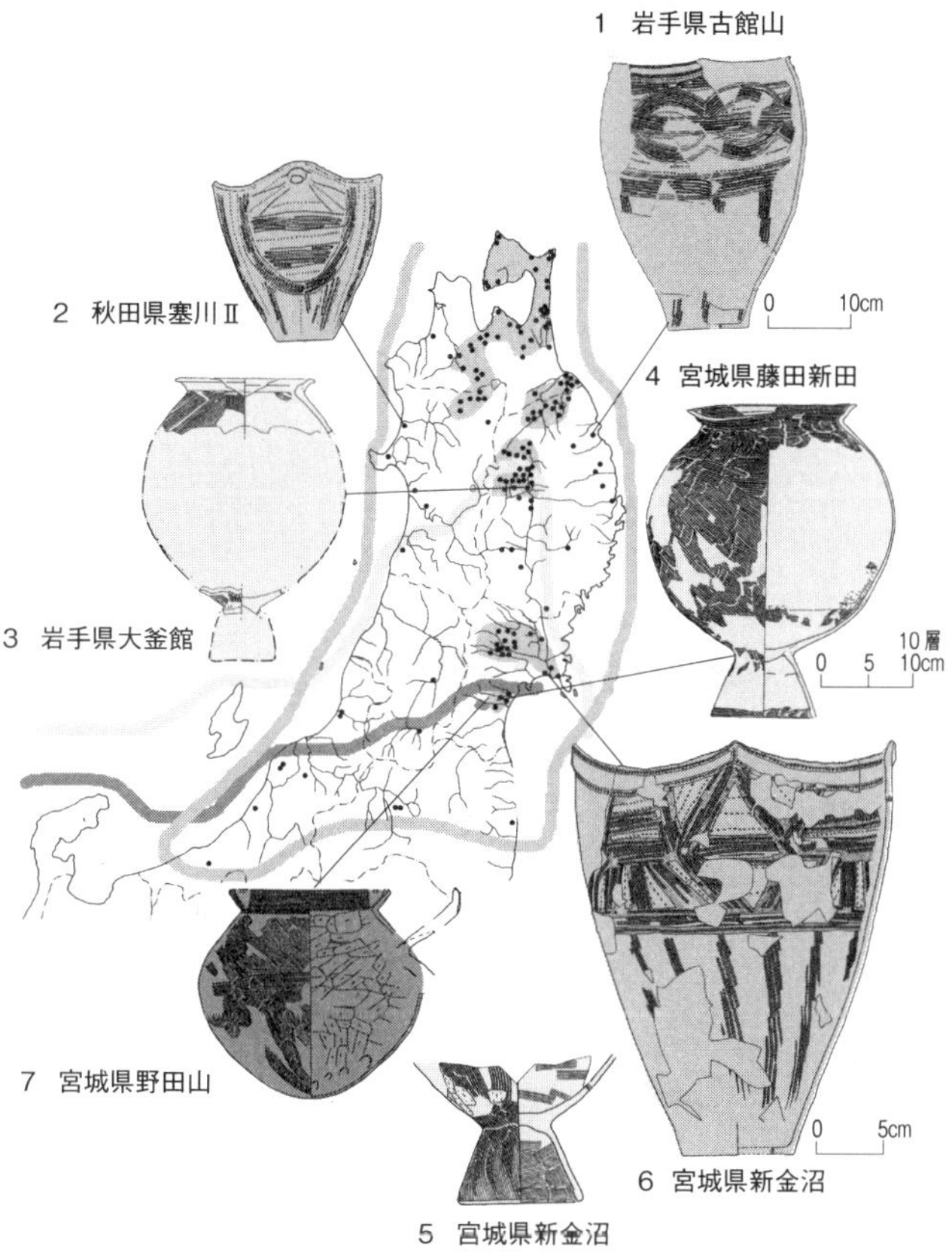

1・2・6……北海道系　3・4・5……東海系　7……近畿系

図95　3・4世紀、東北で出会う北海道人と東海人・近畿人
『北からの視点』日本考古学協会仙台大会、1991年
『大釜館発掘調査報告書』岩手県滝沢村埋蔵文化センター、2002年
『新金沼遺跡』宮城県石巻市教育委員会、2003年

式土器が共存していた。

赤塚次郎さん（愛知県埋蔵文化財センター）によると、仙台平野のS字甕はイセ・オハリ産ではなく、関東産とのことで、関東に移住していたイセ・オハリ人の二世か三世が東北へと移動したらしい。後北C_2・D式土器には皮なめし用石器が伴うとのことで、北海道人は熊の毛皮を交換材としていたのだろうか。

イセ・オハリ二世人は、いつの日か関東に戻り、関東のイセ・オハリ人もまた、いつの日か故郷に戻って北国の話を伝えたこともあっただろう。『魏志』倭人伝には、遠絶で詳細不明のその余の国々が記載されており、その中にヒタカミ国も含まれていたかもしれない。宮城県名取《なとり》市野田山遺跡には完形の大和型庄内《しょうない》系の甕が二個搬入されていた。関東にも少ない庄内系の甕が東北へと拡がった理由としては、四世紀の名取市を中心とする雷神山《らいじんざん》古墳群の背景になるようだ。これらの土器には従来の塩釜《しおがま》式土器が共伴しているために近畿の布留《ふる》式併行期とする考えがあるが、布留型甕でないことは確実であり、関東を含めた厳密な併行関係の検証が必要であろう（図95）。

いずれにしても、女王・卑弥呼の邪馬台国が存在した二世紀末から三世紀にかけて、日本列島には、さまざまな地域王権が、たがいに交流し、王墓墳の造り方まで影響し合う関係があったのである。

記者の目
Column

近畿・瀬戸内で、大和つなぐ古墳十数基の発見
ホケノ山古墳と同年代・同様式――「畿内説」裏付け

畿内大和か、九州か、日本古代史上、最大のミステリーとされる邪馬台国の所在地。江戸時代以来、二百数十年にわたる論争が続いてきたが、最近の発掘調査で、大和説を裏付ける有力な〝証拠〟が近畿や瀬戸内東部で次々に現れている。邪馬台国が存在した時期（三世紀前半～半ば）の前方後円墳だ。その中心は、この時期最大のホケノ山古墳（奈良県桜井市、全長八〇メートル）一帯。この時代、大和とこれらの地域の間に強い結びつきがあったことが明らかになりつつあり、論争は新たな局面を迎えている。

ホケノ山古墳は二〇〇〇年に発掘。土器や木棺の一部の炭素年代測定法などから、三世紀半ばの築造と判明した。さらに①墳丘が前方後円形、②木槨《もっかく》内に木棺を納めた二重構造の埋葬施設、③画文帯《がもんたい》神獣鏡など中国鏡の副葬――という三つの特徴があった。

この〈三点セット〉が研究者の注目を集める。

二〇〇六年三月、徳島県教委などが調査した同県鳴門《なると》市の萩原一号墓は全長二五メー

トルの前方後円形で、三世紀前半の築造と発表された。その南五〇メートルの同時期の萩原一号墓からは一九七九、八〇年の発掘で画文帯神獣鏡が出土、当初は竪穴式石室と報告されていたが、二〇年ぶりに再検討したところ、ホケノ山古墳と同じ二重構造の埋葬施設と見直された。

さらに、兵庫県たつの市の綾部山三九号墓では二〇〇三年九月、二重構造の埋葬施設と画文帯神獣鏡が出土。墳形も前方後円形の可能性が強いとされる。

ホケノ山古墳の発掘を担当した岡林《おかばやし》孝作《こうさく》・奈良県立橿原考古学研究所主任研究員は、同様に特徴が一致するのは、京都府南丹《なんたん》市の黒田古墳、岡山県総社《そうじゃ》市の宮山古墳、兵庫県加古川市の西条五二号墳など、近畿や瀬戸内東部で十数基を数えるとし、「これが邪馬台国と、それを支えた国々だろう」と推定する。山尾《やまお》幸久《ゆきひさ》・立命館大名誉教授（古代史）は「共通する墳形や埋葬施設、副葬品は、同じ信仰や価値観念を共有し、結びついていた証拠。その中心が邪馬台国であり、後の大和政権につながる」という。

ホケノ山古墳の所在する纒向《まきむく》遺跡周辺の大和《おおやまと》古墳群には、最初期の巨大前方後円墳が集中し、従来、大和王権発祥の地とされてきた。纒向遺跡からは瀬戸内東部や山陰、東海など各地から人々が集まったことを示す土器が数多く出土し、大和説では邪馬台国の最有力候補地だ。

これに対し、九州説も根強い。高島《たかしま》忠平《ちゅうへい》・佐賀女子短大学長（考古学）は「ホケノ山古墳などの年代観が正しいとしても、日本列島全体が統　されていない段階。大和に大国があってもよいが、それは邪馬台国ではない」と反論する。

だが、この時期の九州には広域的な宗教や政治の中心だったことを示す遺跡は見つかっていない。大和古墳群の調査にかかわってきた河上邦彦《かわかみくにひこ》・神戸山手大教授（考古学）は言い切る。「発掘調査の結果はすべて、一つの結論を示している。考古学からは、邪馬台国は大和にあるとすでに決まっている。」

（読売新聞・関口和哉）

「読売新聞」二〇〇六年八月二十二日記事より

図96（上）ホケノ山古墳　東側から墳丘を見る
（中）ホケノ山古墳頂から、すぐ西側の箸《はし》中山《なかやま》（箸墓《はしはか》）古墳をのぞむ。左後方に見えるのは大和三山のひとつ、耳《みみ》成山《なしやま》
（下）ホケノ山古墳頂から、東の三輪山をのぞむ

図97　高まる邪馬台国・卑弥呼への関心
一般の考古学ファンが多数つめかけた講演会（2009年12月、奈良県立図書情報館における「魏志倭人伝」を読む　纒向遺跡を掘る」から）

第八章　二・三世紀の極東アジア状勢と倭

邪馬台国時代の九州と近畿

一九八三年十一月、奈良県立橿原考古学研究所で「邪馬台国時代の九州と近畿」という講演会とシンポジュウムを行った（橿原考古学研究所付属博物館編『三世紀の九州と近畿』河出書房新社、一九八六年）。

その時の九州代表が下條信行《しもじょうのぶゆき》さん（愛媛大学）と柳田康雄《やなぎだやすお》さん（福岡県教育庁）で、近畿代表が寺沢薫《てらさわかおる》さん（橿原考古学研究所）と都出比呂志《つでひろし》さん（大阪大学）の二対二で、私が司会担当として進行した。その話の流れの中で、九州と近畿の弥生時代の鉄器の量を比べると、圧倒的に九州の方が多い事実が指摘された。その時に近畿側が〝近畿の弥生人は大事な鉄を墓の中に入れるようなもったいないことはしない〟と主張したら、下條さんが〝ないものは入れられんだろう〟と言われ、そこで話が終わった。

その後、二〇〇一年から奈良県の香芝《かしば》市二上山《にじょうざん》博物館で「邪馬台国時代のどこそこと大和」という講演会とシンポジウムを毎年続けており、二〇〇五年に「筑紫と大和」を行った（香芝市二上山博物館編『邪馬台国時代のツクシとヤマト』学生社）。九州から常松幹雄《つねまつみきお》さん（福岡市博物館）、高島忠平《たかしまちゅうへい》さん（佐賀女子短大）、柳田康雄さん、武末純一《たけすえじゅんいち》さん（福岡大学）の四人に来ていただき、近畿は森岡秀人《もりおかひでと》さん（兵庫県芦屋市教育委員会）、寺沢薫さん、山尾幸久《やまおゆきひさ》さん（立命館大学）の三人で二一年ぶりに「筑紫と大和」を議論した。「筑紫と大和」の中で、私は「三・四世紀の極東アジアの状勢と倭の祭殿」というテーマで発表を行った。

三世紀がおよそ邪馬台国の時代、長突円墳（前方後円墳）が造られる時代、四世紀がヤマト王権の時代、一・二世紀が弥生時代後期になる。邪馬台国の時代は、私は古墳時代とし、人によっては弥生時代に入れている。まず、この時代に焦点をあてた年表（99図）を見ていただきたい。その時代の国際状勢の中で、日本列島がどうなっているのかということを考えてみよう。

図98　卑弥呼の館のイメージ（大阪府立弥生文化博物館蔵）

公孫氏		倭	
		光和（178～184）	倭国乱れる
		中平（188頃）	卑弥呼即位、倭国連合成立
建安10（205）	公孫康《こう》　帯方郡を設置	建安10（205）	倭・韓（帯方郡）に属す
〃 12（207）	公孫康　魏に服属せず		
黄初2（221）	公孫恭《きょう》将軍となる。五銖《ごしゅ》銭《せん》を復活		
青龍元（233）	公孫淵《えん》　孫権の使者を斬り魏に送る	青龍3（235）	青龍3年銘鏡二面（京丹後市太田南5号墳、高槻市安満宮山古墳）
	大司馬　楽浪公に任命さる		
景初2（238）	公孫氏　滅亡		
		景初3（239）	卑弥呼、魏に遣使
		正始元（240）	遣魏使、帰国
		〃 4（243）	卑弥呼、魏に遣使
		〃 8（247）	狗奴国と戦乱を魏に訴える
			魏、詔書・黄幢を送る
		〃 9（248）頃	女王・卑弥呼死　倭国乱
		泰始2（266）	壱与、晋へ遣使

漢・魏		呉・蜀	
中平元（184）～	黄巾《こうきん》の乱		
興平元（194）	大飢饉		
建安4（199）	曹操《そうそう》・公孫氏《こうそんし》を統合		
建安18（213）	100人余の列侯に金印紫綬を下賜		
〃	社稷と宗廟を立て、宗廟を祭る		
延興元（220）	漢の献帝、魏に譲位す		
〃	濊貊《わいばく》と扶与《ふよ》、朝貢す		
黄初7（226）	文帝死	黄初2（221）	孫権《そんけん》大将軍、呉王となる
太和3（229）	明帝、大月氏《だいげつし》王朝貢「親魏大月氏王」に任命		
景初元（237）	洛陽南部に円丘と方丘を設け、天地を祭る	建興12（234）	諸葛 亮《しょかつりょう》 孔明《こうめい》死
〃 2（238）	司馬 仲 達《しばちゅうたつ》、公孫淵《こうそんえん》を亡す		
〃 3（239）	明帝死		
〃 3（239）	倭女王・卑弥呼　朝貢		
正始8（247）	濊　朝貢		
嘉平3（251）	司馬宣王死	（255）	呉と蜀戦う
景元2（261）	韓・濊貊　朝貢		
〃 3（262）	粛愼《みしはせ》　朝貢		
〈西晋〉			
泰始元（265）	魏、晋に譲位。晋、建国		
泰始2（266）	倭女王・壱与《いよ》　朝貢		

図99　魏・倭関係年表（『魏志』東夷伝より作成）

倭国乱れ、卑弥呼共立

後漢の桓帝《かんてい》と霊帝《れいてい》のときに中国の国中が乱れ、倭国も乱れた（図99・100）。その年代は、西暦で一四〇年から一八八年である。一四〇年から一八八年の間、日本列島の倭国は戦争状態が続いていた、という。『後漢書』倭伝では、この間の「光和《こうわ》中」（一七八～一八四）が戦乱だという。一八四年には中国本土で「黄巾《こうきん》の乱」[※34]がおこり、何百万という民衆が集まって漢帝国に対する反乱を起こし、後漢帝国は実質的には滅びた。

一九四年の大飢饉の直前ぐらいの頃に、卑弥呼が女王になった。日本列島が乱れていて、それを治めるために三〇ほどのクニグニの王たちが相談して倭国の乱れを治めるために女性を立てて王とし、「名づけて卑弥呼という」。女王・卑弥呼の登場だ。

図100　東夷伝地図（陳寿著、今鷹真・小南一郎訳『正史三国志』4、ちくま学芸文庫、1993年）

※34　**黄巾の乱**（こうきんのらん）　一八四年、後漢の霊帝《れいてい》の時、張角《ちょうかく》を首領として、中国・河北で起こった農民反乱。張角らは黄巾を着け、貧民を救けたのでこの名がある。

記者の目
Column

戦乱に備えた集落と卑弥呼の居所はどこか？

「その国、本また男子を以て王となし、住《とど》まること七、八十年。倭国乱れ、相攻伐すること歴年、乃《すなわ》ち共に一女子を立てて王となす。名づけて卑弥呼という」。『魏志』倭人伝は卑弥呼が王になったいきさつをこのように記している。戦いに飽きた交戦者がともに、女性を王に選んだのである。

その戦乱について、『後漢書』は、「桓《かん》・霊《れい》の間」と書く、つまり桓帝（在位一四六～六七）と霊帝（在位一六八～八八）の間で、『梁書』では、その時期はぐっとせばまり「漢の霊帝の光和中（一七八～八四）」といっている。いずれにしろ、女王・卑弥呼の誕生前の倭国は戦乱の時代だったのである。『後漢書』の記述から「倭国大乱」の時代ともいわれている。

戦いに明け暮れたその時代の集落の様子が推定できる、具体的な資料が発掘調査で、次第に明らかになっている。考古学は文献にもまして、戦争の姿を雄弁に語りはじめた。

まず、当時山口大学にいた小野忠熈《おのただひろ》氏が、瀬戸内海にそそぐ山口県東部の島田川流域で、日常生活に不向きな異常な高所に集落が造られているのに気づいた。「高地性集落」と命名して学界に発表、倭国大乱と関係があるのではないかという問題提起をした。

一九五〇年代はじめのことである。

その後各地で同様の集落跡が発見され、必ずしも高地性集落のすべてが、戦乱に備えたものではないことが分かってきた。しかし、出土遺物などの検討から、明らかに軍事的性格を持った集落跡のあることも判明した。

一九五〇年代後半に調査された芦屋市の会下山《えげのやま》遺跡（標高二百メートル）や香川県荘内半島の紫雲出山《しうでやま》遺跡（標高三百五十メートル）などは、高地性集落研究初期に発見された遺跡として、今もきちんと保存されている。会下山遺跡からは大阪湾を、紫雲出山遺跡からは瀬戸内海が望める。

その後、防護施設として、環濠を巡らせた集落のあることが注目されるようになった。横浜市の大塚遺跡で、一九七〇年から四年をかけた発掘調査で、長軸約二百メートル、短軸約百三十メートルのヒョウタン型に環濠を巡らせた集落跡がそっくり出土、学界の注目を集めた。国の史跡になっている。そして広く一般の人たちに、「戦乱に備えた弥生の集落」をイメージさせたのが、一九八九年に大騒ぎになった佐賀県吉野ヶ里《よしのがり》町の吉野ヶ里遺跡だった。

その二年前には愛知県清洲《きよす》町（現清須《きよす》市）の朝日《あさひ》遺跡では、環濠の外に二重の柵、そのさらに外にシカの角のような小枝を立てた「逆茂木《さかもぎ》」に囲まれた集落の一部も発見されている。倭人伝の正始八年（二四七）の記事に、卑弥呼と狗奴《くな》国の男王卑弥弓呼との間が戦闘状態に入ったと書かれている。二人の間は「素より和せず」状態だったらしく、それまでも小競り合い程度のことはあったのかも知れない。しかし、戦争からは遠い、平和な暮らしがあったのである。

吉野ケ里遺跡の発見後、卑弥呼のいる場所は「深い環濠」「頑丈な城柵」「高い望楼」を備えた場所だと、なんとなく考える人が多くなってきた。吉野ケ里遺跡からの連想である。だが、考えて欲しい。卑弥呼が女王になってから半世紀近くも、大きな戦乱はなかった。平和な時代だったのである。一支《いき》国の王都だった壱岐（長崎県）の原の辻《はるのつじ》遺跡を除いて、邪馬台国時代に巨大な環濠を持つ集落のことは、まだよくわかっていない。その原の辻遺跡も、確認されている多重環濠のうち大溝などは、邪馬台国時代にはもう埋められていたらしい。

平和な時代に、必要のない施設に労力や富を注ぎこまないのは、歴史が語っている。倭人伝の「厳かに設け」は「厳重」にということではなく、「荘厳」のような意味合いのものであったのではなかろうか。たとえば、出雲大社のような、高い神殿である。二〇〇〇年四月、出雲大社で高さ四十八メートルもある神殿のあったことを裏付けた巨大な柱根が出土した。この神殿などは、「厳かに設け」の説明がふさわしい気がする。

卑弥呼の暮らした場所は、厳重な防護施設を持った環濠集落のようなものだったかどうかは、再考を迫られるのではなかろうか。

（元朝日新聞・高橋徹）

魏・蜀・呉の鼎立と倭——卑弥呼 魏帝より金印紫綬を受く

① 曹操《そうそう》・劉備《りゅうび》・諸葛亮孔明《しょかつりょうこうめい》・孫権《そんけん》の登場

女王・卑弥呼の時代の中国は魏《ぎ》・呉《ご》・蜀《しょく》の三国が並び立っていた時代で、魏の曹《そう》操《そう》※35とか、蜀の劉備《りゅうび》※36・諸葛亮孔明《しょかつりょうこうめい》※37と呉の孫権《そんけん》※38とが覇権を争っていた。その時代の日本列島は倭国連合で、邪馬台国が九州にあれば倭国は九州島の中で収まり、もし大和にあったとしたら、倭国は大和から九州を含めた西日本全体にあった。邪馬台国九州説の場合は、近畿勢力は邪馬台国とは特に関係もない別の地域勢力ということになる。そういう時代に、中国では魏の曹操が一九九年に公孫《こうそん》氏※39のいた地域を統合したと『魏書』に書かれている。ところが二〇七年には遼東《りょうとう》の太守、公孫康《こう》は魏の国に服属しなかった、という。

二〇五年に公孫氏が朝鮮半島の真ん中から北側にかけて一つの郡を設立したのが帯《たい》方《ほう》郡で、倭国は帯方郡に属した。倭国の遣いは、公孫氏と貿易をしようと思えば帯方郡をとおすということがこの時期におこった。このあと、二一三年に魏の皇帝が一〇〇人余の列候、諸将に金印紫綬《きんいんしじゅ》を下賜した。そして、二三九年に倭国の女王である卑弥呼が金印紫綬を受けた。

卑弥呼が魏の皇帝から金印紫綬を受けるほど厚遇されていたと、邪馬台国論者の多

※35 **曹操**（そうそう） 魏《ぎ》の始祖。後漢に仕えて黄巾《こうきん》の乱を平定し、のち魏をたてる。二〇〇九年十二月末、曹操の墓が河南省安陽《あんよう》県で発見されたと報じられた。「魏武王」の名が刻まれた石牌や曹操と考えられる人骨も出土した（一五五～二二〇）。

※36 **劉備**（りゅうび） 蜀《しょく》の始祖。関羽《かんう》・張飛《ちょうひ》と結んで、諸葛亮孔明《しょかつりょうこうめい》を参謀として、呉の孫権《そんけん》と協力して魏の曹操を赤壁《せきへき》に破った。のち蜀漢をたてた（一六一～二二三）。

※37 **諸葛亮孔明**（しょかつりょうこうめい） 蜀の丞相。劉備死後も、その子劉禅《りゅうぜん》を補佐したが、五丈原《ごじょうげん》で、魏軍と対陣中に病死した（一八一～二三四）。

くは考えているが、『魏書』では一〇〇人余に金印紫綬を与えている。魏は公孫氏と戦争状態にあった。だから公孫氏の後ろにいる倭国を厚遇し、錦や絹の織物をはじめとする多くの下賜品を与えた、と考えられている。しかし、必ずしもそうではなく国内の一〇〇人余の将軍に与えているのと同等だと考えておくべきであろう。

二二三年、魏は土地の神と穀物を祭るための社稷《しゃしょく》と宗廟《そうびょう》を立て、同年に宗廟の祭をした。宗廟は祖先の墓を守るための建物である。そのあと魏の皇帝が変わり、二二〇年に濊貊《わいぱく》※40と扶与《ふよ》※41の王が使者を派遣して魏に朝貢してきた。私たちは、二三九年に女王・卑弥呼は魏に使者を派遣して鏡など多くの下賜品を受け、厚遇されたと思っているが、それより二〇年程前に朝鮮半島の国が魏に朝貢している事実に注意すべきであろう。倭国だけが魏と提携して交易をしていこうとしたわけではない。朝鮮半島にあるいくつかの国も、すでにそうしていたということも頭に入れておく必要がある。

同年には、呉の孫権が使者を派遣して献上物を奉っているが、全体としては魏と呉は敵対状態が続いている。

②公孫氏の存在

魏と呉の両国は公孫氏を味方にしようとしているが、公孫氏は両国とうまく付き合っている。ついに、二二〇年に漢帝は高祖の廟で祭祀を行い魏に譲位した。ここ

※38 **孫権**（そんけん）　呉の始祖。劉備とともに曹操を赤壁に破ったが、のち魏・蜀に対抗して呉をおこした（一八二〜二五二）。

※39 **公孫氏**（こうそんし）　後漢末、東方の遼東郡《りょうとう》（現在の遼寧省《りょうねい》）で、郡吏《ぐんり》（都の役人）出身の遼東大守公孫度《こうそんたく》が独立して、この地を実質的支配下においていた。今の遼陽市は公孫氏の本拠地の襄平《じょうへい》にあたる。

※40 **濊貊**（わいぱく）　おもに中国東北部から朝鮮半島東部・北部に住んだ古代のツングース系種族。

に漢帝国は滅亡した。帝位を戦争で奪ったのではなく、魏は漢帝国を継承している、と主張している。この時、魏王は漢皇帝の譲位の意思を再三にわたって辞退したとされている。まるで、日本列島の神代《かみよ》に大国《おおくに》主命《ぬしのみこと》がコシ（越）の国の姫にプロポーズに行って三回断られたのと同類だ。一九九年の武帝の時期は漢帝国が存在しているから、魏の皇帝とは名乗れないけれども、実質は皇帝のような働きをしていた。

そして、二二一年には遼東郡に公孫氏の中心地があり、倭が魏の都に遣いを出すときは、公孫氏の了解がないと行けないような地域を公孫氏が抑えていた。この時代の倭国の歴史を考えるとき、魏の国との関係だけではなくて、公孫氏あるいは朝鮮半島の国々との関係を考えないと本当のことが見えてこない。そして遼東の太守、公孫恭《きょう》が将軍になり、五銖銭《ごしゅせん》※42を復活した。

図 101　公孫氏の本拠地（中国・遼陽市） 大庭脩氏提供。

※41　扶与（ふよ）　前一世紀〜五世紀まで、中国東北部で活動したツングース族の一つ。濊貊と同族。その国は一〜三世紀ごろが全盛期であった。

※42　五銖銭（ごしゅせん）　漢の武帝《ぶてい》の時に初めて鋳造した銅銭の名。隋《ずい》の時代まで用いられ、銘に「五銖」とある。

同じ二二一年に呉の孫権が大将軍に任命され、呉王にとりたてられた。この段階では魏と呉は戦争していない。そのあと、二二六年に魏の初代皇帝文帝が亡くなるが、その九年後の二三五年の魏の年号の入った鏡がタニハ（丹波）とセッツ（摂津）から各一面出ている。それが、京都府京丹後市太田南五号墳と大阪府高槻《たかつき》市安満宮山《あまみややま》古墳の青龍三年銘鏡である。

次の明帝のとき、二二九年に中国西方の大月氏《だいげっし》王※43が魏に朝貢し、魏は親魏大月氏王に任命した。卑弥呼は、魏から親魏倭王《しんぎわおう》という王号をもらったが、親魏倭王という卑弥呼が受けた金印は、日本のどこからも出ていない。親魏大月氏王と同種の金印を倭国も受けている。魏を中心に考えると、西方の中央アジアに近いほうからきた国と、大陸東端の島国から来た倭の女王とをそれぞれ親魏大月氏王、親魏倭王に任命した。ただし、卑弥呼が任命されたのは二三九年で、それより一〇年前に大月氏王が任命されている。卑弥呼がアジア世界で最初に親魏王に任命されたわけではない。当時の世界状勢の一つの事実である。

公孫淵《えん》は、二三三年（青龍元）に孫権の使者を斬り魏に送った。孫権は公孫氏に遣いを送って、公孫氏と魏の関係を切って呉と連携し、そして魏を攻めようという呉の使者を斬った。ということは、この段階で公孫氏は、呉とは連携しないという意思表示をしたわけである。そのおかげで、公孫氏は大司馬《だいしば》※44楽浪公に任命された。

※43 大月氏（だいげっし） 月氏《げっし》は秦《しん》・漢時代、中央アジアに拠ったイラン系またはトルコ系の民族。前二世紀ごろに一大国家を建てた。のち、匈奴《きょうど》に追われて西走したものを大月氏という。

※44 司馬（しば） 中国古代の官名。国家の軍政をつかさどる。漢代には大司馬といい、三公の一つとした。魏晋南北朝では将軍・都督《ととく》の属官であった。

青龍３年（235）方格規矩四神鏡《ほうかくきくししんきょう》
（京都府太田南５号墳出土）
（弥栄町教育委員会ほか1994年より）

後漢の方格規矩四神鏡
（劉体智1935年より）

図102　後漢の方格規矩四神鏡と太田南５号墳の青龍３年鏡
魏の鏡の特徴は、以前の形式を復古再生した倣古《ほうこ》鏡である。例えば、青龍３年の方格規矩四神鏡は、１世紀に流行した後漢の方格規矩四神鏡の倣古鏡である。

③ 公孫氏の滅亡――卑弥呼 魏に遣いを送る

二三四年、蜀の諸葛亮孔明《しょかつりょうこうめい》が魏の司馬仲達《しばちゅうたつ》※45と戦っているときに亡くなった。しかし、蜀は孔明が死んだことは内密にして、生きているかのように乗り物を動かしていた、という有名な故事がある。「死せる孔明、生ける仲達を走らす」といい、死んだ孔明が生きている司馬仲達を翻弄した、という。

その後、司馬仲達は北方に遠征し、公孫氏を滅ぼした。倭国の女王・卑弥呼は、公孫氏滅亡の情報をいち早くキャッチして魏に遣いを送った。亡くなられたが、関西大学教授であった中国史の大庭脩《おおばおさむ》さんは「死せる孔明、生ける卑弥呼を走らす」と指摘された。孔明が死んだおかげで司馬仲達が公孫氏を滅ぼし、そのおかげで卑弥呼が魏に行けるようになった。だから「死せる孔明、生ける卑弥呼を走らした」、という。

しかし、孔明が死んだのは二三四年で、そのあと二三六年には高句麗《こうくり》王が孫権《そんけん》の使者の首を斬った。呉の孫権は魏の北側の国である高句麗と提携して魏を攻撃するため、いろいろ

※45 **司馬仲達**（しばちゅうたつ） 司馬懿《しばい》という。仲達は字《あざ》。魏の文帝に仕えた宰相《さいしょう》。しばしば、蜀の諸葛亮孔明と戦った。

画策したが成功しなかった。

魏では二三七年（景初元年）、黄色い竜が出てきたので、年号を変えて「景初《けいしょ》」になった。ところが、同じ年に魏と連携するといっていた公孫淵《えん》が反乱を起こし、ついに、司馬仲達が翌年の二三八年に公孫氏を滅ぼした。

その情報を聞いて卑弥呼が遣いを出すことになるのだが、その前の二三七年一〇月に洛陽の南に円丘を造営し、祭祀が行われている。一二月冬至に天を祭り、円丘に皇皇帝天、方丘に皇皇后地を祭ったという。

私は、以前に日本の前方後円墳のルーツはこれではないかと考えて引用したことがある。魏の国には、円

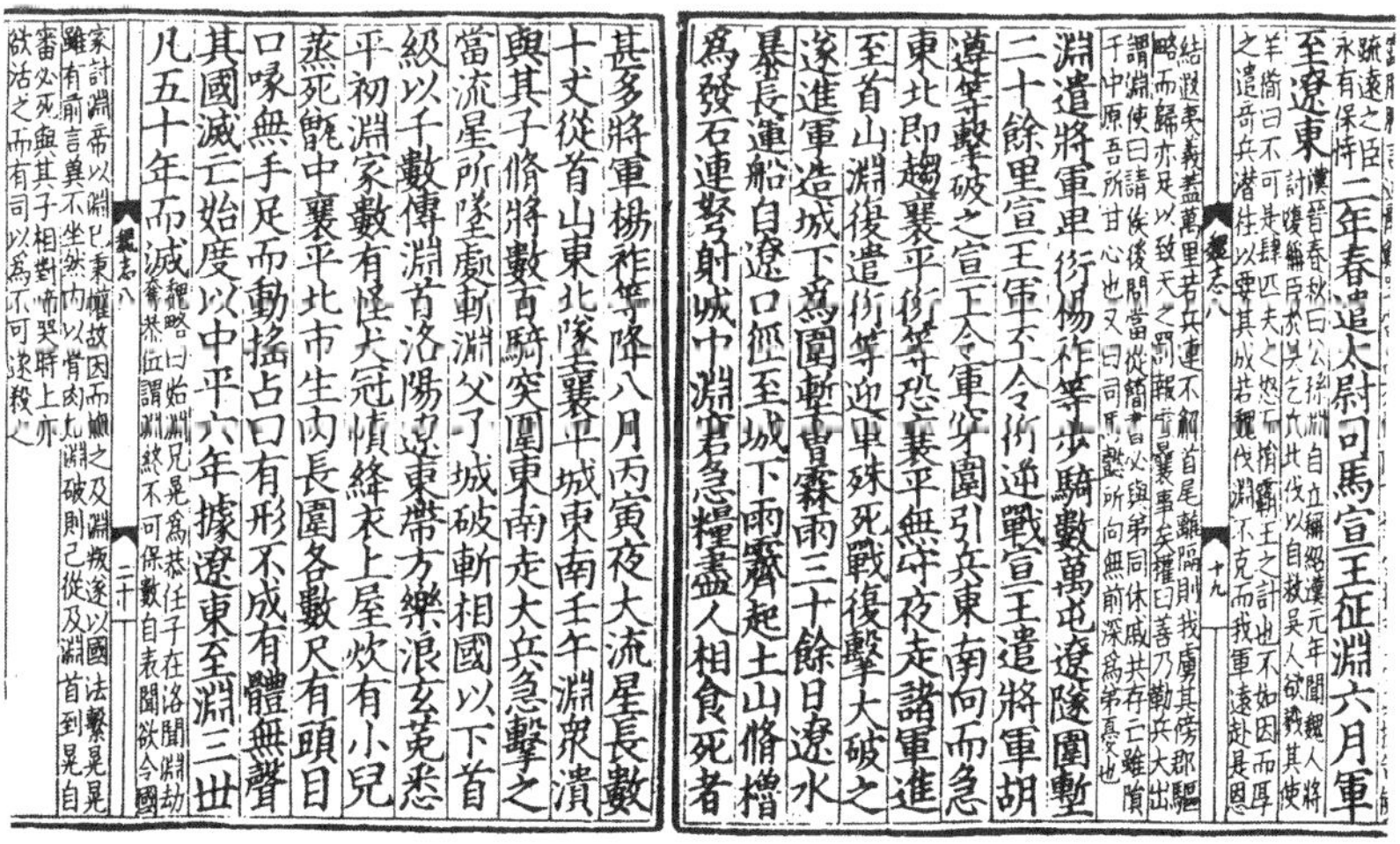
疏遠之臣永有保持二年春遣太尉司馬宣王征淵六月軍至遼東漢晉春秋曰公孫淵自立稱紹漢元年聞魏人將討復稱臣於吳乞兵北伐以自救吳人欲戮其使羊衜曰不可是肆匹夫之怒而捐霸王之計也不如因而厚之遣奇兵潜往以要其成若魏伐淵不克而我軍遠赴是恩結遐夷義蓋萬里若兵連不解首尾離隔則我虜其傍郡驅略而歸亦足以致天之罰報雪曩事矣權曰善乃勒兵大出謂淵使曰請俟後問當從簡書必與弟同休戚共存亡雖隕于中原吾所甘心也又曰司馬懿所向無前深爲弟憂也淵遣將軍卑衍楊祚等步騎數萬屯遼隧圍塹二十餘里宣王軍至令衍逆戰宣王遣將軍胡遵等擊破之宣王令軍穿圍引兵東南向而急東北即趨襄平衍等恐襄平無守夜走諸軍進至首山淵復遣衍等迎軍殊死戰復擊大破之遂進軍造城下爲圍塹會霖雨三十餘日遼水暴長運船自遼口徑至城下雨霽起土山脩櫓爲發石連弩射城中淵窘急糧盡人相食死者

魏志八 十九

甚多將軍楊祚等降八月丙寅夜大流星長數十丈從首山東北墜襄平城東南壬午淵衆潰與其子脩將數百騎突圍東南走大兵急擊之當流星所墜處斬淵父子城破斬相國以下首級以千數傳淵首洛陽遼東帶方樂浪玄菟悉平初淵家數有怪犬冠幘絳衣上屋炊有小兒蒸死甑中襄平北市生肉長圍各數尺有頭目口喙無手足而動搖占曰有形不成有體無聲其國滅亡始度以中平六年據遼東至淵三世凡五十年而滅魏略曰始淵兄晃爲恭任子在洛聞淵劫奪恭位謂淵終不可保數自表聞欲令國家討淵帝以淵已秉權故因而撫之及淵叛遂以國法繫晃晃雖有前言冀不坐然內以骨肉知淵破則己從及淵首到晃自審必死與其子相對啼哭時上亦欲活之而有司以爲不可遂殺之

魏志八 二十

図103 『三国志』公孫度伝《こうそんたく》 公孫氏滅亡の部分

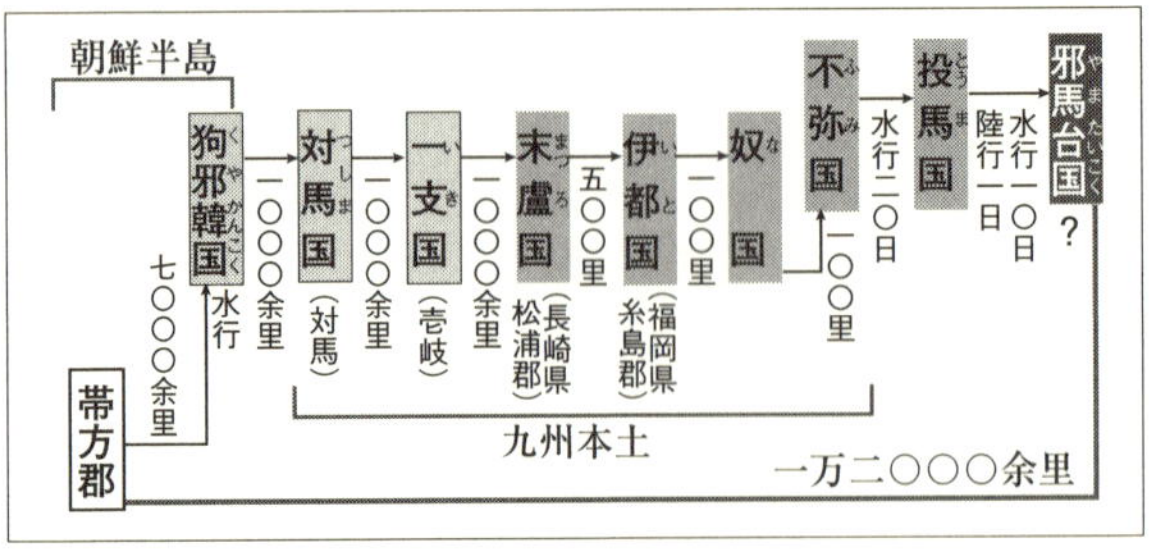

図104　邪馬台国への方位と里程
『魏志』倭人伝には、朝鮮半島の帯方郡から邪馬台国までの距離・日数・方向などの行程が書かれている。方向を正しいとすると九州説となり、距離が正しいとすると畿内説になる。

丘と方丘を造ってそこでカミを祭る習慣がある。丸い丘では天を祭り、四角い丘では土地のカミを祭ると書いていて、この思想が日本列島に入ってきて王の墓として定着していったのではないかと？

しかし、中国では天のカミとか土地のカミを祭るために造っているのに、日本の場合は墓である。しかも円と方を結合して墓の形にしている。前方後円墳のルーツの可能性があるとすれば、中国では天のカミと土地のカミを祭る習慣だが、それを輸入した倭は円と方を結合した形の墓に祭られる人はまさにカミであるとして取り入れた、ということになろう。

④ 卑弥呼の遣使と銅鏡一〇〇枚の下賜

二三八年（景初二年）には、明帝が病気になった。二三九年（景初三年）一月一日に司馬宣王（司馬仲達）が遼東から帰ってくる。明帝は仲達を枕元に呼んでいろいろ話をした後、死亡した。そのあと、位が司馬宣王に譲られる。

その情報をつかんだ卑弥呼は二三九年の六月に遣いを出し、一二月に洛陽の都に到着している。そして二四〇年（正始元年）に錦や絹の織物、とともに五尺刀や銅鏡一〇〇枚を下賜された。魏の皇帝からの贈り物は大事なものから順番に書いていると考えると、銅鏡は十二種類の下賜品のうち十番目に書かれており、それほど大事なものではない。下賜品は二四〇年に倭に到着した。品々は、おそらく柳行《やなぎごう》李《り》のようなものに入れて「装封」してあった。行李に十文字に紐をかけてその紐の結び目に硬い粘土をおいてそれに印を押す。それを封《ふう》泥《でい》という（図105）。途中で開封されることを防止する方法だ。

　もし、卑弥呼の宮殿が火事になって、二〜三センチの字の書いた粘土が一〇〇個単位で出たら、そこがどこで

図105　漢代の竹行李と封泥　湖南省博物館・中国科学院考古研究所編『長沙馬王堆一号漢墓』上・下、平凡社、1976年

あろうと卑弥呼のいた宮殿ということになる。邪馬台国の時代に火事にあっている建物が結構あるが、焼けた粘土はあっても、字を書いた痕跡は今のところない。しかし、中国で出土例のある封泥をおく木板が今すでに列島のどこかで出土しているかもしれない。字を書いた封泥は、邪馬台国の位置が決まる最も重要な証拠なのだ。

⑤ 壱与《いよ》の遣使

このあと、二五一年に功績のあった司馬宣王が亡くなる。二五五年には呉と蜀が戦い、二六一年には韓、濊貊《わいばく》がまた朝貢し、二六二年には粛愼《みしはせ》※46が朝貢している。二六六年に倭国の二代目の女王・壱与《いよ》※47が朝貢しているが、その四、五年前にはすでに濊貊や粛愼が魏に朝貢していて、倭国は遅れを取っている。やはり、朝鮮半島の国より四、五年遅れている。

二六五年には魏は呉と平和条約を結ぼうとしたけれども、魏の司馬昭が死んで、その八月には司馬炎《しばえん》※48が位を継ぎ、魏は晋に皇帝の位を譲った。司馬炎は晋の皇帝になり、都の南の郊外に壇を設けて、印綬や冊《さく》を受けた。その翌年、二六六年に壱与が遣いを出した。壱与は、新しく晋の国ができたという情報をつかんですぐ遣いを送ったことになり、倭の情報網が発達していたと言えるが、それ以前に動きをつかんでいる朝鮮半島の国々は、さらに情報通で、倭より一歩先んじていたわけだ。

※46 **粛愼**（みしはせ） 中国古代の北方民族。今の沿海《えんかい》州《しゅう》方面におけるツングース族をさす。

※47 **壱与**（いよ） 卑弥呼の宗女。卑弥呼の死後、男王が立ったが、邪馬台国中が服せず、十三歳の壱与が女王となって治まったという。

※48 **司馬炎**（しばえん） 晋《しん》の初代皇帝。司馬仲達の孫。魏の元帝《げんてい》に迫って譲位させ、洛陽《らくよう》を都とした。二八〇年、呉を滅して晋をおこした。

記者の目
Column

箸墓《はしはか》古墳は卑弥呼の墓？ 「科学で解明」新たな論争

女王・卑弥呼の墓はどこか。邪馬台国論争の核心に迫る古代史の謎を巡って、新たな論争が起きている。

中国の史書『魏志』倭人伝の記述から、卑弥呼は二四七年頃に死亡し、巨大な墓に葬られたと推定できる。邪馬台国畿内説では、全長二八〇メートルの前方後円墳である箸墓《はしはか》古墳（奈良県桜井市）が、その規模と築造年代から、卑弥呼の墓の最有力候補とされている。

一方、邪馬台国九州説では、被葬者は卑弥呼ではなく、大和王権で最初の王としている。どちらが正しいのか、どちらも誤りなのか。いずれにせよ邪馬台国の謎を解くカギが秘められているのは間違い

図 106　卑弥呼墓の候補地の一つ、箸墓（箸中山）古墳（桜井市箸中）

図107　宮内庁が管理する箸墓古墳
現在、同古墳は孝霊《こうれい》天皇皇女の倭迹迹日百襲姫《やまとととひももそひめ》の「大市墓《おおいちはか》」として治定されている。

ない。しかし、宮内庁が箸墓古墳を陵墓指定しているため、墳丘の発掘調査はできない。

では、どのように調査を進めるか。最近、注目を集めるようになったのが、生物に含まれる放射性炭素（C14）の半減期を利用したC14年代測定法だ。

国立歴史民俗博物館（千葉県佐倉市）の研究グループは、陵墓に指定されていない周《しゅう》濠《ごう》跡から出土した土器に注目し、付着していた煤《すす》を同測定法で分析。二〇〇九年五月、卑弥呼の死亡時期と合致する西暦二四〇～二六〇年に土器が作られたと結論付け、卑弥呼の墓である可能性が高いとの報告をまとめた。

同測定法は一九四七年、アメリカで開発され、遺跡や古生物の年代を特定する方法として欧米を中心に普及している。しかし、同グループの測定法に対して異論や批判が飛び出した。

まずは補正の方法だ。

生物が取り込んだ大気中のC14は生物の死後、濃度が減少していく。だが、大気中のC14濃度が一定でないことなどから、年輪など年代のわかっている試料を使った補正が必要になる。

研究グループは「かつては誤差が一〇〇年単位だったが、現在は一〇年単位」と主張する。だが、「C14の研究は修正の連続。補正法は定まっていない」との反論もある。

さらに、出土状況から、C14を測定した土器の一部は、古墳築造前に作られたとの指摘がある。この場合、土器の年代が正しくても、研究グループが主張する古墳の築造時期とはズレが生じることになる。

その後、名古屋大で開かれた日本文化財科学会の大会でも、白石太一郎・国立歴史民俗博物館名誉教授（考古学）は「測定結果の考古学での利用は、慎重な態度が求められる」と述べた。

〈科学〉が邪馬台国論争に終止符を打つのか、新たな火種になってしまうのか。論争の行方は見えない。

（読売新聞・関口和哉）

「読売新聞」二〇〇九年七月二十九日付記事より

卑弥呼の墓はどれか？

西暦五七年、弥生後期初頭に北部九州・ツクシ（筑紫）の王は「漢委奴国王」として漢の皇帝の承認を受けた。それは、「漢の委（倭）の奴国の王」であって倭王ではなかった。

二三九年、古墳早期に邪馬台国を都とした女王・卑弥呼は「親魏倭王」として魏の皇帝の承認を受けた。奴国・伊都国をはじめ邪馬台国を含む三〇のクニグニからなる倭国連合の王として、初めて国際的承認を得たのである。

そして、二四七年から二四八年に女王・卑弥呼は死亡し、「径百余歩」の墓に葬られた。「径」が円の直径を示すのであれば、魏の一歩一・四四メートル×一〇〇余＝一四四メートルで、卑弥呼墓は直径約一五〇メートルの円形墳となる。しかし、二五〇年前後の日本列島には径一五〇メートルの円形墓は存在しない。

図108　卑弥呼墓の墳丘にヒントを与える２つの古墳（107頁、図90）
上：養老町象鼻山３号方円壇（養老町教育委員会提供）
下：富山市ちょうちょう塚（富山市教育委員会提供）

示唆的なのは、図90に示した三世紀の岐阜県養老町の象鼻山《ぞうびさん》三号方円壇の構造である。径二〇メートルの円丘を一辺七〇〜八〇メートル方形区画で囲んでいる。方形は幅二メートル余の溝で区画するだけで、区画内は全面石敷きの可能性はあるが、墳丘はない。つまり、区画が「径百余歩」の円形で、中央部に円丘を配置した卑弥呼墓を想定することとなる。象鼻山三号方円壇と同様の方形区画（一辺一三〇メートル）は、弥生後期の富山市ちょうちょう塚にもあるので、列島の各地域に造営されていた可能性が考えられる。

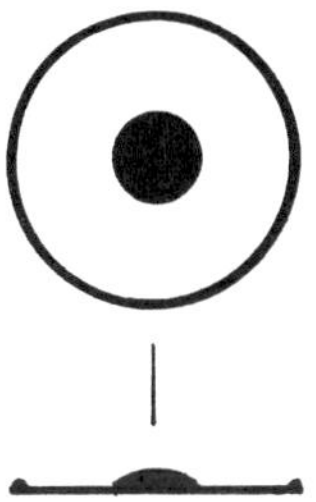

図109　幻の卑弥呼の墓（エンドマーク）

現在、まだ確定していない「女王・卑弥呼の墓」については、今後、列島各地にある三世紀中葉の円丘墓か方丘墓の周辺区画を意識的に調査することによって、納得できる卑弥呼墓の候補が浮びあがってくるであろう。

そのほうが、三世紀の日本列島に存在しない径一五〇メートルの大円墳を求めたり、円丘に突出部を付設した全長一五〇メートルの長突円墳（前方後円墳）を、無理に卑弥呼墓に比定するより現実的な探索だと思う。

「卑弥呼墓に関する新たな視点」を提示して、本シリーズ第1巻を閉じ、第2巻にバトンを渡そう。

※二〇〇八年十一月入稿。ただし、第六章「女王・卑弥呼の登場」のうち、「三世紀前半の計画的建物群の発見①——纒向遺跡」は二〇〇九年七月、同じく第六章のうち「三世紀前半の計画的建物群の発見②——纒向遺跡」は二〇〇九年十二月に加筆入稿したものである。

鼎談

「弥生の再発見　女王・卑弥呼の登場」をめぐって

——考古学・神話学・人類学から

話者◉石野博信（兵庫県立考古博物館館長）
吉田敦彦（学習院大学名誉教授）
片山一道（京都大学名誉教授）
司会◉高橋　徹（朝日新聞元編集委員）

二〇〇九年三月／京都市にて

高橋　それでは今から、三先生方の鼎談を始めさせていただきたいと思います。司会の高橋です。私は、単なる交通整理をするだけではなく、先生方のお話の中に割り込んで、読者の目線に立っていろいろと聞き出して欲しいという要望が編集部からございました。先生方のお話に私が割り込むのは荷の重いことですが、浅学を顧みず、ご期待に添えるよう努力したいと思います。

本来ならば三人の鼎談ですから、私の存在を無視して談論風発していただくのが、一番理想的ですね。私のほうも楽でございます。

本日は、「新・古代史検証 日本国の誕生第1巻『弥生興亡 女王・卑弥呼の登場』の本文を受けて内容を補完するということで、企画されたということです。このタイトルに従い、邪馬台国に焦点を当てていただきたいということだと思います。それを考古学とか神話とか、骨《ほね》とか……コツではなくホネでよいのですね?

片山　私はホネではなく、コツと呼んでいます。

高橋　では、骨(コツ)考古学?

片山　いや、好みで呼んで下さい。(笑)

鼎談の様子(京都市にて)

高橋　コツで行きましょうか。ホネのほうが、何となくわかりやすいかなと思いましたが。（笑）骨考古学という視点から焦点を当てて、邪馬台国問題の今というものを論じていきたいと思います。

ですから、考古学にしろ神話学にしろ、古人骨の話でも、直接邪馬台国に関係はないにしても、できるだけ三世紀前後の日本のことを念頭に置いていただければと考えます。あまりにも古い時代の話は避けてもらえるとよいのではないでしょうか。

それでは偉い先生方を前に恐縮でございますけれども、ややこしくなりますので、「先生」ではなく「さん」で呼ばせていただきます。

まず、吉田さんにお伺いしたいのですが。

吉田　ええ。

高橋徹

■日本神話の原像

高橋　日本の神話の原像は、どのあたりにあるとお考えでしょうか。といいますのも、日本神話に邪馬台国の時代から伝わったものがあるのかどうか？　ということが、やはり非常に気になります。まず神話の中に弥生時代の武器の代表の矛《ほこ》が出てくる。イザナキ・イザナミの国生みで出てきますね？　もう一つは鏡のことが出てくる。アマテラスが天《あま》の岩戸《いわと》に隠れたときに使われたというふうに。だから、三世紀にはもう「神話」は成立していたのではないか、とおっしゃっている学者の方もいらっしゃる。そのあたりどういうふうにお考えになりますか?

吉田敦彦

吉田　日本神話の原像と言えば、そのことと関連してまず申し上げておかねばならないことがあります。それは、私が今から半世紀ほど前に神話のことを勉強しはじめた頃には、神話についての酷い誤解を、欧米の超一流の学者をはじめとして、みんながもっていたということです。

つまり、神話というのは、人間の知恵がある程度発達して初めてできてくるもので、例えばギリシャの神話でも、一番元の形を作ったのはホメロスとヘシオドスであって、それ以前には、ギリシャ人は神話などは知っていなかったのだと考えられていました。それは当時のいわゆる文化人類学者が、ポリネシアとかメラネシアとか、あるいはそのほかの、彼らが野蛮人と呼んでいた、先住民のことを研究してですね、彼らは神話のもとになるような人格的な神への信仰をもっていなくて、まだメラネシアでマナと呼ばれた非人格的な力の存在だけを信じて、そのマナに働きかけるためのおまじないだけをやっていたので、宗教とか神話と呼べるようなものはもっていなかったのだ、と思い込んでいた。神話は人間の知恵が進んで、多くの神々の存在が信じられ、多神教が発生して、そこで初めて生まれたと思われていたわけです。

■日本に縄文神話はあったか――土偶《どぐう》の話

吉田　ですから、当然日本でも、縄文時代に神話などなかったのだ、という考え方が非常に根強かったのですね。それで未だに縄文の遺物なんかを見ても「これは神話とは結びつかない」という人がいるわけです。非常に偉い先生でもね。だけど私はやはり――ここで問題にされている弥生時代よりも、古いところに話をもっていって申し訳ないですけれど――日本の神話の源流は、縄文時代まで遡れると思うのです。

片山先生も、石野先生もそういうお考えだろうと思いますけれど、決して縄文時代と弥生時代で、人がすっかり入れ替わったわけじゃない。それまで縄文人だった人々が弥生の文化を渡来人から取り入れて、弥生人になったわけですから、縄文時代の、縄文人の信仰をうかがわせるような遺物――石野先生のお原稿には真っ先に土偶《どぐう》と石棒《せきぼう》のことが書いてありますけれども――こういうものが、西の方では弥生時代の初めにはほとんど無くなっていると、石野先生はおっしゃるわけですけれども。でも、やはり人間が変わっていないのですから、縄文時代に人々がもっていた信仰は、弥生時代を通しても、決してなくなりはしなかったのだと思うのです。

実際に八世紀になって書き記された『古事記』や『日本書紀』の神話の中に、われわれが土偶であるとか石棒であるとか、そういう縄文時代の遺物からうかがうことができるような日本神話の、非常にハッキリした名残がいくつも出てくるわけです。その場合にわれわれに縄文時代の神話、つまり日本神話の原像をうかがわせてくれる最も重要な遺物は、やはり土偶です。土偶というのは、そもそもの始めから大地母神的な女

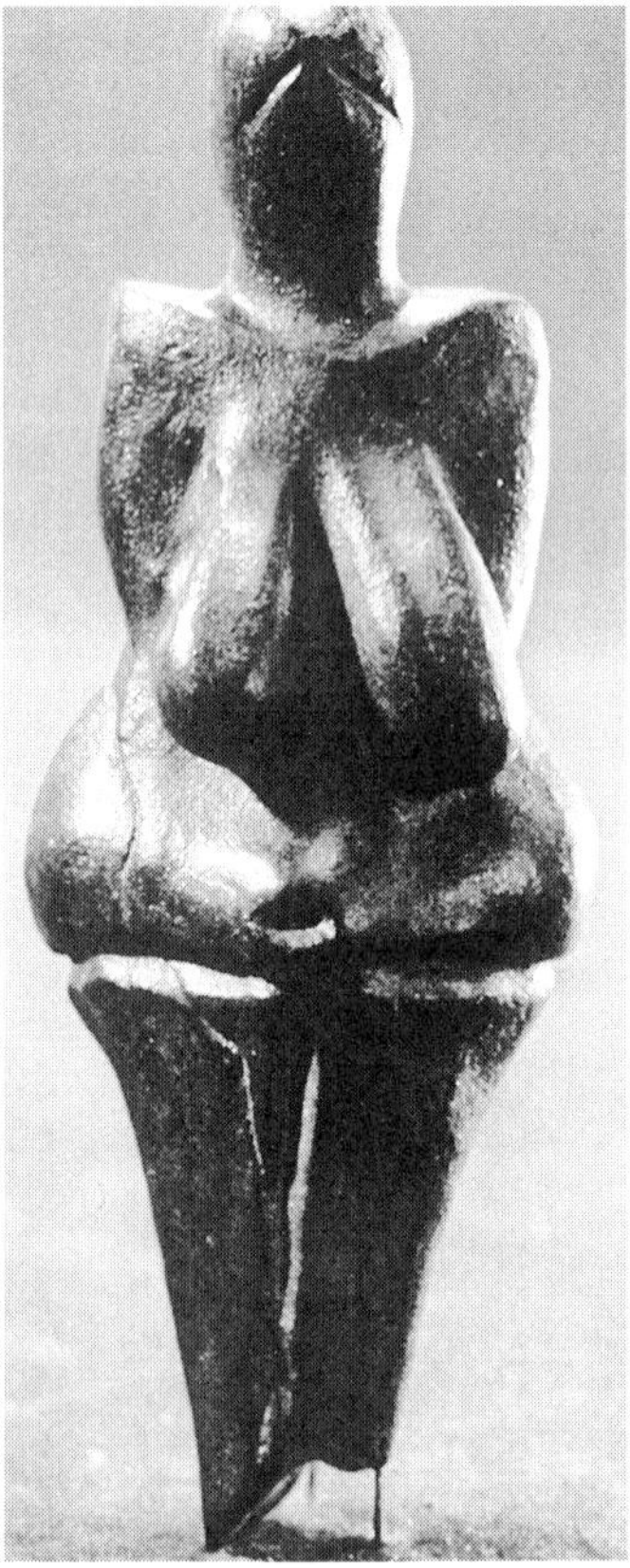

旧石器時代後期のチェコのヴェストニッツェ遺跡出土の石製女性像

神を表す像としての意味をもっていたと思うのです。

縄文時代の人々は最古の時期、つまり早期からもう土偶を作ることを始めていたわけですけれど、その早期の土偶は、ヨーロッパで、いわゆる「先史時代のビーナス」と呼ばれている、クロマニヨン人が方々で作っていた女性像と同じような意味をもっていたのだと思うのです。

つまり自分の身体から、人間に必要な――当時の人々にとって一番主になるのは狩りの獲物になる動物ですけれども――その他にもあらゆるものを生み出してくれる母神の姿を、クロマニヨン人は先史時代のビーナスの像として作っていたわけですが、土偶も、もとはこれと同じ意味をもっていたと思うのです。それが日本では縄文時代の中期に、その土偶のあり方が大きく変わっている。それ以前には土偶が作られても、数は非常に少なかったし、作り方も粗雑だった。それがとても手をかけて、色々に工夫をして、すばらしい土偶を作るようになった。そしてそのようにして、大地母神の像であると思われる土偶を入念に作っておきながら、それを最後にはみんな破壊しているのですね。

それはどうしてかというと、その時代に、おそらく私はとくに長野県周辺とか関東の西部から中部地方、北陸にかけて、そのあたりが文化の中心だったと思うのですけれど、そこで作物の栽培が始まった。長野県の井戸尻《いどじり》では、地元の考古学者の方たちが、縄文時代には粟を作っていたと言って、実際に縄文時代の粟の畑まで博物館の庭に作って見せたりしています。けれども、私はやはり、一番主な作物は里芋《さといも》だと思うのです。それで、その里芋の栽培を始めるようになったときに、それまで人間が何も手を加えなくても、人間に必要なものを何でも身体から生み出してくれていた、母神に対する信仰が、非常に大きな変化を遂げた。土偶も非常にたくさん作られるようになり、早期・前期とは数が全く違うわけです。

そして作り方も、ずっと手の込んだ精巧なものになっていき、その土偶を必ず壊してしまう。しかも、壊して破片になった土偶を、まだ家の中で大切にお祀りしたりしているのです。明らかにありがたい女神様として扱っているわけなんですね。

縄文時代の人たちが作物の栽培を始めると、それまで大地母神として崇めて、土偶の形でもって姿を表してきた女神が、人間のその作物栽培の営みによって身体を傷つけられて殺されることになる。しかも破片にされても、その破片からまた、人間のためにありがたい作物を出してくれる。それも一回限りではないのです。殺されて死んでしまえば、もう来年は何もできないわけですけれど、そうじゃない。人間がいくら、どんな害を与えても、また新しい姿で生き返って、人間の作物栽培による害を受けて、人間のためにそういう作物を出してくれるということを続けている。

そういうことが、やはり日本の神話の一つの原点で、だから日本人の宗教意識の一番根本のところに、人間から害を受けても、人間に恵みを与えてくれて、人間に殺されても、命を失わないで、いつまでも人間を

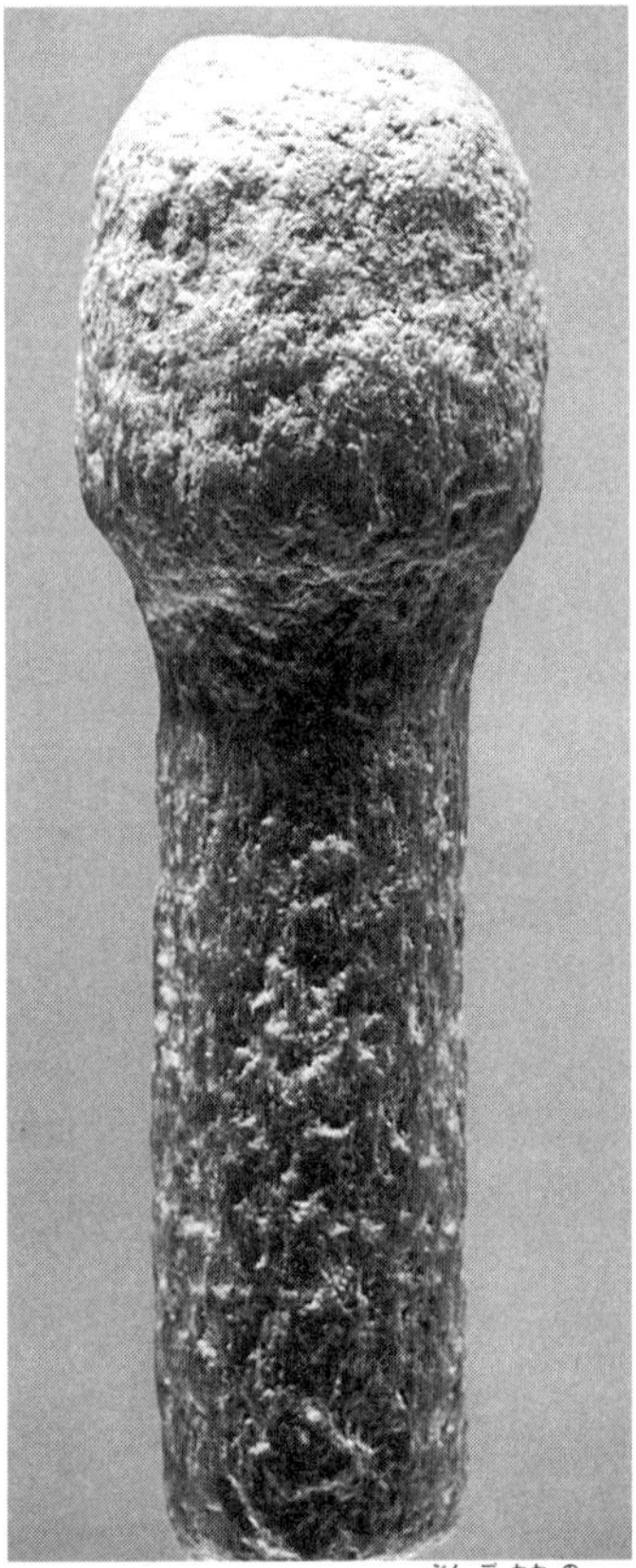

縄文時代草期の大分県豊後大野《ぶんごおおの》市の岩戸《いわと》遺跡出土の石棒

生かし続けてくれるような、そういう女神に対する信仰がある。そして、それが『古事記』や『日本書紀』の神話に、ちゃんと受け継がれているのですね……。

高橋　今のお話ですと、例えば、縄文時代の神話が弥生さらに古墳時代へと、そのまま引き継がれたと言うことが問題になっていきそうです。そして縄文の土偶を壊して、つまり祭りの仕方に非常に大きな変化があったということですが、石野さんは、この本の中でやはり晩期に大きな変化があったと書かれています。それは農耕技術の変化によって生まれたのではないかと、お考えのようで「縄文のカミは消え、弥生のカミが登場した」と述べています。となると、吉田さんのおっしゃるように、連続性はあるのでしょうか。

石野　二十数年前でしょうか。吉田さんの論文で縄文時代に神話があり、それがギリシャ神話やローマ神話と非常に類似している点があるのだ、ということを読んだときに、驚きました。本当にそんなことがあるのだろうか？　と。それが一九八五年から、奈良県斑鳩《いかるが》の藤ノ木《ふじのき》古墳から六世紀後半の馬具文様として舌を出した鬼とか、インド神話に出てくる「マカラ」という魚とかが出てきて、歴史の背景を世界の広い範囲の中で考えていく必要があることを改めて感じました。

今言われたように、縄文人は土偶を大量に壊しています。私が奈良県立橿原《かしはら》考古学研究所におりましたときに、奈良県橿原市の橿原遺跡から出た縄文土偶の破片が百個体以上あるのに、一つとして完成品にならないことを不思議に思っていました。

■壊された縄文土偶

石野　橿原遺跡の調査は戦前ですが、毎日平均一五〇〇人余の勤労奉仕隊を動員して十以外のモノ全部を拾う体制で進めました。そういう調査なのに、一体も完全な形にならないのですね。吉田さんはこのような破壊された土偶を根拠に、「縄文の神話」として書いておられる。弥生時代には土偶もわずかに残りますすし、石棒も残るのですね。しかし、中期の終わりぐらいまでは縄文の残映というものもあるのですけれども、その段階でまた大きく変わるようです。縄文人が積極的に米作りを始めたのは弥生前期の末ですが、縄文神話は続いていた。それが中期末になって土偶をほとんど作らなくなった、石棒もほとんど作らなくなった、ただし人間は変わっていない。弥生中期後半には土器に絵を描いていたり、銅鐸に絵を描いていたりしていますので、その中に縄文以来の神話的な要素があるのかどうかということを、聞かせていただけたらと思います。

石野博信

高橋　今、信仰心のお話を伺いましたが、縄文の話と言いますと、まずビーナスが出てきますね。日本では上黒岩遺跡《かみくろいわ》（愛媛県）から出ています。ところが、ヨーロッパではネアンデルタール人の段階ですでに信仰があった、と話題になっていましたね。

吉田 私が申したのは、ヨーロッパで今から三万五千年ぐらい前に、ネアンデルタール人にクロマニヨン人がとってかわった後期旧石器時代に、先史時代のビーナス像に見られるような大地母神への信仰が始まったと申したので、ネアンデルタール人の信仰のことはわかりません。

高橋 それは、やはり微妙なところなのでしょうか？

片山 微妙なところですね。一番古い壁画は、一九九四年に見つかった、フランス南部のショーヴェ・ポン・ダルク（Chauvet-Pont-d'Arc）という洞窟壁画ですが、三万年ちょっと前ですね。

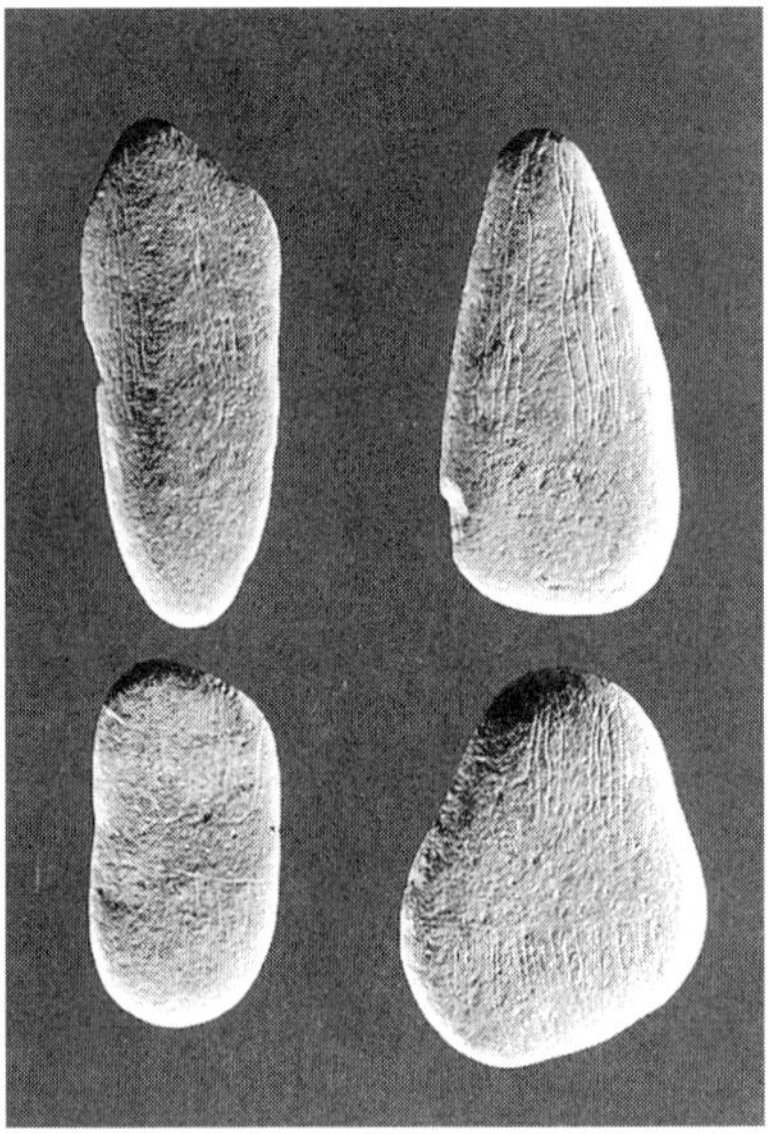

愛媛県久万高原町《くまこうげん》上黒岩遺跡出土の縄文時代草創期の線刻小石像

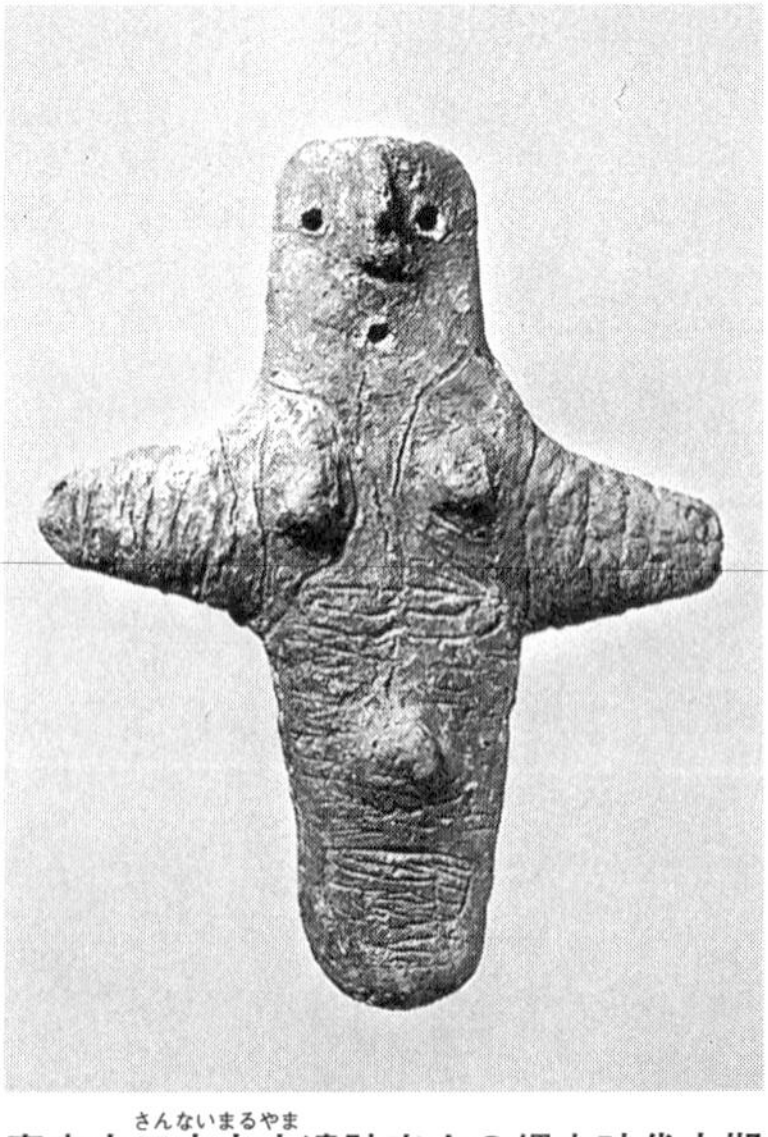

青森市三内丸山《さんないまるやま》遺跡出土の縄文時代中期の板状土偶

■三万年前の洞窟壁画とは

片山　三万年ちょっと前というと、ネアンデルタールとクロマニヨンが同居している頃です。ただ、必ずしも同じ所ではなく、互いにテリトリーを違えて共存していたわけですけれど、壁画というのは洞窟の奥、あまり生活の匂いがしないような所に描かれております。一体どういう連中が絵を描いたのかはよくわかりませんが、状況的に考えていきますと、他の多くの洞窟壁画類はクロマニヨン人の遺跡に近いところにアソシエイトしていますので、それも多分クロマニヨン人によるものだろうということになっています。それで、ネアンデルタール人というのは、そういう派手なものは製作しなかったけれど、ちょっとした美術（アート）に関するものは残しているので、ネアンデルタール人が絵画類にも手を染めていたか、そのあたりは難しいところです。

それから、人間の知恵とか、人間の精神社会のことですけど、日本の場合で考えますと、古墳時代の人も、弥生時代の人も、多分もう生活の知恵という部分ではあまり変わらない。問題なのは文化。伝承の部分です。つまり、環境利用の部分です。

環境利用の部分も、結局は変わらないと思うのです。頭のサイズも変わらないし、脳の回路も変わらないわけですので、考えることは大抵同じようなこと、つまり「最も上手く生活をし

片山一道

よう」と考えるわけですね。そこに文化の部分がくっつくわけで、宗教のことだとか、あるいは美術だとか、あるいは生活技術だとかが絡んでくるわけなのです。知恵の部分は変わらない。

ただし装飾品として、服装とか飾り物とかは変わっていくが、おそらく大きな問題となるのは、宗教であり美術であり、文化であるわけです。文化というものは不思議なもので、今のコンピュータ文化というものもそうですけれども、「これええで！」となると、すぐに周りに伝わっていくのですね。

高橋 サルなんかもそうですね。

片山 そうですね。文化にも高低がありまして、高いところから低いところに、あっという間に広がっていくわけですね。そのあたりのことを「人間は変わらないが、文化は変わる」という言い方で、私は「人間は変わらないものだけど、生活する実像として、それぞれの時代の人々は、どのような人たちだったのだろうか？」という観点で、お話をしていくべきかと思います。

高橋 妙なことをお聞きするようですが、縄文人も弥生人も変わらないと話されましたが、仮定の話ですけれど、縄文人や弥生人が、この現代社会で育ったとしたら、普通に現代人と同化できるものでしょうか？

吉田 今、地球上にいる人間には、人種の違いというのはないのですね。全部が「ホモ・サピエンス・サピエンス」というヒト科の生物の同一の亜種なのです。だから、ホモ・サピエンス・サピエンスが、たまたまオーストラリアのアボリジニの社会に生まれれば、アボリジニになる。日本の現代社会に生まれれば、現代の日本人になる。生まれたばかりの子供を連れてきて、どこの国で教育しても、必ずその国の文化や言葉を一通り全部身につける……。もちろん、現代の日本人でも、東大に行く人もいれば、大学に行かない人もいますから、個人差はあるが、平均的にはなる。だからクロマニヨン人の子供が現代の社会で教育を受ければ、コンピュータでも何でも全部使いこなせるようになるに違いないと断言できます。

高橋　それが、先ほどおっしゃいましたように、土偶を壊したりする祭事のあり方は、農耕とかそういう文化的なものが入ってきたことによって変わってゆくということなのでしょうか。

吉田　いえ、そうではなく、私は、そこにもネアンデルタール人とクロマニヨン人の決定的な違いがあると思うのです。つまり、片山さんには部分的に異論を申し上げる生意気なことになるかも知れませんけれども、やはり私は、片山さんが先に紹介されたショーヴェ・ポン・ダルクという有名な洞窟壁画ですけれど、これはもちろんクロマニヨン人が描いたもので、ネアンデルタール人が描いたはずがないと思うのです。ネアンデルタール人の文化というのはその前からずっと続いていますが、そのあいだ彼らは全くそういうものを作らなかった。

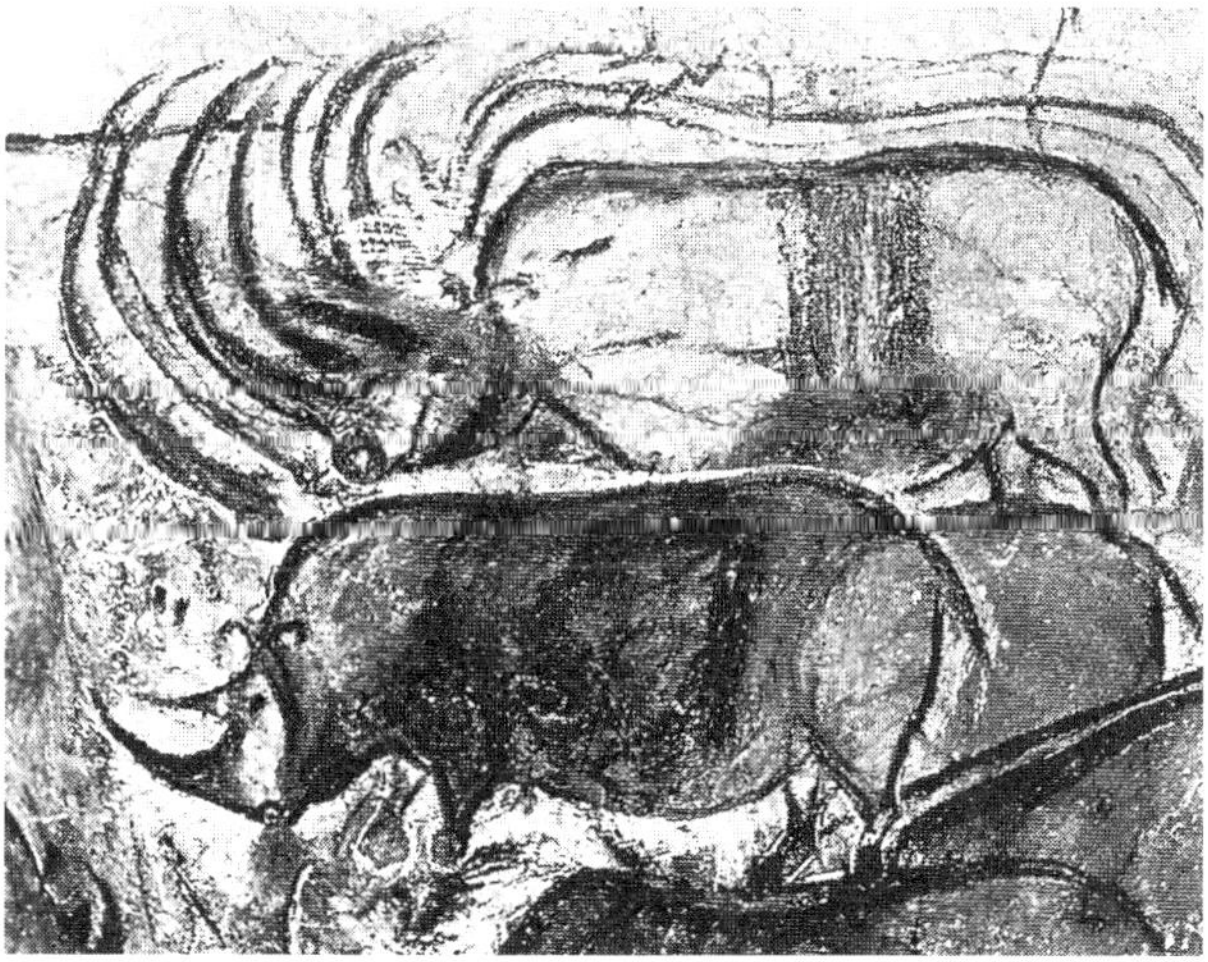

ショーヴェ洞窟壁画（『ヒトはなぜ絵を描くのか』、フィルムアート社、中原祐介編著、2001年より）

■縄文農耕と焼畑の開始

高橋　わかりました。それでは本題に戻りまして、縄文農耕について、石野さんにお聞きしたいと思います。

石野　今はアワとかヒエとかが縄文段階で出てきています。道具としては掘り棒があります。しかし、縄文の掘り棒が今すでに出土しているとしても、なかなか掘り棒なのかどうかということの区別がついてないと思うのですよね。でも、ここ十数年で縄文の木製品も具体的な資料がかなり増えていますから、可能性は大いにあると思います。

縄文農耕については昔から言われていましたが、本文で佐々木高明さん（国立民族学博物館名誉教授）のご意見を引用したように、焼畑農耕は、かなり早い段階からあると思います。

高橋　神話の中で、ウケモチの神の屍体から穀物や家畜、まゆなどが化生する話がありますが、稲は早い段階で出てきませんね。『日本書紀』では頭の頂上から牛馬、額からアワ、眉からまゆ、目からヒエ、やっとその次に腹から稲が生まれます。稲より先に、アワやヒエが作られていた、つまり水田稲作の前に焼畑があったことの反映ではないのでしょうか。

もっとも『古事記』のオオゲツヒメの屍体からは、頭のまゆに続いて、目から稲が出ていますので、順番に意味があるのかと言われるかもしれません。でも、重要な稲の扱いが、出てきた部位といい、どうも優遇されていない気がするのですが……。

石野　そうですね、僕は昔、関大の院生の頃ですから五十年くらい前ですが、長崎県島原半島の原山《はらやま》遺跡とか山ノ寺《やまのでら》遺跡を訪ねました。縄文晩期末の山ノ寺、そして弥生前期の支石墓《しせきぼ》群がある原山遺跡へ見学に行ったのですが、今でも水田がない地域なのです。

雲仙岳《うんぜんだけ》の火山灰で覆われた荒地で、そこに、コメ作りをしていたといわれている弥生前期の土器、あるいは広い墓地がきちんと残されているという地域、それが非常に不思議でした。畑でアワやヒエはできるでしょうが、水田は無理です。当時、すでに佐々木高明さんは焼畑を指摘されていました。

高橋　稲作のことをですか?

■コクゾウムシの痕跡と縄文のイネ

石野　はい、かなり前から言っておられる。しかし、考古学の世界では証明が難しかったのです。それがようやくここ十数年、山崎純男さん(福岡市教育委員会)が土器の破片の中の脱穀したコメにしか付かないというコクゾウムシの痕跡を探して、縄文中期以降のコメ作りを検証し

中国雲南《うんなん》の稲作　(中国雲南省西双版《シーサンパンナ》にて、佐々木高明氏撮影・提供)　水田稲作の起源は、中国南西部の雲南やインド東北部のアッサムなどが考えられている。

つつあります。

私は縄文と弥生の繋がりの中で、縄文人が土偶を壊すために作る。そして壊すのは再生を願って壊している。それは縄文研究者も、この頃は強く考えている人が増えているのですけれども、そうだったらそういう考え方が、縄文・弥生時代にずっと繋がっていてもよいだろう。それがなかなか物として現れてこない。

それで、これは原稿を書きながら、どう考えればいいのかと迷ったのですが、銅鐸《どうたく》も壊しているのですね。銅鐸は壊した時期は微妙なのですが、いま二段階で考えられています。弥生の中期末に銅鐸を壊すというか、大量に埋める段階が一つ。古いタイプの銅鐸を、中期末、紀元前一世紀ぐらいに埋めている。そして二世紀の末ぐらい、卑弥呼登場の直前段階ですけれども、その頃に今度は銅鐸を壊すのです。

埋めてしまう――私は「埋め殺す」という言い方をしておりますけれども、土で包んで、もう二度と出てこないように埋めてしまう。というやり方と、壊してしまうやり方。さらにそれを再利用するために、フイゴの羽口《はぐち》が銅鐸片などと一緒に出てくる例が、奈良県桜井市の脇本《わきもと》遺跡や大福《だいふく》遺跡で現れました。そういう現象と、縄文人が土偶を壊している現象に、何か精神的な繋がりがあるというのは考えられますでしょうか。

吉田　確かに土偶とか石棒に当たるようなものの実際の現れ方というのは、弥生時代においては、ほとんど希薄ですね。だから、一体その土偶や石棒によって表現されていた信仰がその時代にどうなっていたのだろうかと。だけど、私はそれが連綿と続いて、『古事記』・『日本書紀』にも、ちゃんと受け継がれていると思うのですね。先ほどのお話のオオゲツヒメとかウケモチの話にしても、あるいはイザナミの話にしても。

■『記紀』の中の縄文神話

吉田　天照大神《アマテラスオオミカミ》にも、一部そういうところがあるのですよ。縄文時代には、縄文の人たちは土偶に姿を表していた女神を、土器によっても表現していたと思うのです。

つまり、縄文時代の中期になりますと、深鉢型《ふかばち》といって、料理に使う、縁の所に顔を付けた「把手《とって》」と言いますけれど、そういった土器が出てきます。私は名古屋大学名誉教授の渡辺誠さんに倣って、「顔面装飾土器」と呼んでいます。その土器は、もう明らかに、お腹がふくれていて、土偶と同じように顔がついていて、土偶が表しているのと同じ女神を表しているのですよ。それでその土器で料理をして、土器から出てくるものをいただいて食べれば、これはオオゲツヒメやウケモチが身体から出してくれるものをいただいて食べているのと、全く同じことになりますね。

それから、やはり縄文時代の中期に、福島県や青森県で、足形装飾付きの深鉢の土器が作られていたと、渡辺さんはおっしゃるのですね。その土器というのは、いわば、横にすると女神が股間を開いている。それでお腹が大きく膨らんでいるわけです。

だから、そこから出てくる食べ物は、女神が妊娠して、股間から出してくれるものを人間がいただいて、食べることになるわけです。だから、土偶や土器で表していた女神の性質が、『古事記』や『日本書紀』の神話のウケモチ、イザナミ、部分的には天照大神にも受け継がれているということは、弥生時代にハッキリした表現が見つけられなくても、連綿と続いていたのだと私は思うのです。

高橋　その土偶に関して、日本神話の解釈は、上田正昭さん（京都大学名誉教授）が「土偶というのはまつられるものの側の巫女《みこ》的なもの、石棒のほうは人の立場から神意に一定の判断を下す、まつる側の審神者（サニワ）に引き継がれた。大胆な仮説だけれども」（上田正昭著『日本の神話』岩波書店）というふうにおっしゃっていました。それで、日本神話は縄文時代にはもうできているのではないか、と考えてもいいと思ったことを覚えております。

そうなりますと、各時代にどのように繋がってきているのだろうということが気になります。冒頭でお尋ねいたしましたけれども、縄文時代の始まったころには、おそらく神話の原像はできていた。まとめられたのは八世紀ですけれど、その途中で鏡が出てきたり矛《ほこ》が出てきたりすると、弥生時代にはかなりまともに、きちんと整理されてきた可能性があるわけですね。

吉田　縄文時代は縄文時代なりに、まとまってきちんとしていたはずですよ。弥生時代には弥生時代の体系ができたのです。何かゴチャゴチャと、あまり意味のない要素がまぜこぜになっている状態というのは、クロマニヨン人の文化にもないと思います。（一同笑い）キリスト教の文化とでも比較できるはずです。私はキリスト教よりも、クロマニヨン人の先史時代のビーナスが表している宗教のほうがずっと、これから人間が生きていくために必要な宗教であったということを論証することもできると思います。

高橋　お尋ねしますが、われわれが神話といいますと、一般に神代の話を連想します。けれども時代が下がって、朝鮮から来たというアメノヒボコのようなものも明らかに神話だと思いますが。

吉田　はい、そうです。

■『日本書紀』の一書

高橋　アメノヒボコを神話と考えてよい、としますと、『日本書紀』にはたくさんの一書《いっしょ》がございます。あれは、それぞれ受け継いだ集団によって違ってきている。有名なのは猿田彦《さるたひこ》系、猿田姫……猿女君《さるめのきみ》系など、いろいろな異名がありますが、そのなかに「これは邪馬台国系の神話だ」というものは、あるのでしょうか？

吉田　わかりませんね！（笑）けれども、一書、それぞれの家々によって、氏族によって違いはある。ですが、「あるふみにいわく」といって『日本書紀』に並べられている神話というのは、もちろんああいう異伝を全部並べてくれているということは、日本神話の非常に大きな特徴でもって、世界に誇るべきことだと思いますけれども。

でも、あれはみんな、天皇家を中心に集まっていた氏族がそれぞれもっていた伝承ですよね。だから忌部《いんべ》氏と大伴《おおとも》氏では違いがあるけれども、天皇家を中心にした神話であるということには、変わりはないわけです。

高橋　亡くなられましたけれども、重松明久《しげまつあきひさ》（福井大・広島大教授）さんがご著書の中で、「あの一書の中には中《なか》臣《とみ》氏系のものがある」といわれています。「天孫降臨《てんそんこうりん》」に出てくる話のなかで、あきらかに太占（フトマニ）の話にも出てきているし、これは明らかに中臣家の伝承であると。

それから矛《ほこ》を使ったりとか、いろいろなことを考証されまして、それで文章の中に、重松さんは邪馬台国＝大分説ですけれども、地名の中に非常に似たものがあるということから、これはおそらく邪馬台国系の伝承だろうという言い方をされている。私はそれをなるほどと思いました。そういうふうにしたら、これは投《とう》馬《ま》国《こく》系の一書であるとか、これは狗《く》奴《な》国《こく》系の一書であるとかがあるのではないかと思ったわけです。

吉田　いやあーまったくわかりませんね。

高橋　そうですか、わかりました。それがわかるといいなぁと思ったのですけれど……。（笑）

石野　ところで、縄文から弥生のところでは、片山さんは神戸市西区の新《しん》方《ぼう》遺跡の弥生前期の人骨群を調べられて、本にも書いておられますが、九州では福岡県新町遺跡で、縄文系人骨が弥生の甕《かめ》棺《かん》に入っているということもありました。そういう点が出てきて、私は「弥生集落の主な構成員は縄文人だ」と思いはじめたのですけれども、そのあたりはどうなのでしょうかね、人類学のほうでは。

高橋　すみません、私のほうからも、これに関して質問があります。片山さんこれをご存知ですね？（右の写真の資料を見せる）

■縄文人と弥生人の復顔

片山　ああ、それね……。流行りなんです。

石野　誰が作ったのでしょうね。

在来縄文人の子孫である西北九州型弥生人（左）と渡来系弥生人（右）の顔の復元図（山口県土井ヶ浜遺跡・人類学ミュージアム提供）

高橋　松下孝幸さん、山口県土井ヶ浜《どいがはま》遺跡人類学ミュージアム館長が作られたのでしょう？

片山　それは、人類学者の金関丈夫《かなせきたけお》先生とか、埴原和男《はにはらかずお》先生などが出されたモデルをステレオタイプに表現したものでしょう。

高橋　人類学ミュージアムで土井ヶ浜から出てきたホネを元に作っているとのことです。これを見ると明らかに縄文と弥生の違いがよくわかるのですが、要は片山さんが先ほどおっしゃったように、変わらないということはないように思えますが……。

片山　確かに土井ヶ浜遺跡から出土した「弥生人」の骨には、いわゆる縄文人とは多くの点で違いが認められるものが少なくありません。でも一般論としては、縄文人と弥生時代の人々が一変したかどうかはわかりません。人間の顔立ちや体型には地域差異があり、時代変化があるわけですね。特定の地域の特定の遺跡から出土した人骨だけを比較して、違いだけを強調するのは、どうでしょうか。

高橋　中身は変わっていない？

片山　日本人の歴史の中で、顔だち、体形、体格は常に変わっているわけです。日本列島に住む人間というのは、昔からわれわれみたいな顔立ちをして、われわれみたいな体型をしていたわけではないのですね。時代によって随分違いがあります。それで、一番問題なのは、弥生時代から古代にかけての人々なのですね。はっきり言って、われわれもよくわかりません。弥生人とか縄文人とか書いてありますけれど、縄文時代の人々と弥生時代の人々とを二分して語るのは難しいと思います。この弥生人と書いてあるのは、いわゆる渡来系《とらいけい》弥生人というのでしょうか。

■本州島の「弥生人」は不明

片山　「弥生人」というのがよくわかっていないと言うのは、弥生時代の人骨というのがあまり見つからないからです。たくさん見つかるのは唯一、土井ヶ浜など山口県の西部の砂丘遺跡。それから福岡平野の周辺です。北部九州の平野部のあたりでは甕棺《かめかん》などがいっぱい出ています。その中からは大量に人骨資料が出てきますけど、他では大して出ていないのです。ほとんど出ていない。土井ヶ浜とか福岡平野の甕棺から出てくる人々のことを「弥生人」と称しているわけです。下の福岡平野の写真がそうです。

これでもって、当時の日本に居た人々を全て語れるかとなると、これは、ちょっとできない相談だと思います。なぜなら、他の地域ではほとんど人骨資料が出ていないから、詳しいことはわからない。九州はともかくとして、近畿地方で出土した弥生時代人骨を合計しても、十何体かそこら、二十体分に満たないぐらいです。しかも、あまり良い状態では残っていないことが多いのです。

それから関東地方でも非常に少ない。多くは洞窟みたいな所から出ていますね。海食洞窟みたいなところ。これは流浪民のものだと言われています。東北地方へ行くと、もう全く出ていないのです。

石野　関東でも再葬されている頭骨がたくさん出てきていますけれども、ああいうのでは、なかなかわからな

福岡平野で出土した甕棺と人骨（中橋孝博氏提供）

いものでしょうか?

片山　ええ、骨そのものが崩壊していますからね。再葬墓というものは、大体が保存状態の悪いものが多いですね。そういうわけで、縄文人のことなら、われわれはいくらでもわかるのです。どこでどんな人が住んでいたかもわかるのですけれど、弥生時代の人については、彼らの人物像など、調べ得る人骨資料がほとんどないというか。あることはあるのですけれど、九十九パーセント以上が山口県とか福岡平野の甕棺から出ているものです。しかもそれらは、よく残っている。

それでもって、弥生時代の人々の特徴はこうですよというように一般論で語ろうとするのですけれど、実際には四国、近畿、中部、関東、東北地方などの弥生人については、わからないことばかりです。

■神戸市新方の「弥生人」は「縄文人」?

片山　ただ、近畿地方に関して言えば、現在までに見つかった人骨の量で言えば、神戸市の新方《しんぼう》遺跡の人骨は近畿地方から出てきた弥生時代人骨の三分の二くらいの数になりますので、それから見ると、彼らは縄文人似です。

また、中部地方でも名古屋市の熱田《あつた》貝塚から出た

神戸市新方遺跡と出土人骨　（「新方遺跡」神戸市教育委員会、神戸市教育委員会編、2003年より）

人骨も、これは縄文人的な特徴が強いですね。関東地方でも、海食洞窟などのものというのは縄文時代の人々の特徴を依然として残しているわけですね。

石野　以前、奈良県田原本《たわらもと》町の唐古《からこ》・鍵《かぎ》で発掘された人骨を人類学の方が見て、残り方はあまりよくなかったと思うのですが、「長身人骨」と言われていました。これはいかがですか？

片山　実はあれ、ぼくは見ていないのです。国立科学博物館の馬場《ばば》悠男《ひさお》さんという方によると、顔は半分くらい壊れていて、あまりよく残っていないのですけれど、身長をどういうふうに推定したのかもよくわからないのですが、背が高いといっても知れていますからね。一六二～一六三センチですから、決して長身ではないでしょう。

石野　ホネに関してですが、戦後、現代日本人の若者は男女とも、どんどん背が高くなりましたが、人種は変わっていないわけですね。そうすると、山口県土井ヶ浜の人は中国・朝鮮からやってきたというふうに、金関丈夫先生以来ずっと言われているのですけれども、あの時期に食料がかなり変わって、縄文人体質が急激に変わってくる……ということは、あり得るでしょうか？　渡来人ではない、ということは言えるのでしょうか。

片山　土井ヶ浜の弥生人は、渡来人でしょう。

石野　やはり渡来人ですか。

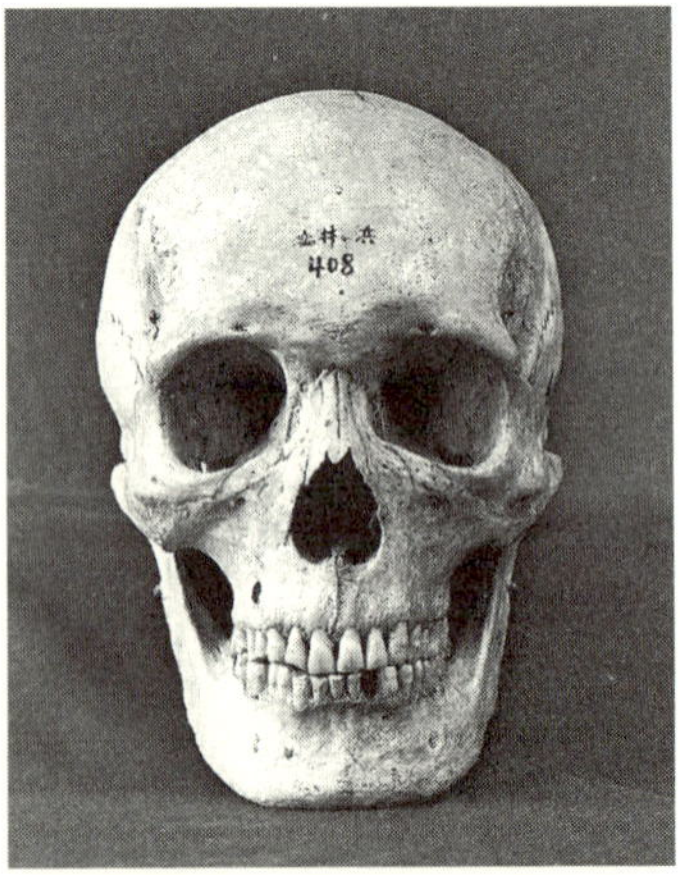

土井ヶ浜遺跡出土の人骨（「土井ヶ浜人骨と弥生人」、人類学ミュージアム、1993年）

■土井ヶ浜人は渡来系弥生人

片山　ええ、渡来系の人たちだと思います。というのは、土井ヶ浜のあたりというのは、元々人口密度が低いところだったと思われますし、そこに突如、集落が現れる。それに対馬海峡を挟んで、人口稠密な朝鮮半島が目と鼻の先ですからね。

石野　そうです。被葬者が全部頭を上げて、故郷の山東半島を見ているっていうのですけれど。（笑）

片山　朝鮮半島は指呼の間ですからね。ああいうのをわれわれは海と呼ばないのです。人間の移動史の局面では、まるで河です。というのも、今は国境がありますが、昔はなかったでしょうから。もう向こう側が見えるわけです。向こう岸が見える。そういうのは河なのです。しかも流れがある。

それで、渡海手段というのは、相当前から人間の知恵として発達してきていますから、あの頃の中国南部、大陸側ではどういう時代かと言うと、もうそこらじゅう船で行ったり来たりする南船の時代です。だから、かなり乱れた時代ですので、おそらく難民みたいな、ボートピープルみたいな人たちがたくさん来たとしても、決しておかしくないわけですね。もし、国破れてなんとか……ということになれば、半島あたりに大勢集まった難民の方々がどこへ行くかとなれば、向こう岸に渡るに決まっているわけです。

高橋　対比できる人骨は、そこで出てきているのですか？

片山　たくさん出てきているようですね。同じ時代の生活基盤も似た人々の骨ですから、よく似ています。ただ、人骨の形態的特徴がよく似ているかそうでないかは相対的な問題なのです。今はミトコンドリアD

NAを調べることで、近縁性なんかを議論しようという方法論が確立されつつあるのですけれど、それによってもやはり、一番多いタイプ（ハプログループという）の割合はよく似ているみたいです。
と言うことは、やはり土井ヶ浜とか、あるいは北部九州の弥生時代の人々は渡来系の人で、特に弥生時代の前期の終わりぐらいから中期の始まりくらい以降に、大勢の人があのあたりに渡って来たのではないですかね。ですから、そういう人たちというのは、もちろん山陰地方、鳥取県のあたりまで広がっているし、ひょっとしたら丹後のあたりまで来ていても、別に何もおかしくはないと思います。

■渡来人が持たらしたアメノヒボコ伝説

高橋　アメノヒボコ伝説もそれを裏付けるのでしょうね。『古事記』では、応神記に書かれていますが、その時期は「昔」となっています。一方『日本書紀』では、垂仁《すいにん》天皇三年の条に、アメノヒボコがやって来たとありますが、垂仁三年が実年代でいつなのかはっきりしないし、いずれも実年代は漠としたもののようです。これは特定の人ではなく、集団での渡来の話ではないかと考えられているようですが、そういう人たちのことなのですか。

吉田　弥生文化の源流をアメノヒボコと結びつけてよいのかどうか、私にはわかりませんけども……。

高橋　渡来系の人であることは間違いないのですね？

石野　そうですね、アメノヒボコは朝鮮半島・新羅《しらぎ》の皇子です。だから、播磨《はりま》（兵庫県）で地元のカミと争い、いったん定着した後、そこから淀川を遡って、琵琶湖から若狭湾へ出て、それから但馬《たじま》（兵庫県）に定着するのです。

これも神話に示されている海外交流の一つのルートだと思います。もちろん、朝鮮半島から直接日本海沿岸というのがごく普通のルートだと思いますけれど。

高橋　ですから、これも、天孫降臨《てんそんこうりん》的な神話ですね。

石野　そうですね。大陸、朝鮮半島から文化と人々がたくさんやって来たという話の一つでしょうね。

高橋　アメノヒボコが日本にやって来る直接の原因は、赤い玉から生まれた美しい女性を妻とするが、逃げられてしまい、彼女を追って渡来するという話ですね。アメノヒボコに仮託された、渡来集団がたくさんの神話を持ち込んだと考えられませんでしょうか。

吉田　アメノヒボコの妻となったアカルヒメの誕生譚《たん》については、敢えて言えば、むしろ北方系の日光感精神話と分類できそうです。

■『縄文語』の広まり

片山　多分神話ですから、言語なしにはあり得ないと思います。紙の裏表みたいなものだと思うので。例えば、以前、国立民族学博物館にいらして、今は滋賀県立大学にいる崎山理《さきやまおさむ》さんという言語学者などは以前から「縄文語」について論じていますが、崎山さんの唱える「縄文語」は明らかにオーストロネシア系の言葉です。

オーストロネシア系の言葉となりますと、これは大体台湾とか中国・江南《こうなん》地方の沿岸部当たりに出自するであろうと言われているので、そういう言葉が縄文時代、あるいはそれ以前の日本にすでに広まっていったという可能性はあるでしょうね。と言うのは、日本語の基礎にオーストロネシア語があるというのが崎山さんの見立てなのです。

私は、ポリネシアで調査活動を続けていて、ポリネシア語を話せるのですけれど、あれは特に日本語を使う者にはイージーな言葉です。と言うのも、発音が基本的にわれわれの発音と同じで、音素というのが子音＋母音、あるいは母音だけ。それで繰り返して言葉ができるのですけれど、日本語のパターンと同じです。それは近くには、朝鮮半島にも大陸にもないですね。ちょっと南の方に行かないと。

だから、オーストロネシア系の言葉がもし縄文語のベースにあったとしたら、やはり神話も、あるいは宗教体系も、メンタルな面にも、オーストロネシア語的な要素があったとしても不思議ではない気がします。

■縄文・弥生の中の南方的要素

吉田　私が先ほど縄文の土偶とか土器が表している縄文の女神ということを申しましたけれども、これと非常によく似たものが、東南アジアとかメラネシア、ポリネシアなどにあることは間違いないです。だが、「だからそこから日本に来た」と決めることは難しいですね。
縄文にはこういうものがあった、南にもこういう物があると、そういうこと

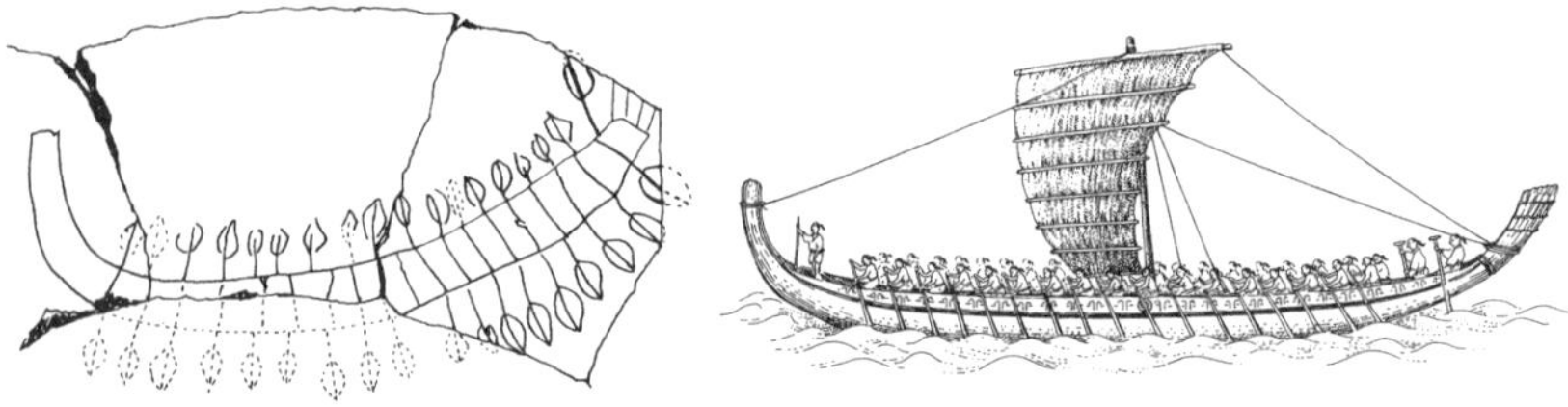

奈良県田《た》原本《わらもと》町清《し》水《みず》風《かぜ》遺跡から出土した土器片に線刻された舟の復元図（茂在寅男氏提供）　ゴンドラのように両脇が上がった船で、かいがたくさんあり、こぎ手も多い。真ん中には帆があり、外洋航海にも耐えられたとも想定される。

は言えるのですけれど、両方結びつけてよいかということは私にはわからないですね。ただ、縄文時代にあった女神の信仰とか神話、土偶や土器によるそれの表現というものが、きちっとした体系をもっていたということは間違いないです。

石野　考古資料では、日本列島の南方的要素と言うと、縄文の古い時代に「丸ノミ型の石斧」があります。それが沖縄の石垣島とか、鹿児島県の指宿《いぶすき》市とか小笠原諸島の八丈島などから出ています。西郷隆盛は、大相撲の横綱になったハワイ出身の武蔵丸《むさしまる》にすごく似てるなあと思うのですけれど。（一同笑い）鹿児島までは、南方的な物が縄文時代の古い段階から来ています。伊豆諸島の御蔵島《みくらじま》倉輪遺跡から紀伊半島の縄文前期の鷹《たか》島《しま》式土器が出ていますし、海洋民の動きにかなり関わりがあるでしょうね。

吉田　石野さんは、弥生文化への北からの影響ということもおっしゃっておいでですね。

九州弥生文化の中の縄文的要素

石野　ええ、北といっても、私は東北出身なもので……（笑）、中学生の頃に田舎（宮城県石巻市）の貝塚を「発掘」と称して掘ったのですが、それにそっくりな土器を一九九七年に、鹿児島県日置《ひおき》市・市の原遺跡の発掘現場のプレハブで見たときは驚きました。土の感じも全く一緒なのです。海流は逆なのに、行ったり来たりしていたということは、やはり風待ち・潮待ちをしながら航海する技術を縄文人はすでにもっていたということです。

日本海沿岸でも、ここ数年は福岡市の雀居《ささい》遺跡から、東北系の縄文晩期の土器が出ています。五十年くらい前に、東北の亀ヶ岡《かめがおか》式土器の文様が九州の遠賀川《おんががわ》式土器の文様のルーツになっている可能性が議論されましたが、それが再認識されてきている段階だと思います。従って列島内の南北交流は、かなりあったと思います。

吉田　遠賀川式の土器に、縄文、東北の土器が影響を与えているということですか？

石野　はい、縄文晩期の亀ヶ岡式土器の文様が遠賀川式土器という弥生前期の土器の文様のルーツになっているのじゃないかと。一九六二年に、坪井清足《つぼいきよたり》さん（元奈良文化財研究所長）が、『縄文文化論』（岩波講座）で指摘されています、私も、たまたま一九五五年の大学の卒業論文（「畿内晩期縄文文化の研究」）で可能性を検討していますが、単純な文様論でした。それがここ十年くらい前から、現物が福岡で出たものですから、その可能性がかなり高まってきたと思います。

高橋　土器の移動で、これがAという地点。そこからBという地点へ行って、Cという地点、とわかるわけですね。

■古代九州と南インドの甕棺の類似

石野　ところで、一九九一年に、今は亡くなられましたが、言語学者の大野晋《すすむ》さんが南インドの考古学者のラオ博士を招待されて、九州の甕棺《かめかん》遺跡を案内して欲しいということでご一緒したことがあります。ラオ博士は南インドの甕棺と九州の甕棺が似てる、似てると言うのですね。博士は、どこへ行っても「same! same!」（同じだ！　同じだ！）と言って喜んでおられました。

その当時は中間の東南アジアとかフィリピンとかには甕棺の資料が少なかったのですけれど、その後ずいぶん増えてきまして、大型甕棺を使った成人埋葬があります。フィリピンの青銅器時代とかベトナムのサーフィン文化（紀元前五〇〇～後二〇〇年）です。

ただ、日本の甕棺とは随分違います。大きさは一メートルぐらいで成人が入るのですが、単棺です。九州は甕を二つ合わせて棺としています。フィリピンとか、韓国もそうですけれど、棺の厚みは四・五センチくらいはあります。厚いです。日本の甕棺の厚さは一センチくらい。

そういう違いはあるのですけれども、成人を大きな甕に入れて葬るという点の共通性はあるのですね。その後、大野さんは書物としてまとめておられます。

吉田　今おっしゃったのは、『弥生文明と南インド』です。しっかりした学術書で、ずいぶんと大きな本で、二〇〇四年に岩波書店から出版されています。弥生文化をもたらした人々は、日本と韓半島に南インドから舟に乗って来た、と言うのがお立場です。

石野　一度には来られないと思いますけどね。先ほど片山さんが言われたことで、日本列島の弥生人を考えるときに、九州とか日本海沿岸の骨だけで考えるのは危ないと。

そうすると、今後もし本州島の日本海沿岸を除くところで、百体くらいの人骨が出てきたら、かなり違うのじゃないかという予測をもっておられるのでしょうか？

片山　そういう予測は充分にありますね。私が関係したもので申しますと、先にもお話した神戸市の弥生時代の新方《しんぽう》遺跡があります。これはどう見ても縄文人っぽい顔立ちをしていますし、それから抜歯《ばっし》なんかも正に縄文人の方法で、身体型なんかもそういう感じなのです。脚の骨もですね。

■卑弥呼の顔立ちは？　北部九州弥生人の特殊性

石野　もし、本州島で百体くらい良い状態のものが出てくると、反対に九州が異質だ、と。（笑）

片山　弥生時代の頃から日本列島には多分いろいろなテリトリーがあって、いろいろな国があって、いろいろな人々が住んでいたのでしょう。ことに山口県の西部とか北部九州は、朝鮮半島の延長線にあったのじゃないかと思います。

石野　文化として、一体なんですかね。

片山　文化的には結構行ったり来たりしていますね。

石野　昔は教科書でも、弥生時代の埋葬と言えば甕棺の写真が出ていました。一九六六年には尼崎市田能《たのう》遺跡ではじめて弥生の木棺が発見されてから、ようやく弥生時代の普遍的な埋葬は木棺になりました。

それ以前は、本州島全体の弥生人が甕棺に入っているというような教科書でしたから。今の片山さんの話は、もしかすると百年くらい後には「九州は特殊だ」となるかもしれませんね。（笑）

片山　特に北部九州ですね。山口県に続く地域は、まさに大きな河をはさんで、朝鮮半島と向かい合う地中海地方のようなというところ。ただ、今問題なのは、石野さんがおっしゃったように、当時の人骨がそのあたりでしか出ていないことが問題なのですね。それで、私自身はちょっと無責任みたいですけど、弥生時代の人々のことについては、日本列島でどうだったのかというようなことを、一般化して語ることは……ちょっと、勘弁してもらいたいと思っています。（笑）

石野　材料がないと言うことですね。

高橋　そうすると、結局「卑弥呼はどんな顔立ちをしていたか？」と言うことは、語ること自体が論外と言うことですか。（一同笑い）

片山　論外と言うか、九州説なら、それはそれでよいのではないでしょうか。

片山　近畿地方に近くなるのでしたら、ちょっと待ってください。ぼかしの文化というか、ちょっとぼかしてやらないと。あまり細かい議論を真摯にやっていく段階には達していませんね。（一同笑い）

高橋　以前、宮崎康平原作の『まぼろしの邪馬台国』という映画を見ていて、女優の吉永小百合《さゆり》さんが卑弥呼になっていましたもので「ああ、これはどっちの顔なんだろう」と思ったのですが。（笑）

片山　例えば邪馬台国が宮崎県にあったとして、これはきっと土井ヶ浜の人たちとは別の顔だちを考えなければならないでしょうね。

石野　南九州は全然違うのでしょうか？

片山　違いますねえ。

石野　西北部九州とも違いますか？　長崎県とか……。

片山　ええ、西北部どころか、それこそ福岡県糸島半島の新町遺跡から出た人骨も違いますね。あそこなどはもう縄文人というか、西北九州の弥生人たちに似ているわけですね。決して土井ヶ浜とか福岡平野などから出てくる人とは似ていない。顔立ちも背格好も違いますね。

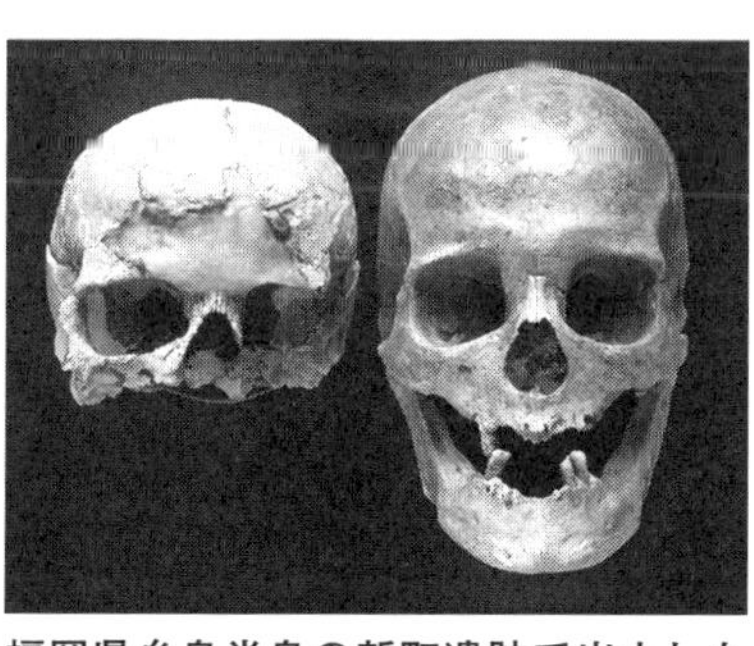

福岡県糸島半島の新町遺跡で出土した人骨（中橋孝博氏提供）

このように弥生時代人は、結構モザイク状になっているわけです。ただ、人骨がガーッと出てくるところは、朝鮮半島と近いところにあるわけで、九割方はわりあい背も高くて顔も長い特徴をもちます。顔は、ほんとうに長いのです。僕らよりも長いかもしれない。あごもわりと細いです。そういう骨が多く出ているから、弥生人イコールその手の人たち、という図式が今は成り立っているわけですね。

正確に言えば、そういう意味で、土井ヶ浜などの人たちは「渡来系弥生人」とはっきり言ったほうがいいと思います。「弥生人」とひとことで言ってはいけないと思うのですね。

高橋 なるほど。それでは神話の方では、日向神話とか南方の出雲神話とか幾つかの分け方がされています。そのなかで北方系の神話はどれとどれだとか、また南方系だったら海幸《うみさち》・山幸《やまさち》の話とか、幾つかの分け方があるようですね。

しかし、神話の舞台の中心は九州と出雲、畿内が舞台になっているのはどういうふうにお考えになるのですか？ 国を造った一番始めは淡路島なのに大和を舞台とするのは、九州や出雲より後になります。

吉田 九州のほうが古いとおっしゃるのでしょうか？

日本神話の多様性

高橋 いえ、そういうことではないのですが、そのあたりはどういうふうに考えていらっしゃいますか？

吉田 今のような分け方を、私はあまりしたくはないですね。海幸と山幸の神話というのは、確かにインドネシアやポリネシアのいわゆる南方系の神話と非常によく似ています。

だけど、天照大神を例に取ってみても、天照大神にはそういう南方系の神話と共通している部分もあるし、ギリシャ神話と共通している部分もあるし、韓半島の神話と共通している部分もあります。イランの神話と共通している部分だってあるのです。

だから、そういうふうにこの神話がそっくりこの地域から来たものだとか、縄文時代に遡るとか、そういうことは私は言いません。今おっしゃったような分け方はしないのです。これは、全体が南方系であるとかね。いろいろな要素が絡み合っているものですから。

石野　ジグソーパズルのようなものですね。

吉田　そうです。だから私が天照大神の神話の中に、縄文時代の土偶や土器の女神の性質にまで遡るような要素があると言うと、じゃあ「あいつは以前には、天照大神をギリシャの神話と比較していた」、あるいは「イランのアナーヒターという女神と比較した」、「高句麗《こうくり》の柳花と比較した」が、それはどうなったのか？　と言われる。それらの比較を否定しているのか、と言うと全く違うのですよ。いろいろな影響を受けているわけです。それぞれの時期にね。

高橋　では、それぞれの神話については、どれが新しいとかどれが古いとかは……。

吉田　もちろんそれはあります！　縄文のものは古いですし、ギリシャから受けた影響とか、高句麗から受けた影響とか、そういうものは新しいわけです。それで、今言った三つの要素、つまり、ギリシャ・イラン・高句麗の影響は、ほとんど同時に、弥生時代の終わりから古墳時代の初めに日本に入って来た。だけど、それだけでは片付かないのです。もっと古いものも含まれていると言うことです。

高橋　物語や神話ができるときに、何か大きな出来事があったら、それが神話化されるというようなこともありますか？

吉田　ええ、卑弥呼の登場などはそうでしょうね。

高橋　そういうものはなぜ神話となったのか、実際にあったことなのか？　というのをわれわれは知りたいと思うのですが、それはどうなのでしょう？

■女王・卑弥呼の共立

吉田　そうですね。私は、邪馬台国の女王として、卑弥呼というのは当時のいろいろな勢力が、昔は神武《じんむ》東征などと言って、九州から攻めて来て征服して、そして邪馬台国ができたというふうな考え方もあったのでしょうけれども。そうじゃなくて、みんなが話し合って、そして、吉備の楯築《たてつき》王墓（岡山県倉敷市）とか、ああいうものの影響が一番強く働いて、様々な勢力によって擁立された。別に卑弥呼が出てきて、みんなを従えたのではなくて、卑弥呼を中心に仰いで、卑弥呼を女王とする邪馬台国ができた。

奈良県立橿原考古学研究所の寺沢薫さんがこれこそ日本的な、「根回し」の源流ではないかと指摘しておられるのですが。私は、この指摘は実に的を得ているのじゃないかと思います。やはりそういうところに、われわれが現代まで引き継いでいるような、日本の文化の根っこがあると思うのです。それが天照大神の神話にも非常によく表現されていると思います。

高橋　このごろは、共立説が主ですね。学者の間では。

石野　ええ、大阪大学名誉教授の都出比呂志《つでひろし》さんもそうですけど、ここ十年くらい共立説が中心です。前方後円墳――私はこの言い方をやめて、〝長い突起のついた円丘墓〟略して〝長突円墳〟と呼んでいますが――いわゆる前方後円墳が三世紀に出てきた、それはあらゆる地域の葬送儀礼を取り入れて、創作したという考えです。

ツクシ（筑紫）の鏡・剣・玉の副葬品セット、キビ（吉備）の円丘墓に突出部分を付けた墳丘、イズモ（出雲）の墳丘上の葺石《ふきいし》など、各地域のクニグニの葬送儀礼を取り入れて、改めて新しく作ったと。こういう考え方がかなり今、流行りつつあるような感じです。

吉田　石野さんご自身は、どうお考えですか？

石野　私はそういう考えを「なるほど上手いこと言うなぁ」と思いながら、「そうすると、主導者は？」と考えます。主導したのは一体どの地域なのか？　誰なのか？　となる。私はキビの楯築《たてつき》の被葬者一族だろうと思っています。

吉田　そうですね、それは確かに気にかかる。

石野　私は楯築段階から古墳時代が始まる、と思っているのです。二世紀末です。多くの研究者は古く見ても二六〇年ぐらい、奈良県桜井市の箸中山《はしなかやま》古墳（箸墓《はしはか》）を最初の古墳と考えているようです。『魏志』倭人伝の「共立」を、考古資料で、そこまで具体的に考える傾向が今、強いです。

吉田　そうすると、私からもう少し言わせていただくと、日本の神話について、非常に大きな特徴があります。つまり、日本神話は言うまでもなく、いわゆる Kingship myth の一つですね。『古事記』と『日本書紀』の神話は、明らかに王権神話ですよ。ところが世界中の王権神話でも、王様である、天にいる王の神、最高位の神を女神としているのは日本しかないのですね。他は全部男の神様ですよ。

高橋　中国のトン族の始祖神は女神だったと思いますが。

■最高位の神を女神とする日本神話の特色

吉田　ええ、だけどそれが、本当の王権神話と言えますか？　もちろん、クロマニヨン人の時代などは、女神が一番重要な神だったと思います。女神が中心の宗教というのはあります。ただ、地上の人間の文化に、王の制度というのがあって、それは天から来たので、だから天にも神々の王が居ると信じられる。そして、その場合に地上の王は人間で男ですね。ところが、それなのに天の神々の王は女神だというのは、日本神話の非常に大きな特徴です。

その女神である天照大神が、どうやって神々の王になったか。生まれたらすぐに、イザナキとイザナミが「これは本当に尊い女神だから、これ以上地上に置いておくことはできない。すぐに天に上げて、天上を治めさせよう」と言って、天に上げて、天上の女神にしたのです。そこで誰も文句なんか言わないのですね。だから、戦いもなければ、征服の過程もない。生まれながらにしてそういう資質をもった女神さまが、誰からも文句を言われずにその地位についたのだと。

これはギリシャのゼウスとか、メソポタミアのマルドゥクとか、そういうものと比較すれば大変明瞭ですけれども、日本神話のもつ非常にユニークな特徴なのです。戦っていないのですね。それで、その後、もしかして弥生時代の卑弥呼の出てくる前の戦乱に、比較できるのかできないのかわかりませんが、だけど天の岩戸の前には、混沌状態が一時あるわけですね。だけど、その岩屋から女神を招き出したのも、天の神々がみんなで協力したことで、そしてそのかけがえのない尊い女神をみんなで力を合わせて招き出して、自分たちの支配者になってもらったわけです。

だから私は、寺沢薫さんのおっしゃることは、神話学の立場から見ても、まさに的を得ているなと。感心したのですけれどね。

高橋　つまり、天《あま》の岩戸《いわと》の伝承は、正に卑弥呼共立の反映ではと……。

吉田　いやいや（笑）、そういうふうに全てを判断されては困ります。ただ、そこに反映していると言うだけのことです。それで天照大神の神話について全て説明されると言うわけじゃありません。そういう言い方は私は大キライなんです（一同笑い）。だからこれは何の神話だ、と言うふうには決めつけないでください。だけど、やはり天照大神の神話の中にそれは反映されている。天照大神がどうやって高天原を支配するかと言うと、大切なことを自分では何にも決めないのですよ。何か難しいことが起こったときには、天の安の河原に、八百万の天神を全部集めて、そしてオモイカネを中心にして、みんなで相談しなさいと言う。

天照大神は、アメノホヒを地上に降ろして支配者にしようと思ったが、アメノホヒは、「地上は物騒で、自分には支配できない」と帰って来た。じゃあ誰を送ったらいいか、みんなで考えなさいと。そしてみんなで考えた結果が、オモイカネから天照大神に報告される。そうすると、じゃあそうしなさい、とそれが天照大神の命令になるのですね。それが上手く行かないとその次もまた、同じことを繰り返すのです。「みんなで良きに計らえ」なのです。こんなのは世界中の古代神話に、他にはないです。

高橋　なるほどね、面白いですね。共立というところが何となくわかってきますね。

■卑弥呼は共立されたか？――弥生後期の円形配置の建物群

石野　滋賀県守山《もりやま》市の伊勢《いせ》遺跡には、直径百メートルくらいの広場を囲むように、サークル状に弥生後期の大型の高床建物が推定で、三十棟、現実には十棟ほど出ています。調査担当者は半分本気で「そこで卑弥呼を共立したのだ」と言っています。倭人伝では三十のクニグニによる共立ですから、今のお話をいきなりそこへ結びつけるのは、考古学ではあり得ないことです。けれども、円形広場で八百万の神が談合していたら面白いなぁと思うのですが。（笑）

広場の中央には方形区画があって、高床建物が三棟くらい固まっています。僕はその施設を見たときに、神話の話とは違ってきますけれども、西日本的じゃなくて東日本的な、かつて縄文社会にあったサークル状に建物を配置するという要素が強いのじゃないか、と注目しています。ただし、時代は弥生後期ですから、縄文時代が終わってからでも数百年経ってしまっています。建物の円形配置は、西日本の弥生社会にはないですから。非常に不思議な遺跡ですよ、あそこは。

高橋　片山さんは卑弥呼の共立について、どうお考えですか。

片山　卑弥呼が共立されたのだというお話ですけれど、人口学的に申しますと、やはり縄文か弥生時代、特に弥生時代の中期ぐらいにかけては、日本列島でそんなに人口が多くなっているわけじゃないのです。それで、確かにどのような国々かはわかりませんけれど、テリトリーがいくつかあったとしましても、そんなに緊張感が高まっていたわけではないのではないでしょうか。激しいドンパチなんかは、そんなにやってなかったと思います。

高橋　縄文の人口ですが、小山修三さん（国立民族学博物館名誉教授）は縄文中期が一番栄えていて、終期には少なくなったとおっしゃっていたと思いますが。

片山　小山さんは、中期が一番多いときで、日本全体で二十六万人くらいの人口規模だったとおっしゃっていますね。

高橋　それから、どんどん下がっていっているという……？

片山　遺跡の数は減っても、規模は大きくなったりしていますので、また、西日本では壊されたりして、まだカウントされていない大規模遺跡が少なくないですから、判断は難しいですが、小山さん自体、一番最後の頃で十五～六万だったんじゃないかという。あるいは十万から二十万ぐらいの人口を加算してよいか、と付け足されておられますね。

高橋　そして、弥生時代になって稲作が増えてきてから人口が増えていく、という……？

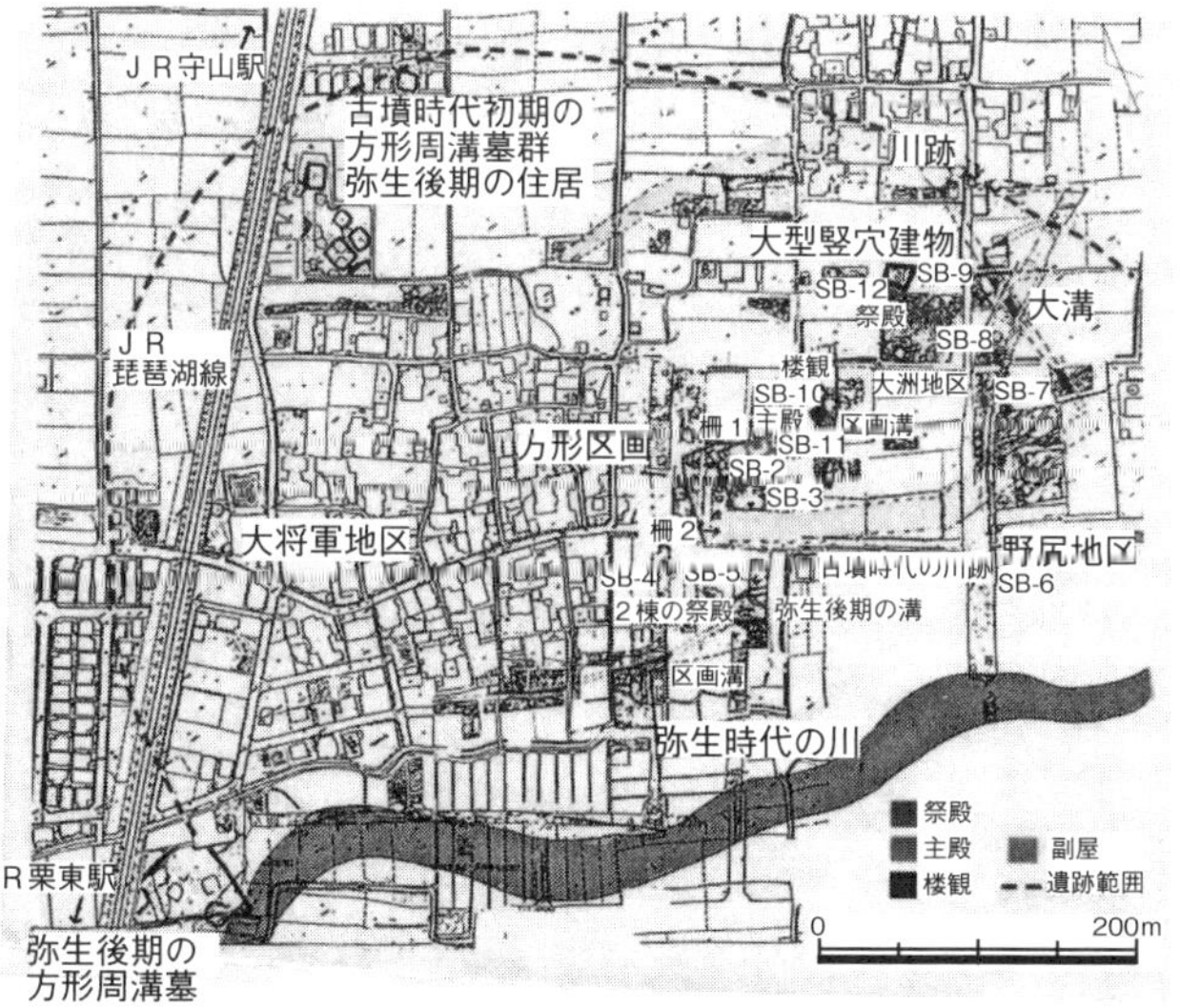

伊勢遺跡（滋賀県守山市）　守山市教育委員会提供

■ 弥生人の人口増加

片山　弥生時代も最初の頃はそんなに増えてはいないのではないでしょうか。それで、稲作は前からあったと思うのですけれども、水田稲作農耕が定着すると生活基盤が違ってきますので、平地部の人間がわりとたくさん住めるような所に人口が集中するようになった。生産力もかなり増大したと思うのですけど、そこで人口支持力というのが徐々に高まってきて、弥生時代の前期から中期にかかるところに、おそらく五十万人から百万人規模になったのではないかなと……。

石野　遺跡の数から言うと、コメ作りが始まって、多分二百年くらいは経った頃、弥生前期末に日本列島、少なくとも東海から北部九州にかけては、すごい勢いで遺跡が増えますね。ぼくは、その段階に縄文人が積極的な水田農耕を始めたと思っています。それまでは手探りで、「本当に〝コメ〟に頼っていいのだろうか」という時代が続いていたのではないかと思います。それが縄文的な土偶とか石棒の名残り、大阪府文化財センターの秋山浩三さんが「なごり現象」と呼んでいる段階でしょう。遺跡の数の急激な増加は弥生前期末です。

片山　その遺跡の数と多分マッチするのだと思いますけれど、人口論というのはやはりどうしても避けて通れないところだと思います。人口が社会を規定するというところもあると思うのですね。人間が少ないときというのは、それほど軋轢《あつれき》も生じないでしょうし、国のレベルまで発達していたのかどうかわかりませんけれど、それらがにらみ合って、直接戦いに行くシチュエーションなどあまり考えにくいと思いますね。実際に弥生時代の遺跡で、戦いで傷ついた人骨が出てくるのは、中期から後期ですね。

石野　九州は中期が結構多いですね。甕棺内の人骨に、銅剣の切っ先が突き刺さっている例もあります。それと、吉田さんにお考えを聞かせていただきたいのですが、弥生土器に箆《へら》描きの人物や建物などを描いている例があります。奈良県田原本町の唐古・鍵遺跡や、鳥取県米子市淀江町の稲吉角田《いなよしすみた》遺跡のものが連続した絵として有名です。

絵が描かれている土器は、壊れて川から出てくることが多いのです。住居跡からはほとんど出てこなくて、集落の近くの川や溝から出てくることが圧倒的に多いのです。ですから断片の絵しかわからないのですが、一つの土器に描かれたセットの絵というのは、先にあげた二例が主なものです。そこには一つの物語がある、というのですけれども、それは一体どういう物語なのでしょうか。神話なのでしょうか？

吉田　それに関して、私は、国立歴史民俗博物館名誉教授の春成秀爾《はるなりひでじ》さんのお説には非常に説得力があると思うのです。

つまり、このお話の土器の絵と、金関恕《かなせきひろし》さんが館長をされている大阪府立弥生文化博物館のある池上曽根遺跡から出てきたという鳥型木製品。

石野　池上曽根遺跡（大阪府和泉市・泉大津市）ですね。

■弥生絵画にみる神話の世界

吉田　そう、鳥型木製品です。これを結びつけて、弥生時代に稲作のお祀りとして稲魂を運んでくる鳥を迎える祭りがあり、それが土器に描かれた絵に表現されているとした。春成さんの慧眼なところは、それをさらに「穂落し神の伝説」というのとも結びつけて説明していて、その点をなるほどと思うのですよね。

　つまり、稲の起源の伝説として、鶴が稲穂を運んできて、それによってその土地で稲の栽培が始まったという話があります。その一番古いのが十三世紀の『倭姫命《やまとひめのみこと》世紀』にある話ですね。伊勢神宮の摂社の伊雑宮《いざわのみや》とそれから佐々牟江宮《ささむえのみや》の起源を物語った話が一番古い形です。江戸時代には、福島県とか千葉県にもあったことが当時の文献からもわかるので、大体そのあたりから西の沖縄まで、ずっとそういう稲作の起源伝承があったと思うのですね。それを、今おっしゃった鳥取県の稲吉角田遺跡の絵が表現している。つまりこの絵にはゴンドラ形の船を、頭にUの字を逆にしたような形の飾りを付けた何人かの人物が漕いでいる。その飾りを民俗学者の国分直一さんが最初に「これは明らかに鳥の羽根だ」とおっしゃったのですけれど、その飾りで鳥装をしていると思われる人物が船を漕いでいるのですね。

　そしてその船を漕いで行く先に高い建物が建っていて、そこに梯子《はしご》で登って行くようになっているわけです。その横にもう一つ高倉のような建物があって、その横に木が立っていて、そこから何かがぶら下がっている。そしてさらに、どう繋がっているのかはわからないけれども、一頭のシカが描かれている。そうする

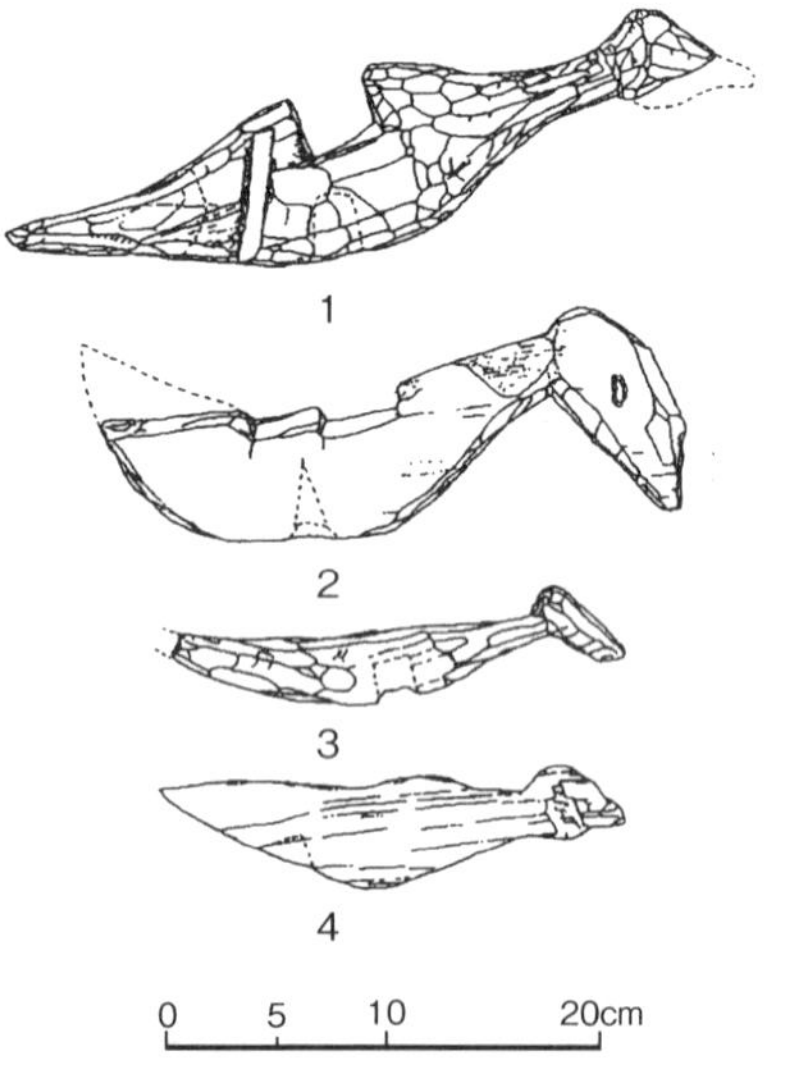

大阪府池上曽根遺跡出土の鳥型木製品（江谷寛他『池上・四ツ池』、第２阪和国道内遺跡調査会、1970年）

と、これは、春成さんよりも早く金関さんがそのことをご指摘になっているのですが、やはり船に乗って鳥の姿をした祭司たちが、稲魂を運ぶ鳥を迎えに行っているところじゃないか。そして舟が行く先には高い建物があって、梯子がかかっているということは、この舟が着いたら、その舟で行った人たちはそこへ登って行くわけですね。

唐古・鍵遺跡から出土した土器の絵には実際に高倉へよじ登って行く二人の人を描いたものもありますね。そしてもう一つ、唐古・鍵遺跡から発見された土器の絵には、これは同じようなゴンドラ型をした舟が、左の方向に向かって航海して行って、その行く先に鶴が立っている。おそらくはその向こう側にも、もう一羽の鶴が立っていて、鶴と鶴に囲まれた区域があるわけですね。そこへ舟が向かって行っている。

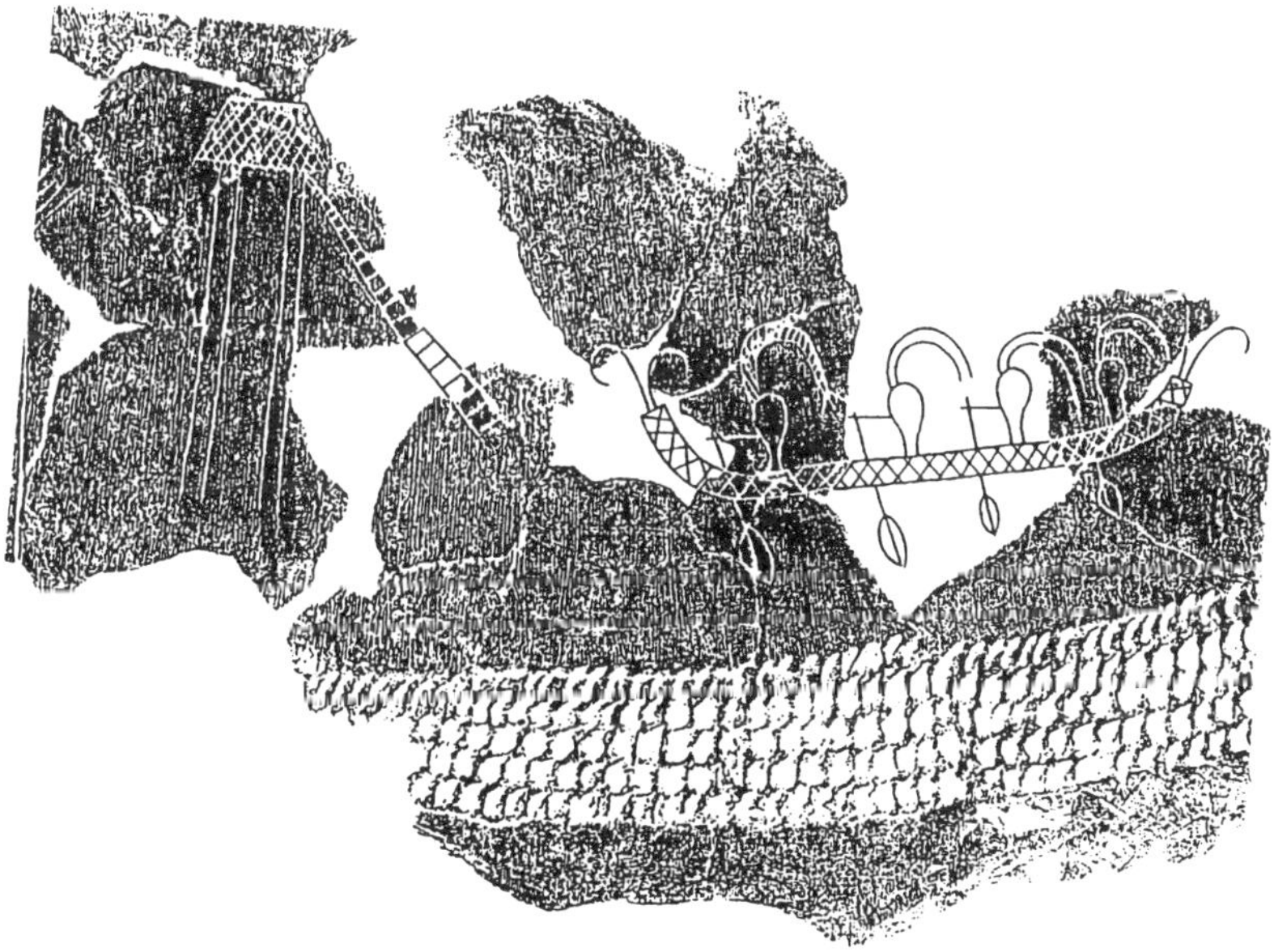

神性をイメージした弥生土器の絵（1） 稲吉角田遺跡出土の土器片に描かれた絵（春成秀爾「絵画から記号へ──弥生時代における農耕儀礼の盛衰──」『国立歴史民俗博物館研究報告』第35集、54頁による）

そして、春成さんは、その二羽の鶴が向かい合っている場所を「アマ」と呼んで、そこが、稲種を運んで来てくれる鳥の世界だと言われる。鳥取県の稲吉角田の絵の高い建物は、その中に何があるかはわからないのですが、それもやはり「アマ」、つまり唐古・鍵の絵に描かれた、二羽の鶴の向かい合っている場所と、同じ世界を表しているのじゃないか。

つまり、どちらの船も春成さんの言われる「アマ」に向かっている。昔そこから鶴が稲を運んで来てくれた、その場所の「アマ」に行けば、そこで今でも鶴が稲種を持っているわけですね。それで土器の絵に描かれている祭りでは、かつて鶴が運んで来てくれた稲種を、そこからまたもらってくると。

それが、『古事記』と『日本書紀』の神話になりますと、スクナヒコナノミコトが鳥装をして船に乗ってやってきたという話になっている。これは『古事記』では本居宣長《もとおりのりなが》がスクナヒコナのように小さな小人の神がガンとかガチョウのような大きな鳥の皮を着ていたはずがないからと言って、勝手に「蛾《ひむし》」にしたのですけれど、元の字は「鵝」ですね。ですから「カリ」と読むのが正しいのだと思いま

神性をイメージした弥生土器の絵（2）　唐古・鍵遺跡出土の土器片に描かれた絵（(1)図と同書32頁）

すけれど、雁の皮を着ていたことになっている。それから、『日本書紀』のほうではもっと小さい「鷦鷯（ササギ）」、つまりミソサザエの皮を着ていたことになっている。やはり舟で運んで来るのに、大きな鶴を運んで来るのはおかしいですから、その時代になると、もっと小さい鳥になっているわけです。

それでもその鳥はやはり、稲が収穫される時期、秋に日本にやって来るカリ（雁）のような水鳥と考えられていたのだと思います。そうすると、水鳥と言うことに重点を置けば、カリであると。あるいは小ささに重点を置けば、ミソサザエではないか。そういう鳥を、どちらの舟も迎えに行っているのではないかと考えられます。

唐古・鍵遺跡から出土した絵の場合には、舟で行く人たちは鳥装はしていないのですが、一番先頭にいるみんなの指揮者と思われる人物が、前にこれ見よがしに持っている物があるのですね。その頂点

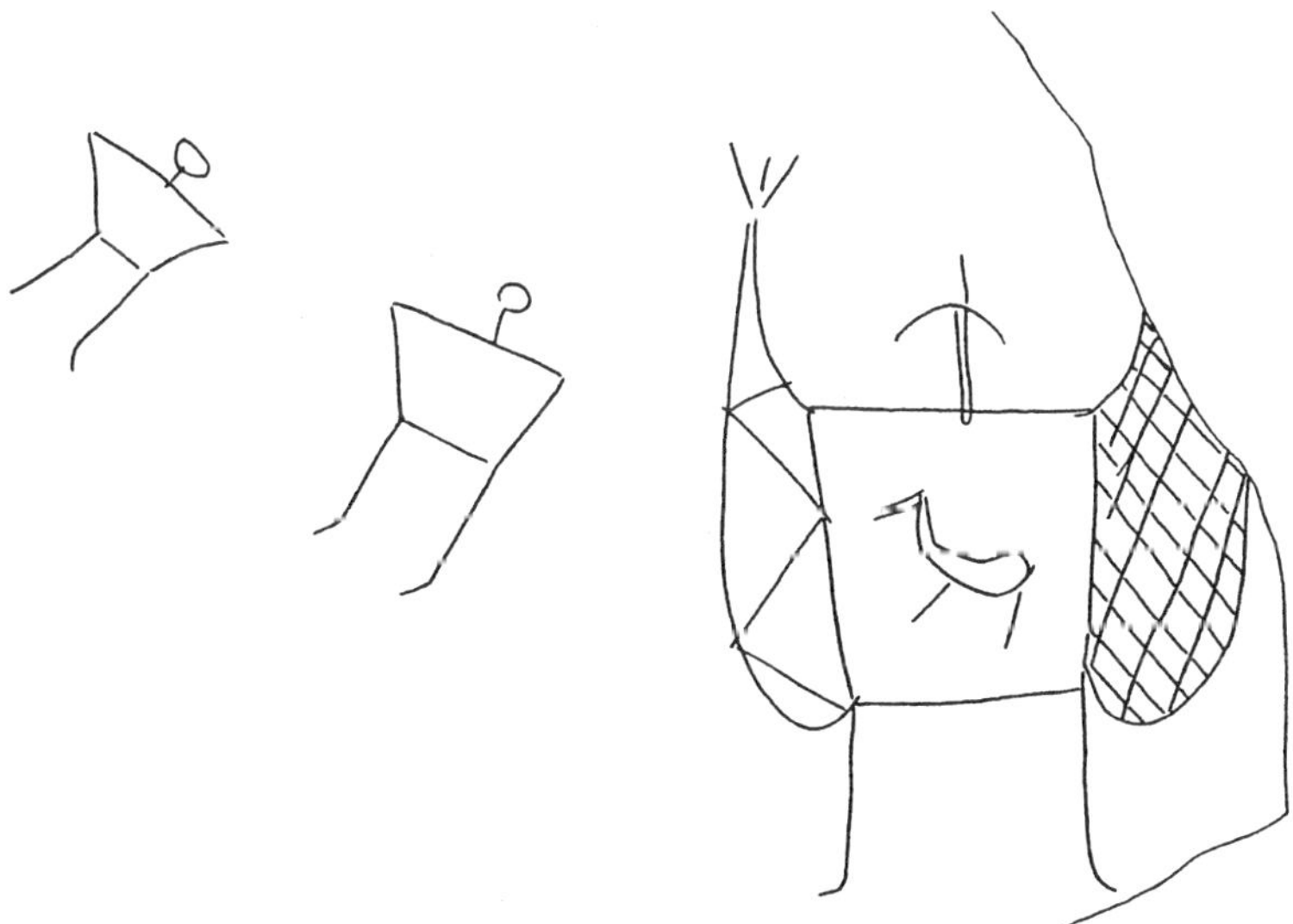

奈良県清水風遺跡出土の土器片に描かれた鳥装した祭司と他の二人の人物の絵（『国立歴史民俗博物館研究報告』第12集、32頁）

の所に、近くの清水風《しみずかぜ》遺跡から出てきた鳥人の頭の形が図に示したようになっています。これは春成さんは、鳥の仮面だと言うのですが、唐古・鍵の絵にも前に掲げているものは、これと同じ仮面の付いた、鳥装の具ではないか。だから、この指揮者は、舟を下りたら、これを被って稲魂を運ぶ鳥を迎えに行くのではないかと。こういう解釈をしていらっしゃるのですね。私も多分これはそうだと思います。

ただ、私が春成さんに異論を唱えたい点があるとすれば、これは春成さんにも金関さんにも共通していますが、その稲魂を迎えるお祭りは、春にやっていたという点ですね。私はその祭りの時期は秋だったと思います。『倭姫命正紀』でも、伊勢の伊雑宮《いざわのみや》に鶴が不思議な稲を持ってきたのも、それから佐々牟江宮《さ さ むえのみや》に持ってきたのも、旧暦の九月だったと書かれている。

だから、その稲魂、すなわち稲を収穫して、翌年に種として蒔《ま》くための、稲魂の籠もった一番尊い稲ですね……。それを高倉に納める。その時に行われたお祭りだと、私は思います。

高橋　ただ、その絵画を今、鶴としておっしゃいましたけれど、これは最近「鷺《さぎ》」であるとも言われますが？

石野　言いますね、鷺とも。

■銅鐸絵画の鳥――サギかツルか？

吉田　それは、国立歴史民俗博物館の元館長で、亡くなられましたが佐原真さんがおっしゃっていたことなのです。「これは鶴とも鷺とも言えないけれども、自分は鷺としておく」と一旦は、こうおっしゃったのです。

でも春成さんは、これをはっきり「鶴だ」とおっしゃり、佐原さんもその後、一九八七年に出された『大系日本の歴史1　日本人の誕生』（小学館）では、ここに描かれた鳥は鶴だったと訂正しておられます。

また、先ほどの鳥型木製品ですが、池上曽根遺跡から出土した品では、鶴だとか鷺のような首の長い鳥には見えないわけですね。だから、金関さんはそれらが表していたのは長頸の渡り鳥ではなく、「その辺にいる小さな鳥だろう」とおっしゃっているのですけれど。一番古い弥生前期ですね。いわゆる一期にまで遡る鳥型木製品が、大阪府と島根県の二箇所から出ていて、それらの出土地はそれぞれ遠く離れているにもかかわらず、形がそっくりでどちらも首が長いのです。だからこれらの最古の例に基づいて考えれば、やはり弥生時代の鳥型木製品が表していたのは鶴だったと、春成さんは言うわけです。

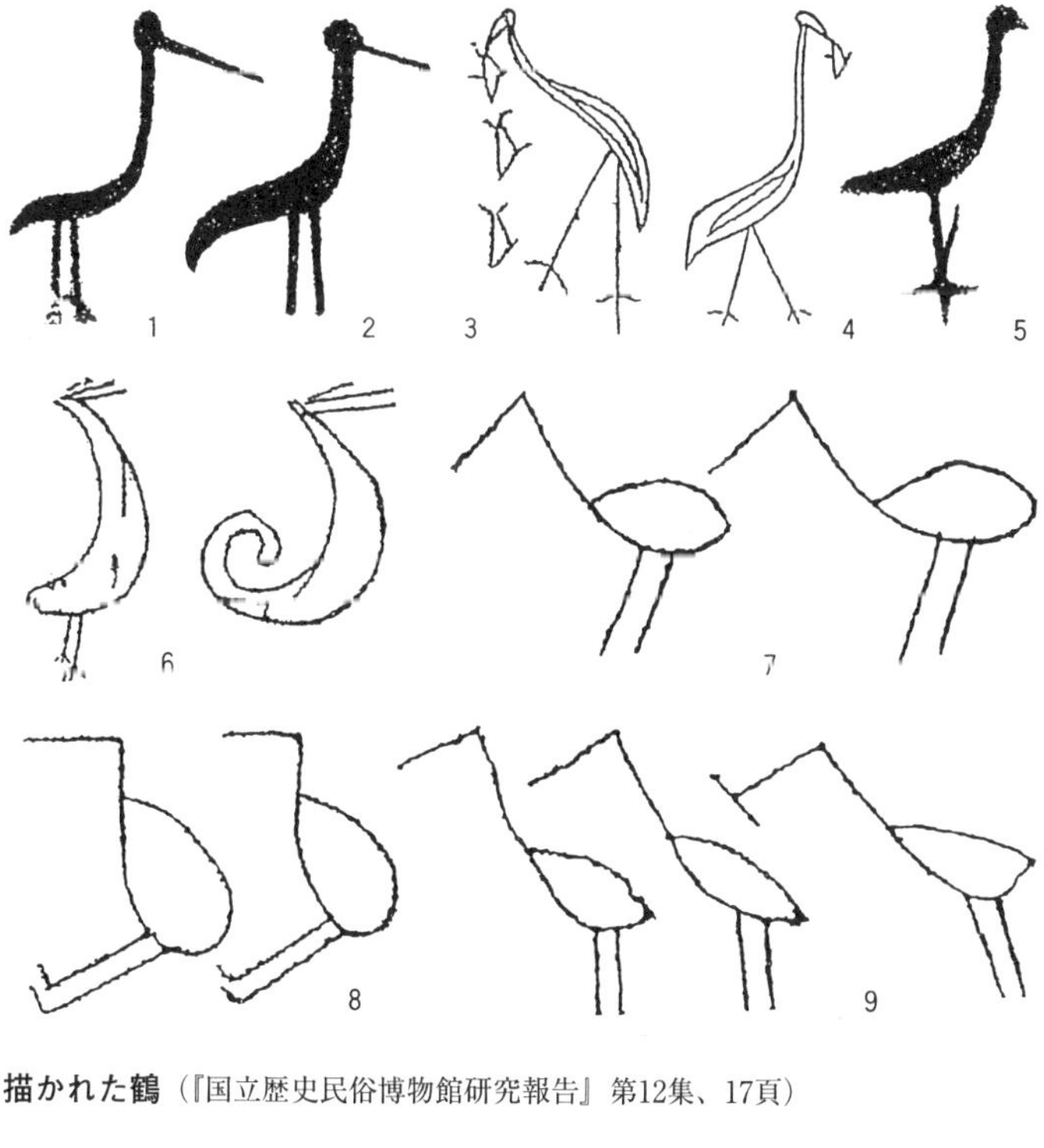

銅鐸に描かれた鶴（『国立歴史民俗博物館研究報告』第12集、17頁）

そして当時日本列島に、渡り鳥としてその時期にやって来ていた鶴はどの種類かというと、現在では丹頂《たんちょう》というのは渡り鳥ではなくなって、北海道で留鳥になってしまっているらしいのですけれど、この時代の丹頂は日本中に渡り鳥として飛来していた。それで断定はしていませんが、穂落とし神の鶴も、元来はその丹頂鶴だった可能性が一番強いのではないかと春成さんはおっしゃっている。

春成さんは、図に示した銅鐸に出ている鳥の図像をお示しになって鷺ではない鶴だと言われ、鷺だと言われた佐原さんも、最終的にはその解釈に賛成しておられるわけです。ですから私は、鷺であるというのが考古学の通説であるとは言えないだろう、と思います。

片山　ちょっとだけいいでしょうか？　今お伺いしていたことに関しまして、一つだけ質問をさせていただきたいのですけれど。とても恥ずかしい質問かと思うのですが（一同笑い）、鷺と鶴で、それがどっちかでなければいけないという意味はあるのでしょうか？

吉田　ええ、春成さんの立場からすると、彼はこの話を先ほどの穂落とし神伝説に結びつけて考えておられます。穂落とし神伝説に結びつけるためには、これは別に鷺でも構わないのですが（笑）、一番古い伝説では、たまたま鶴であるし、あまり鶴が渡って来ない沖縄でも、他の鳥になっているところがあっても、一番根強いのは鶴なんです。だから、鶴であったほうが、春成説には非常に都合がいいわけですね。

片山　動物学的に言いますと、当時の沖縄に今と同じように鶴が来なかったかどうかはわかりません。もっと伝承的に言いますと、鶴あるいは鳥に関する話があちこちに広がることはおかしいことではありませんので、それが、たまたま沖縄に行ったのだというふうに考えることもできるのではないかと思います。

しかし、いずれにしても、私自身は非常に素人なものでよくわかりませんけれど、なぜ鷺にこだわるのか、鶴にこだわるのか……。

石野　鷺を見て「鶴だ」と思ってはなぜいけないのか、ということですね

片山　ええ、そうなんです。「鳥」や「渡り鳥」でいいのじゃないかと……。（笑）

吉田　ええ、それはまったくおっしゃるとおりだと思います。（笑）ただ、私はこの、春成さんがお書きになったものを読みますと、やはり鶴かなぁという気がするのですね。

高橋　それでは、次に石野さんご自身もお考えかと思うのですけれども、絵画というのは何のために描いたのかという問題です。

神話というのは語り部がずっと語り継いできたわけで、『古事記』の稗田阿礼《ひえだのあれ》が有名ですけれども、『風土記』をはじめ他の史料には男性が何人も出てきております。その語りが文字になってきたのは『古事記』の段階でしょうが、それ以前も何らかの形で受け継がれてきたのでしょう。吉田さんがおっしゃっていたような、春成さんの鶴が運ぶ稲穂みたいな話が出てくるかと思います。

私自身がちょっとわからないのは、春成さんのお話はかなり考古学的には突拍子もない発想だと思われていますね？（一同笑い）

吉田　でも、その発想は私などには弥生考古学の大家に思える金関さんなどにも共通しているので、突拍子もないとは思えません。（笑）

高橋　しかし、あの説の影響というのはかなり濃くてですね、とてもロマンの広がる考古学の話です。でも、

石野さんの立場では、解釈を加えて遺物を見ることに慎重な恩師の末永雅雄《すえながまさお》先生（関西大学教授・初代奈良県立橿原考古学研究所長）がいらっしゃいましたので、絶対に言ってはいけない発想だったと思います。いずれにしましても、描かれているのがかなり生活に密着した——鷺か鶴かは、おいときまして（笑）——亀とかトンボとか、ミズスマシなどですね。なので、それほど突拍子もない説ではないのではないか、という気が私にはしたのです。石野さんはそこについて、どうお考えでしょうか？

■弥生絵画と無文字社会の記録

石野　弥生人は見えている物を全部描いているわけではないですね。なぜそれを選んで描いたのか、ということが気になります。ただ、圧倒的に多い動物はシカで、つぎに人とか建物がありますけれども、風景的なものはほとんどない。木を描いたものもほとんどない。鳥や魚も描いていますけれども、かなり選んで描いている。やはり何か、儀礼に関すること、関わるものを描いているのではないでしょうか。

シャチの背びれみたいなものをよく描いたりしますけれども、単なる魚とかシャチとかサメを描いたものではなくて、「海の神」として描いているのじゃないか、と思います。トンボを描いているのは、「天の神様」にあたるのかな？　とんでもないことを思うのですけれども、もしかしたら、そういうシンボルとして描いている可能性があるのではないかと思うのですけれど、どうなのでしょうか。

片山　一般論として申しますと、春成さんの話というのは、彼はこだわりの方ですから、きっと一理あるのでしょうけど。（笑）一般論の話というのは、こういう絵画というのは、太平洋などには岩絵がたくさんありますけれど、そういうものは基本的に文字の代替なのですね。太平洋にしてもオーストラリアのアボリジニにしても、岩絵がかなり多く出てきます。

もちろん、記号性があるのは間違いないです。石野さんがおっしゃったように、何でも描くということはないですから。太平洋や東アジアの場合ですと、亀があり、サメがあり、それからいろいろな鳥と、魚もたくさん出てきます。そして人間も、ただの人間と思えないのですね。いろいろと鳥の飾りを付けたり、着飾ったり、それぞれ何かいろいろとシンボリックな意味があるようですね。

それで、面白いことに、太平洋の場合ですと、ヨーロッパ人が文字を持ち込むとあっという間になくなってしまうのですね。そういう絵を描くことがなくなってしまう。遠い彼方に行ってしまうのです。

例えば、木などに描いていた「ストーリーボード」、イースター島のロンゴロンゴ文字などもそうです。ミクロネシアにもいっぱいありました。それらは記憶の伝承、文字の代替性と関係があると思うのですが、この中に世界を表現したことは間違いないと思

アボリジニの岩絵 （「人類のあけぼの、下」朝倉書店、片山一道訳、2005年）

います。なかなか現代人のわれわれ、特にヨーロッパナイズされた思考方法をもつわれわれが、そこにアプローチするというのはかなり難しいところがあって、このあたりのことは正に、神話学とか宗教学の先生方の独壇場じゃないかと思いますが。(笑)

吉田　ただ、日本も無文字文化が先史時代にずーっと続いていたわけですけれど、だけどこういう形でもって銅鐸とか土器に絵画を描いたというのは、弥生時代の中期のある時期のことです。絵画が記号に変わっているのだ、絵画は記号だ、ということも言いますけれども、その以前、縄文時代はほとんど絵を描いていないわけですね。だから今、片山さんがおっしゃったことも、その通りなのだろうなとも思うのですが……。

それから、クロマニヨン人の洞窟画にも、非常に神話的な意味はあると思うのですね。けれども、無文字だと必ず絵画が神話を表現する媒体になるとはかぎらないと思います。

石野　縄文でも、大きな土器に浮き彫り風に弓矢を描いたものとか、お産を表現している墨書きみたいな例も稀にありますけれども、基本的に絵はないですね。弥生の場合も、前期の終わりぐらいから少し始まって、中期の真ん中から後半くらい。そのあたりが圧倒的に多くて、時期・地域も奈良・大阪など近畿地方が圧倒的に多いのです。

福岡や宮崎にもあるのですけれど、散発的です。案外多いのが宮崎です。そういう地域的、時期的な隔たりがある。だから、各地域の人たちはみんな物語をもっていたと思いますけれど、それを土器に絵を描いて表現する地域が限られている、ということなのでしょうね。

吉田　そうでしょうね。

高橋　そうすると少し気になりますが、大和はいいし、宮崎もいいのですが、出雲には少ないですね？

石野　少ないです。加茂岩倉遺跡《かもいわくら》（島根県雲南市《うんなん》）から出た四十個の銅鐸の中でも、人面とトンボなどほんの少しを描いているだけです。

高橋　そうですね。すると、あれを語り部の代わりに神話を伝える道具として描いたのかどうか気になります。

石野　描いたのは、壺に絵を描いて神棚などに祀っておくというのではなくて、たぶんお祭りに使って、そのあと土器を壊して、川や溝に流している。先に話が出ましたが、唐古《からこ》・鍵《かぎ》ムラの西北五百メートルに清水風《しみずかぜ》遺跡がありますけれども、砂の多い川の中から大量に絵画土器の破片が出ています。それが一つの儀礼だったのだと思うのです。そういう地域の物語の表現の仕方の違い、というのがあるのだろうと思います。絵には描かない地域と、描く地域とがあったと。

高橋　そうですね。

■弥生絵画の中の男と女

石野　本文中にも入れていますけれども（51頁）、唐古・鍵ムラには建物を挟んで明らかに局部を表している女性と、反対側に男性と思われる絵を描いている。男女がセットになって何かのお祭りをやっているという、まるでイザナキ・イザナミみたいな、そんな物語も、弥生の段階であったようですね。

男女神信仰というのが、縄文時代にどうなのかということも思うのですけれども、土偶は圧倒的に女性で、石棒が男性のシンボルだとしても、セットでは出てこないのですね。

では石棒のセットで何があるかというと、石皿が女性のシンボルではないかと言われることもあります。長野県に一例だけ石皿の上に石棒が立っている例がありましたが、その一例だけで、他がないのです。大地そのものが〝母なる大地〟で、大地に立てておけばいい、という考えもあります。とにかく、弥生時代には基本的には男女を表現した器物は少なく、土器に描かれている絵と銅鐸に描かれている絵のどこが同じでどこが違うかというのは、今のところ充分にわかっていないのです。

吉田　銅鐸に描かれている鳥が、ほとんど鶴じゃないかという点では、土器の絵とも共通していると思うのです。だから稲魂を迎えるお祭りでもって、きっと銅鐸の段階では銅鐸を鳴らして、そして金関さんの言われるような鳥を立てて、稲魂を運ぶ鳥を招いたのじゃないか。

たとえば、管見《かんけん》に入った限りで、辰巳和弘さん（同志社大学教授）は同じ絵でも全然別の解釈をなさった。本牟智和気《ほむちわけ》の話と結びつけてですね。確かに鳥取の稲吉角田遺跡の絵では舟の先の所に二股のように見える飾りが付いています。だけど『古事記』のホムチワケの記事を見ると、尾張《おわり》（愛知県）から二股の杉を持ってきて、それで二股の舟を作って、池に浮かべて、その上で本牟智和気を遊ばせたと書かれています（「尾張の相津なる二俣椙《ふたまたすぎ》を二俣小舟に作りて、持ち上り来て、倭の市師の池軽の池に浮けて、その御子を率いて遊びき」）。

稲吉角田の絵の舟は、二股の木から作られた舟じゃないと思うのですね。稲吉角田の絵には高い建物があって、梯子《はしご》が下がっています。確かに出雲の風土記には、阿遅鉏高日子根《あじすきたかひこね》が口をきかずに泣いてばかりいるので、高い建物を作って、登らせたり下ろしたりして一生懸命遊ばせたという話（「阿遅鉏高日子根の命、いたく昼夜哭きましき。仍《よ》りて其處《ところ》に高屋を作りて坐せき。すなはち高持ちを建てて、登り降りして養し奉りき」）が出てくるし、それから舟で遊ばせたということ（「祖《みおや》の命、御子を船に乗せて、八十島を率巡りて、うらかし給へども、猶《なお》泣きやみ給《たま》はざりき。」）も別の所に出てきますが、そこでは「二股の舟」とは言っていないのですよね。

これらの伝承と合わせて、その原形の神話が弥生時代にあり、それが稲吉角田の絵に描かれたというのですから、先ほど高橋さんのお話で「春成さんのお説は考古学界ではあまり評価されない」とおっしゃったのですが、私は辰巳説を理解できないと思うのですけれどね。

石野　考古の世界では「そこまではわからない」という雰囲気なのではないでしょうか？　ＹＥＳ、ＮＯが自信をもって言えないというところがあると思いますね。

吉田　それは、全くおっしゃるとおりだと思います。（一同笑い）そんなに自信をもって申し上げることではなく、あくまで一つの可能性として、非常に面白いのではないかということですね。

それから、今の唐古・鍵の絵に出てくる女性器を露わにしている人物は、清水風遺跡の絵の鳥人というのでしょうか。それと同じような服装をしているように見えますね。土器の一部しかないのでしょうけれど。そして唐古・鍵の絵のこちら側の男性というのは、服装はこの女性の鳥人とは全然違っていますね。

石野　ええ、バンザイをしているような感じですね。

吉田　バンザイをしているように見えるのは、女性のほうもそうですが。

高橋　そうすると、弥生時代の銅鏡に描かれた絵は、非常にシンプルに描かれているけれども、神話と何らかの関係があると見てもよいのでしょうか？　難しいところかとは思いますが……。

■弥生の道教的思想

石野　そうですね、この時期の九州ですと、中国の鏡がたくさん入って来ていますすね。そのうえ、方格規矩四神《ほうかくきくししん》鏡《きょう》には道教的な思想が入って来る。そのことを、九州の弥生人が理解していたのかどうかはわかりませんけれども、全く知らないということはないと思います。「これはどういうデザインなのか」ということは、当然聞くわけですから。九州の弥生人は道教的な思想を絵には描かなかったが、近畿の弥生人はそれを絵にした、と言えるか？　後期になると、近畿には抽象化された竜文が出てきます。

高橋　いま、道教のお話が出てきました。石野さんの本文中にも道教の話は出てきます。私は道教に大変興味をもっています。卑弥呼の鬼道は道教だということを一番始めにおっしゃったのは重松明久さんですが、最近はだんだんと鬼道は道教でいいという風潮になってきました。

　同じ時期に入って来たわりには差がありますが、今おっしゃいましたように、方格規矩鏡にしろ、三角縁神獣鏡のデザイン、あれはもう完全に道教的な絵画です。日本で風景などを描いたもので、私の印象に残っ

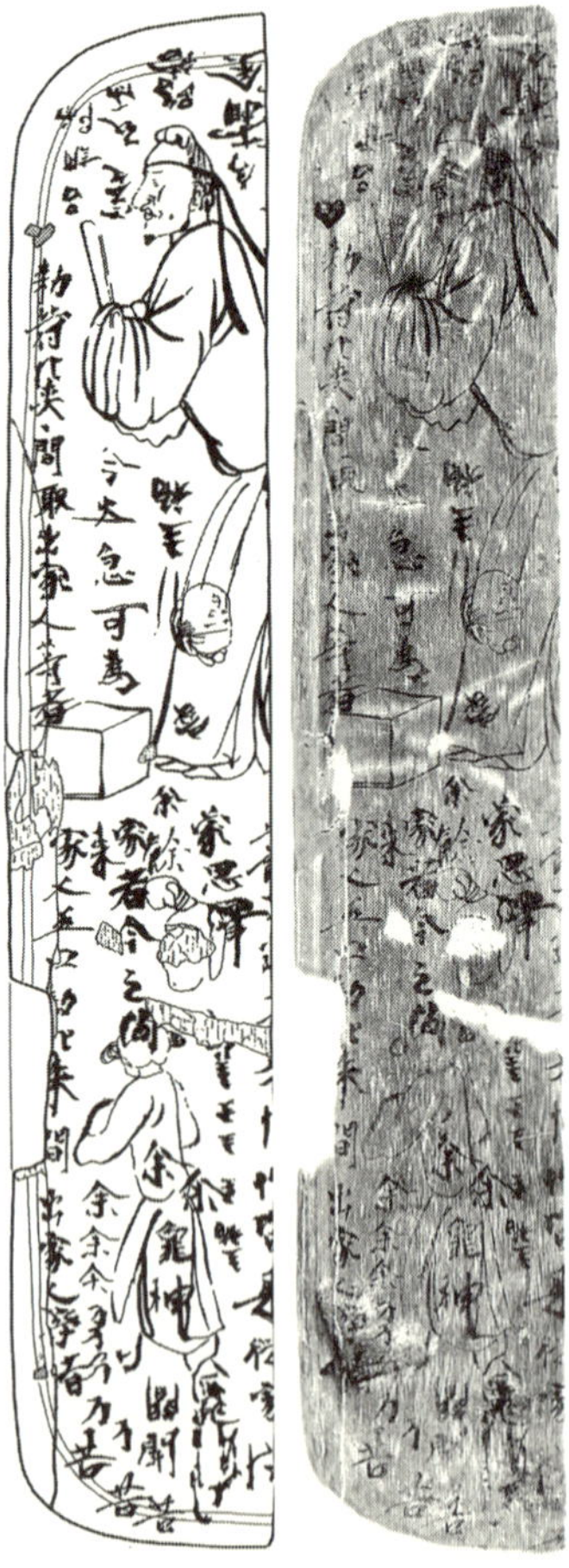

長屋王宅跡出土「楼閣山水図木簡」裏
（奈良文化財研究所提供）

ているのは、奈良の平城京跡で見つかった長屋王《ながやおう》宅から出てきた楼閣山水《ろうかくさんすい》の絵の木簡《もっかん》です。あれは奈良時代ですが……中国的な切り立った山や雲、寺や楼閣が描かれています。この絵だったら神話を語れるようにも思います。

しかし、絵画土器は非常に単純な神話——例えば、ご先祖様が山に行って柴を取って来て——というようなものであって、日本の「王権神話」と言われている、難しい神話はどうも入っていないように思えるのですが。どうなのでしょう?

■神話の体系の存在

吉田　私は「単純な神話」というものは認めません。神話というのは深遠なものなのです。われわれがそれを理解できないだけでね。ほんの一端だけを捉えて、ほんの一部だけしかわからないからその全体を単純だと思っているのであって、縄文の神話には縄文の立派な体系があったし、弥生の神話には弥生の体系があった。その体系をもっていた神話のごく一端を、土器の絵画なり、銅鐸の絵画が表しているのだと思います。

だから、銅鐸にしたって、宗教の儀礼に使われたということは、おそらく大部分の考古学者が認めるところだと思うのです。そしてそこに表現されている絵に、宗教的・神話的意味がないはずがないと思うのです。例えば、トンボでも『万葉集』で天皇が詠んだ「国見の歌」を見れば明らかですが、秋にトンボがいっぱい飛ぶということは、そこで「国原は煙立ち立つ、海原はかまめ立ち立つ」、つまり国上に煙が立ち立つ、海にカモメが舞いたつと言われているのと同じ、豊饒のシンボルなのですね。

■クニの祭りとムラの祭り

石野　銅鐸の場合は、現在、日本国中で五百ほどの数が出ていますけれども、一つひとつのムラ全部が、それを持っていたわけではないのです。いくつかのムラが、共同で一つの銅鐸を持っていたのだということがあります。

それに対して、絵画土器はどこのムラにもあります。弥生中期の近畿の場合ですと。そうすると、そこに描かれている絵に、いわばクニの祭りとムラの祭りみたいな違いが表現されているかというと、なかなかわからない。ということもあるのですけれどね。

吉田　いやあ、私の立場からしますと「わかりたい！」です。（一同笑い）

片山　私は、土器の場合ですと、もっと個人的なメッセージみたいなものを込めやすいのじゃないかという気もします。

おそらく銅鐸だと、もっと大きな、シンボリックな意味があるのだけれど、土器の場合はもうちょっと下のレベル、それぞれの思いや記憶とか、ある時の出来事とか、そういったものも込められていた可能性があるのじゃないかなと思いますが、どうでしょうか。

吉田　やはりその場合に問題になるのは、かなり離れた地域でも共通したことが描いてある、ということです。そうすると、やはり一つのストーリーがあったのではないか。例えば稲吉角田と唐古・鍵は、大変離れた場所ですよね？

片山　でもおそらく、その頃の人間は結構行ったり来たりすることがあったのじゃないでしょうか？　一人か、あるいは集団かはわかりませんけれど。特に文化的に影響力のある人がどこかに行ったり来たりすると、何事も非常に早く伝播する、伝達する可能性があったように思うのですけれども。

吉田　ええ、だからこそ広まったわけですね。

■弥生絵画の描き手

高橋　春成さんが稲穂を迎えに行くと解釈した絵画土器の出たのは、鳥取県淀江町（現米子市）ですね。あそこは「洲」です。港ですね。これは確か佐原真さん（故人・元国立歴史民俗博物館館長）がおっしゃっていたと思うのですが、当時絵を描けた人間は限られているといいます。土器の絵は、誰にでも描けるわけです、その気になれば。でもなぜか描かない。だからそれはやはり、特定の人間が描いたものではという見方をされておられました。

そういう、稲吉角田の絵と似通っているということがあるなら、この段階なら人はあちこちに動いているはず。稲吉角田は港の近くで、唐古・鍵に近い清水風も大和川水系沿いの港で大きな都市もあった、ということから、描いた人の移動は考えられるのではないでしょうか。九州でもそうだと……。

石野　鳥取と奈良・大阪ですと間の地域を考えないといけなくなるのですが、兵庫県たつの市の養久《やく》・前地《まえじ》遺跡で、連続画を描いた土器が出てきました。たつの市に、唐古・鍵を掘っている田原本町教育委員会の藤田三郎さんが見に行って、彼の話によると「唐古の絵とそっくりだった」というのです。絵そのものの形だけではなくて、描き方までそっくりなのです。ただし土器は地元の土です。それで、藤田さんは「唐古から指導に行った」と言っていました（一同笑い）。それは絵の描き方だけの指導ではなくて、祭りの内容も共通の内容をもっていたのじゃないかと思います。だから、奈良県と兵庫県の西端くらいの共通性はあったと思います。

高橋　加茂岩倉遺跡（島根県雲南《うんなん》市）から出てきた四十以上もの銅鐸は、あれだけの兄弟鐸があるわけですからね。米子市淀江町の稲吉角田の人も、同じように動いていてもおかしくないですね。

石野　確かに、山陰と奈良・大阪は琵琶湖を通じて出入できますから……。もっとも、弥生中期の土器の移動からすると、山陰と近畿の交流は少ないです。ただ、静岡県西部の土器が唐古・鍵から出てますから、それぐらいの移動はあるということです。

高橋　あるいはそういう人たちが、語り部的にそれらを持って歩いたと考えられますね。

石野　そうですね。あるいは兵庫県の東の方の土器、摂津の地域の土器が神奈川県小田原市の中里遺跡から出ています。

加茂岩倉遺跡出土の大量の銅鐸群（島根県立歴史博物館提供）

片山　日本では中世の頃まで、歌とか芸術とか、その手の儀礼的なことをやる専門的な人が、結構、あっちへ行ったりこっちへ来たりしていたのじゃないですか。そういうことは、もっと以前からあったとしてもおかしくはない気がするのですけれども。

高橋　石野さんの今回の原稿を読ませていただきまして、土器の編年というのは非常に進んでいるのだなあと改めてわかりました。こんなに土器は動いているのですね。物や人が動いている証ですか。

石野　編年そのものの考え方ですか。

高橋　ええ、人が移ったから土器がこっちへ行った、あっちへ行ったと……。

■土器でわかる人々の移動

石野　はい。今はそういう考え方が常識的ですね。土器の形や文様が同じでも、胎土《たいど》が出土地のものであれば外来者の定住的移動を示しますし、胎土が外来地であれば土器と内容物の間接的な移動が考えられます。そういうことが区別できるようになってきています。

三・四世紀の東海系土器が、仙台平野や、一番遠くでは五世紀ですが、岩手県滝沢村大釜館遺跡から出るのです。その土器は東海地域、名古屋のあたりから行った土器ではなくて、関東にある東海系の土器が東北へ行っていることがわかっています。関東に数年間定住していた東海人が関東の土で作った東海系の土器を持って東北に出かけた、ということです。そういうことも区別できるようになっているのです。

高橋　まさに卑弥呼の時代ですね。

石野　ええ。ですから、「いつまでも土器にこだわっていてはいかん」とよく先輩方に言われますが、根っこにあるのはやはり、政治とかが絡まない普通の人間の移動ですね。それがわかるという点では、やはり有力な資料なのです。だから、土器をやっている人間が考古学の全集本を作ろうとすると、土器のページが非常に厚くなってしまって……（一同笑い）

■三世紀の地域間交流

高橋　今「カミまつり」のお話をしているのですけれども、三世紀につきまして、石野さんがお書きになっておられます「出雲と吉備との連合」。それから、「大和と吉備の関係」に、ある時期空白はあるのですか？

石野　どこかで何かが出てくると「大和と密接な関係がある」と、新聞などに書かれたりします。古墳時代には特に大和中心の場合もありますが、それにしても、直接大和が絡まない地域間どうしの交流は当然あるはずです。そういう点で、この本では大和と関係のない、筑紫と韓国との関係ですとか、筑紫と出雲の関係などのような項目を立てたのです。

当然、古墳時代として考えておく必要があるのは、古墳時代は、統一政権といえども、それほど権力は強くない時代だと思います。邪馬台国の時代もそうですけれど。しかしそのことを考える上で、資料となるのは墓の形と土器でした。四隅が突出した独特の四隅突出型方形墓《よすみとっしゅつがたほうけいぼ》が山陰地方を中心にあるのですけれども、その一つ、島根県西谷《にしだに》三号墳から各地域の土器、例えば岡山の土器とか、丹後の土器とかが出てくるのです。ということは、その地域の王が亡くなったときに、それぞれの地域の人が参列している、葬儀に参加しているということだと思うのです。そうすると、日常的にもそういう交流があったからこそなんでしょうし、そういう地域間交流ということはもっと重く見る必要があるのじゃないかな、と思います。

高橋　その西谷三号墳からは、吉備と北陸から丹波にかけてと思われる土器が出ていました。土器が移動することは、その前に石野さんらが調査されました邪馬台国の候補地とされる奈良県桜井市の纒向《まきむく》遺跡の報告書で知っていました。しかし、西谷三号墳は王墓ですので、大きな衝撃を受けました。三地域の人々が集まって、王の葬儀が行われるまでの葬送儀礼である殯《もがり》をしたのだろうということのようですが……。

石野　そうでしょうね。

高橋　その中でおそらく、神話かも知れないのですが、誄《しのびごと》か何かをやっているのだと言われます。そういうものが描かれたようなものが、これらの土器などにあるのではないだろうか、ということも、何となく想像されます。

吉田　描かれたものというと、土器とか銅鐸にあたるものですか？

高橋　はい。

吉田　それはないでしょう。今おっしゃるのは、亡くなった支配者の霊が後継者に受け渡されるということですね？

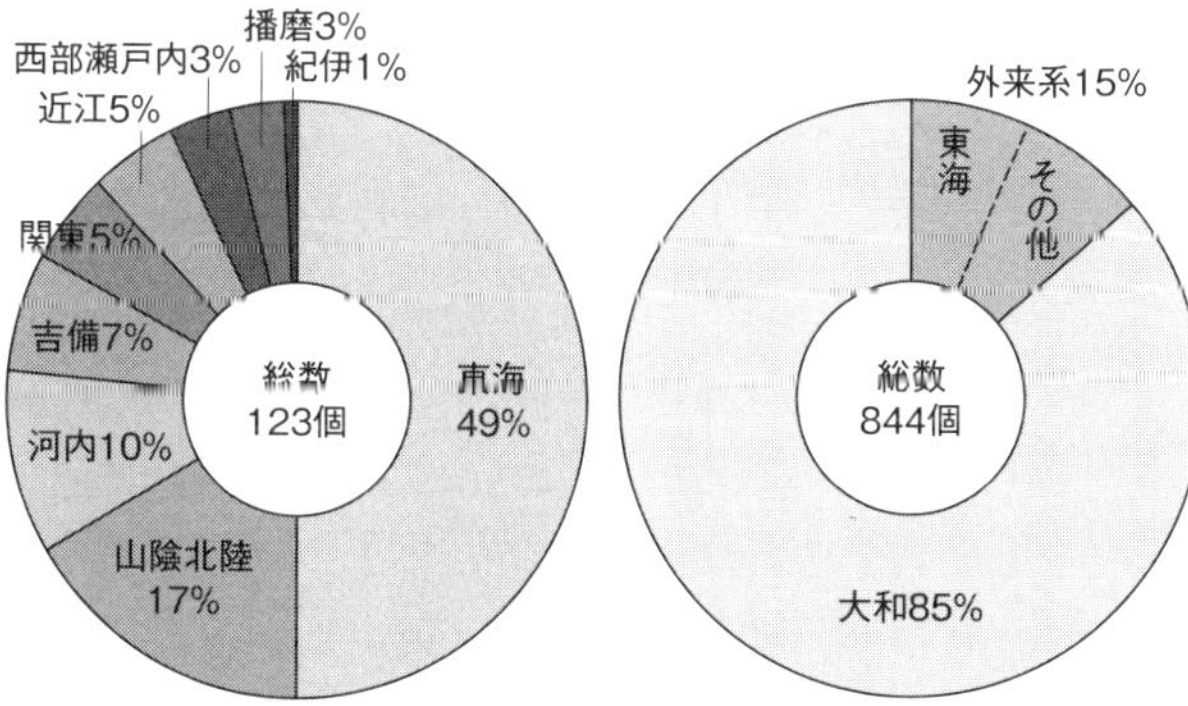

纒向遺跡から出土する各地の土器の比較とその内訳
搬入土器は総数 844 個のうち、外来系は 15% を占める。外来土器の総数 123 個のうち、とくに東海系が 49% を占め、あとは山陰、北陸、河内、吉備、関東、近江などが続く（桜井市教育委員会資料より）。

高橋　神事ですね。

吉田　ええ、後の時代でいうならば、大嘗祭のようにしてね。

高橋　はい。

吉田　それは、前方後円墳に受け継がれているのでしょうけれど、その源流を吉備とか出雲にも辿れるということで、支配者の霊を受け継ぐ儀式というのは、私が先ほど申しましたように、稲魂を天から迎える儀礼とは全然別個のものだと思うのです。

　それにむしろ、取って代わられて、銅鐸などが不要になったわけですね。

石野　確かに新しい神が出てきて、これまでの銅鐸の祭りを止めるということだと思いますけどね。

吉田　それで、そのことが土器に描かれることも、もうないと言うことですね。

石野　そうですね。今言われたことは、銅鐸や土器に描かれている物語というものと、お葬式と言いますか、そういう儀礼の場とは全く世界が違う。と言うことなのでしょうか？

吉田　はい、そうです。

高橋　神話の中にもそういう、特別まとまるものはないと……？

吉田　いや、そうでないと思います。大嘗祭は、やはりはっきり神話的な表現がされているわけですからね。例えばホノニニギノミコトを、真床追衾《まとこおふすま》で覆って、天から降した。それは出雲とか吉備などの古墳でもって行われた、王権継承の儀礼にもその源流を辿ることは、たぶん不可能ではないでしょう。ただ、それがどういう形でもって絵画的に表現されているかと言うと、それは全然表現されていないのですね、どこにも……。

■人骨と人間の移動・婚姻

石野 三世紀段階ですと、人骨からの地域間交流の資料はますます少ないですか?

片山 ホネからは、地域間交流の有無は言及できないですね。(笑)

石野 仮に九州にたくさんの人骨があっても、見分けるのは難しいですか?

片山 全くできない相談というものですね。不可能です。地域間交流の根拠というのは、やはり土器なり葬制なり、そういった文化的な物証で追っていく以外に手はないと思います。

高橋 食べ物が変わった段階で、ホネが変わってくるということは?

片山 短距離移住の検証はできます。例えばある集落がありまして、外から入って来た人かそうでないか、ということなどを調べることはできます。ストロンチウム同位体分析を実施することによって。ストロンチウムというのは地域によって、濃度に特色がありまして、子供のときにできる「歯」には、その頃に食べたもののストロンチウム同位体量が残っていますが、骨は三年から十年で変成して変わっていきますので、死ぬ十年くらいの間の量が残っているわけです。これら歯と骨の同位体量を比べることで、そこで育った人か、そこへ入って来た人かということはわかります。

石野 他の地域ということは、京都と奈良のような距離の移動でもわかりますか?

片山 距離などはそんなに厳密にはわかりません。というのも、同じような安定同位体比を表す地域がパッチ状にありますので、ある集落があったとして、その中では大体同じですけれど、その周りに高い所や低い所がたくさんあるのですね。それで、量が高い、あるいは低いという比較をするわけですけれど、それによって、どこから来た人かの特定はできないのです。

石野 なるほど。そうすると今、弥生時代のムラとムラの間は、五キロぐらいだろうとよく言われているのですが、むしろその範囲の大規模な集落から人骨がたくさん出てくれれば、婚姻の関係などはわかる可能性があるということでしょうか？

片山 婚入して来た人がどのくらいの割合とか、そういうことはわかるかもしれませんね。

高橋 アメリカの原住民の人たちの調査では、遺跡を掘ったときに、ここの家の女性があちらの家に嫁入りしたというようなことがわかるまで調査していると聞きます。

石野 人骨からですか？

高橋 いえ、土器からです。そういう研究は、だいぶん進んでいるそうですね。

石野 日本では、東大阪市の瓜生堂《うりゅうどう》遺跡の方形周溝墓から摂津タイプの土器が出てきました。完形の綺麗な土器です。「摂津から来た嫁だ」と言っていましたね。（一同笑い）

片山 そういうふうに考えていかないと、なかなか人の動きを推測するのは難しいと思いますね。

石野 九州大学の田中良之さんが、福岡県の弥生の前田山遺跡から二体の男女の人骨があった場合に、人骨からその男女に血縁関係があることがわかるということを報告されています。一つの墓から二体の成人骨が出ますと、すぐに夫婦が入っているのかと思うけれども、必ずしも夫婦ではないという。今、考古学の人間はその影響をかなり受けているのではないかと思いますけれども、成人の男女が同じ墓の中にあっても、今までのように「夫婦」とは考えずに、キョウダイの可能性のほうが強いのじゃないかとも考えられています。

片山　それは、歯の形だとか大きさだとかの相似性で判定するわけです。「歯」というのは、遺伝性が高いのですね。骨にもそういう特徴はいくつかあるのですけれど、そういうものを、二人とか三〜四人の間で比べていくと、非常に、いや異常によく似ている場合があるわけです。そうなると何らかの血縁性を考えないといけないわけです。それで、そういう人が二人、男女であった場合、これは夫婦ではないとなるわけです。

■弥生・古墳時代の「ヒメヒコ制」

高橋　その話を本文中でお書きになっているわけですね。「ヒメヒコ制」という言葉。最近、あちこちで出てきますね。流行り廃りがありますが。（笑）

石野　「ヒメヒコ制」は、元々は文献の方が以前から言っておられました。私は、それを考古資料をもとに引用しました。私が最初に「もしかしたら」と思ったのは、桜井市・天理市の山麓にまたがるおおやまと古墳群の存在です。四世紀中心のヤマト政権の中枢の人たちの墓、古墳がある地域。そこに大型古墳の数が多すぎるのです。せいぜい百五十年間くらい、前期に限られた地域なのに、百メートルを越える長突円墳（前方後円墳）だけでも二十六ほどあって、多すぎるのです。それで、男女ペアの政権だったのではないかと思ったので、ヒメヒコ制を引用したのですが、田中さんの場合は、もっと細かい小さな地域の九州のお墓でも、男女セットが考えられると指摘しておられます。弥生で有名なのは、伊都（イト）国の三雲《みくも》南小路王墓の大きな方形周溝墓の中に大きな甕棺が二つ並んであって、それが副葬品から言うと男女だろうと。しかし、それが夫婦でないとすると、「ヒメヒコ制」になってくる……というような形で引用をしたのですが。

片山　もし、そういうふうに男女二人が埋葬されていたとしまして、兄弟ぐらいの近しい人ではないという可能性があれば、それは夫婦と見ていいということになります。それがもし、非常に近しき人であれば、兄弟とか親子である可能性のほうが強いと。

石野　卑弥呼と男弟は姉弟ですか？

吉田　夫婦ではないでしょうね。男弟ですから……。

古墳名	墳形	全長（m）
矢矧塚古墳	前方後円墳	102
馬口山古墳	前方後円墳	110
フサギ塚古墳	前方後方墳	110
ヒエ塚古墳	前方後円墳	125
マバカ古墳	前方後円墳	74
波多子塚古墳	前方後方墳	140
栗塚古墳	前方後方墳	120
下池山古墳	前方後円墳	120
西山塚古墳	前方後円墳	114
燈籠山古墳	前方後円墳	110
中山大塚古墳	前方後円墳	120
西殿塚古墳＊1	前方後円墳	220
東殿塚古墳	前方後円墳	140
黒塚古墳	前方後円墳	130
ノベラ古墳	前方後円墳	71
石名塚古墳	前方後円墳	111
柳本大塚古墳	前方後円墳	94
行燈山古墳＊2	前方後円墳	242
アンド山古墳	前方後円墳	120
天神山古墳	前方後円墳	113
櫛山古墳	前方後円墳	150
上の山古墳	前方後円墳	125
渋谷向山古墳＊3	前方後円墳	300
シウロウ塚古墳	前方後円墳	120
纒向勝山古墳	前方後円墳	100
纒向石塚古墳	前方後円墳	96
纒向矢塚古墳	前方後円墳	96
東田大塚古墳	前方後円墳	96
ホケノ山古墳	前方後円墳	80
箸墓古墳＊4	前方後円墳	280

おおやまと古墳群のおもな古墳（70メートル以上）
橿原考古学研究所編（『下池山古墳、中山大塚古墳調査概報　付、箸墓古墳調査概報』学生社、1997年）より抽出・改変。
宮内庁によって＊1は手白香姫《たしらかひめ》陵（継体《けいたい》天皇皇后）、＊2は崇神《すじん》天皇陵、＊3は景行《けいこう》天皇陵、＊4は倭迹迹《やまとととと》日百襲姫《ひももそひめ》陵に治定（136頁）。

■神話・民俗の中の「ヒメヒコ制」

吉田　私は逆に、石野さんがお書きになっておられる、考古学的なことはおっしゃるとおりなのですけれど、先生が今おっしゃった、文献のほうで「ヒメヒコ制」ということをしきりに言われてきたこと。これは非常に疑わしいと思うのです。柳田国男《やなぎたくにお》や折口信夫《おりぐちしのぶ》の時には、琉球では姉妹が兄弟の守り神のオナリガミだという事が重要視されたわけですけど、女性が男性に対して守り神であるというのは、古い信仰として世界中に普遍的にありますが、沖縄のように、姉妹が兄弟の守り神であるというのは極めて特異であって、古い時代に遡ればどこにでも見られるような信仰ではないと思うのですね。ヒメヒコ制ということを文献のほうで言う人は、「ニイガン（根神）とニイチュ（根人）」のように、沖縄にあったものが古代の日本には至るところにあり、それで、国の支配者というのは「何々彦」と「何々姫」で兄弟と姉妹が必ずペアになっていたのだという。

しかし、そういう例がたくさんあるといって挙げているのを見ても、それにぴったり該当すると思うのは、神武《じんむ》天皇が、東征の始めに北九州に立ち寄って、宇沙都比古《うさつひこ》・宇沙都比売《ひめ》から御饗《みあえ》を受けますね。宇沙都比古と宇沙都比売というのは、まさにウサの国のヒコとヒメなのですね。

だけど、この例のようなヒメヒコ制が当時各地にあって、そのヒコとヒメのあいだに祭祀権と政治権の分掌があったということは、推測ですね。それに当たるようなものを他に探してみると、それほどたくさんあるわけではないのです。『日本書紀』によれば、景行《けいこう》天皇はヤマトタケルを遣わす前に自分で九州に行っているわけですけれど、その時に、広漠たる野原の誰も住んでいない阿蘇《あそ》で「この国には人がいないのか！」と言ったら、二柱《ふたはしら》の神が人間の姿で出てきて、「自分たちは阿蘇都彦《あそつひこ》と阿蘇都媛《あそつひめ》である。どうして人がいないと言えるのか」と言ったと記されております。この場合には二人しかいないのですけどね、阿蘇都彦と阿蘇都媛の。「宇沙都比古と宇沙都比売」「阿蘇都彦と阿蘇都媛」、文献でハッキリしているのはこの二例だけだと思います。

■本当に「ヒメヒコ制」はあったのか

吉田　そして、大化の改新の後には「采女《うねめ》制」というのがある。「采女」というのは、至るところでヒメヒコ制があって、「ヒコ」が地方の支配者で、それに対して祭祀権をもっているのが妹であるとか姉さんの「ヒメ」で、それを全部天皇が召し上げて、自分のお妾にした。それで、地方の祭祀権を全部集中したというのです。けれども、采女に貢上された女性が、地方でどのような立場であったかを文献的に立証できるようなものは、たぶんないと思うのですよね。

それから、こういうことを言う人がよく挙げるのが、神武《じんむ》天皇と崇神《すじん》天皇の間の「欠史八代」の時代です。系譜だけの天皇が八代ある。そしてこれらの系譜だけの天皇はみんな、確かに地方の豪族の娘を妻にしているのです。そうすると、妻にした娘には兄弟がいることが多いですね。

だから、「ヒコ」に当たるような男性がそこにいて、その次の代にもその豪族の娘をもらうということを繰り返しているのですね。ですけれど、それもヒメヒコ制の「ヒメ」に当たる人をお后にしていたというよりは——大体が史実ではないでしょうけれど、何かを反映しているにしたって、これは、できたばかりの大和政権が、近くの豪族と婚姻関係を結んで力を広げていった過程――天から降りてきたニニギノミコトが山の神の娘の木花咲耶姫（コノハナサクヤメ）だとか、その子どものヒコホホデミノミコトが海の神の娘の豊玉比売（トヨタマビメ）とそのまた子どものウガヤフキアヘズノミコトがやはり海の神の娘の玉依日比売（タマヨリビメ）との結婚を繰り返したとか、それと似たような話で、別にこれはヒメヒコ制とはいえないと思うのですね。

確かに、邪馬台国の場合には卑弥呼に男弟がいたので、兄弟姉妹の間に政治と祭祀の分掌があったことが確かだと思います。けれど、それもずっとその制度が邪馬台国にあったわけではないですね。その前は男の王様で、それで治まらないので卑弥呼を立てた。それで国が治まった。これは上田正昭さんが、昔出された『大和朝廷』（角川書店、一九六七年）という本にも書かれているのですけれども。そこで、ヒメヒコ制があったのであれば、卑弥呼の以前からそれが行われていたはずだし、卑弥呼の後の壱与《いよ》が立つ前になぜいったん男を立てたのか、そして壱与がいなくなったら、また男が王になっている。だからその時の邪馬台国に、ヒメヒコ制など全然ないのじゃないかと言うことをおっしゃっておられて、私はそのとおりだと思うのです。

石野さんがこの本でお書きになっていらっしゃる伊都国の例は大変面白いと思いますけれど、文献のほうからヒメヒコ制が裏付けられているかというと、私は、それは大変あやふやだと思います。

石野　よく言われるのは、推古天皇と聖徳太子をよく言いますね。

吉田　あれも制度ではなく、たまたまああなった、偶然の産物じゃないかと思います……。（笑）

石野　目立つところはそれですね。卑弥呼のこととあわせても、目立っているのは二つくらいしかないわけで

すが……。（笑）

高橋　天武・持統天皇もそうじゃないですか？　でもあれは同時じゃないですね。

石野　そうですね、同時ではないですね。

高橋　だけど、黄金塚《こがねづか》古墳（大阪府和泉市《いずみ》）の三基の長大な木棺（東槨・中央槨・西槨）の埋葬形態などはどうでしょう？

石野　そうですね、和泉の黄金塚古墳は墓室中央が女性で、両脇が男性ですね。副葬品からすると。三棺とも人骨はないのですけれど。大きな古墳で中心に埋葬されているのが女性であるのは、九州ですと熊本県の向野田《むこうのだ》古墳が有名です。百メートルクラスの長突円墳（前方後円墳）です。

ただし、ヒメヒコ制とはまた別でしょうね。中心に一体女性がいるというのは。文献史料はそう簡単に考古資料に使えないかということじゃなくて、考古学は考古資料をきっちり使って、どこまで言えるかというところですね。（笑）

吉田　斎宮《さいぐう》のことがヒメヒコ制の例として引かれていろいろ言われるのですけれど、伊勢の斎宮のほかにもう一つ、京都の賀茂斎院《かものさいいん》というのがありますね。あれのほうが面白いと思うのです。

斎宮の場合には、その斎宮に当たるようなものが伊勢の豪族のあいだに制度としてあったのかわかりませ

和泉黄金塚古墳の中央粘土槨（大阪府教育委員会蔵）
墳丘全長85メートルの前方後円墳である。

ん。けれども、この賀茂の場合には、賀茂神社の、おそらく禰宜《ねぎ》にあたるような役をしていたのは、鴨県主《かものあがたぬし》の家の当主がそれをやっていた。

そしてその一族の女性は、当主が替わるごとに取り替えられて、賀茂川でもって御阿礼《みあれ》の神事をやって、のちに朝廷から皇女が斎院に送られる。その斎院に当たるような役を務めていた。

そうすると、この鴨県主の家では、そういう兄弟と姉妹でもって、一方が神社のことを取り仕切って、もう一方は祭事を行うというような制度がそこにはあったのかもしれませんね。それに朝廷が皇女を斎院にして遣わすという形でもって、取って代わらせたと考えられそうです。

でも、こういうようなことが古代の至るところに、「何ヒコ何ヒメ」という形であったとは私は思わないのです。けれども、賀茂の例のように非常に古い物があったと言うことは、先ほど石野さんがおっしゃった伊都国のことなどを考えても、あり得たわけですね。

だから、そういうものが卑弥呼があって、その卑弥呼を盛り立てて支配者にして、それを補佐する。それで邪馬台国が長いこと治まったということは、私は充分に考えられると思うわけです。

ただ、そのことと、そのときにヒメヒコ制が確立していたか？　ということは、また話が違うと思うのですが。

石野　ではイザナキ・イザナミの国産み神話のような、男女が共同で何かをやるということと、政治的なヒメヒコ制は全くの別物であるとお考えでしょうか。

吉田　全く別かと言えるかと言うと、どうなのかはわかりませんけれども、そう簡単に直結するとは思えません。

高橋　呪術的な信仰という面でみると、縄文というのはものすごく目立つ信仰を持っている。小林達雄・国学院大学名誉教授が言われる「第三の道具」（注：『縄文人の道具（古代史復元）』では「第二の道具」）ですね。この「第三の道具」には女性的なものが多いですね。石棒もありますけれども。土偶が代表的なものでしょう。

石野　土偶が圧倒的に多いですね。

高橋　縄文は女性を中心に動いているような気がします。それがだんだんと弥生時代になると、これも本来では農耕社会なので女性中心になりそうなのに、そうではなくなってくる。その女性中心社会の風潮がかすかに残るところで、最後に卑弥呼が出てくるのかなと思うのです。しかし吉田さんがおっしゃいましたように、女性の神様が中心に信仰されると言うのは、極めて珍しいとのことでしたが……。

■ヨーロッパ先史時代の女神と男神

吉田　いえ、中心になること自体は珍しくないのですよ。今おっしゃったことも、ヨーロッパでは全くその通りなのです。一番古い時代、先ほどの「先史時代のビーナス」を作った時代。この時期は男性の像というのは、ヨーロッパにほとんどないのです。女神だけを表しているわけです。

それが、日本の弥生時代にあたる、農業が始まる頃になると、今度はやはり、まだ初めは女性が中心で、大地母神的な女神が表されるのですけれども、それと同時に、新石器時代には、作物を人格化したような、女神の子供である男性の神様というものを、女神の付属物のようにしてですけれども、表現するようになるのです。

だから、男神を表現することは、ヨーロッパではなぜか、農耕が始まった新石器時代になって起こってきているのですね。そこに今度は遊牧民のほうから、セム族であるとか、インド・ヨーロッパ語族の宗教が持ち込まれた。ただし、こちらにも女神がなかったわけじゃないのですよ。大変単純化して、こちらはみんな男の神様で、地中海周辺はみんな女神信仰だとか、そんなことはないのです。

しかし、例えば聖書のヤハウェとか、メソポタミアのマルドゥクであるとか、ギリシャのゼウスのような、そういう非常に強力な男の神様が神々の王で最高神であるという考えは後から持ち込まれた。その前は女神が中心で、女神の付属物のようにして男神が農耕の開始とともに表現されるようになった。

高橋　なるほど。私が考えておりましたのは、弥生時代のイザナキ・イザナミのところで最初にイザナミのほうから「あなにやし」と声をかけたのがけしからんと。僕は、あそこで男女差別が物語の中に最初に出てきたのではないかと思ったのですが。

石野　弥生の考古資料で、男性が中心になっていたかどうかはわからないので、なかなか言いにくいですね。

吉田　そうですね。

石野　民俗学者のなかには、「銅鐸は女性で、銅矛《どうほこ》は男性だ」と言われる方もおられる。剣は男性とはよく言いますけれど、出雲ではセットで出てきている志谷奥《したにおく》遺跡の例もあります。銅鐸と同じ穴に銅剣を立てて入れていたものもあります。銅鐸は女性で、銅矛が男性だとしますと、銅鐸圏の近畿は女性中心で、銅矛圏の九州は男性中心になります。神話の世界は圧倒的に銅矛が表現され、銅鐸はかけらもない。

高橋　まったくそうです。

■矛はペニス

吉田　矛《ほこ》の場合は、これは神話では、はっきりペニスですよ。最初は天之瓊矛《あめのぬぼこ》を海に入れてかき混ぜてから引き上げると、尖端からぽたぽたとしたたり落ちた雫《しずく》が最初の淤能碁呂島《おのごろじま》になった。これは、もう完全にセクシャルインターコースの表現ですね。

それから、『古事記』『日本書紀』の神話でもって、矛を持っている神様というのは大国主命《おおくにぬしのみこと》で、大国主は「広矛」という巨大な矛を持って、それで国を杖をつくように突いて回ったと、『日本書紀』にありますね。「杖」という字を充ててあって、杖を突くようにして矛で国を突いて回ったわけですね。

それからもう一つ、大国主命には「八千矛《やちほこ》の神」というあだ名があるのですけれど、八千矛の神の話というのは、『古事記』にしか出てこなくて、『日本書紀』に出てこないのです。その『古事記』の話はどういう話かと言いますと、一つは越《こし》の国まで沼河比売（ヌナカワヒメ）を夜ばいに行った話で、もう一つは、その後に須勢理毘売（スセリビメ）を置いて出かけようとした時に、須勢理毘売と歌を詠みあう話です。そこでだけ、大国主命が「八千矛の神」と呼ばれているのです。

だから八千矛の神が、八千本もの矛を持ってそれで戦ったとか、広矛を持って戦ったという話はどこにも書いていない。矛というのは国を突いて回るものであり、もう一つは八千矛の神が須勢理毘売に向かって詠み交わした歌からみると、「あなた（八千矛の神）は、国を巡りながら至る所で若草の妻をもっているじゃないか」と。「自分は女だから、あなたのような夫はほかにいない」と。

だから、やはりその八千矛の神が八千本もの矛を持っているという意味で、例えばインドの「リグヴェダ」という、有名な神話の一番古い文献でもって、インドラのことを「千個の睾丸《こうがん》を持った神」と呼んでいるのですよ。だから、大国主命を八千矛の神と呼んでいるのもこれと全く同じ意味なのです。つまり「八千矛」というのは「無数の矛」、「大国主命」は「あまりにも生殖能力が広大であるもの」で、どこへ行っても女神、土地の女神というのは、土地そのものです。その土地を矛で突く。それは、土地の女神とセックスをするのと同じことなのです。

土地の女神と八千本もの矛を自在に駆使して、至る所の土地の女神とセックスをすることによって、その土地を豊饒な土地にし、女神を妊娠させて、子供、つまり豊かな産物を生み出させる。これが大国主命の国造りであったのですね。そのための道具が、広矛であり、八千矛であったのだと思うのです。

ですから、矛というのは明瞭に、それこそ縄文時代の石棒と同じような意味をもった、勃起した男根そのものですね。

石野　弥生時代の矛が出るのは圧倒的に九州です。基本的に本州島には極めて少なくて、近畿にはありません。そうすると、記紀神話に反映されている話の中心は九州で、それが七・八世紀に編纂された。それを編纂したのは西方の神話の伝承をもっている人、と考えられませんか？

吉田　いやあー（笑）石野さんがおっしゃるのでしたら、そうなのかもしれませんが。（笑）

■銅鐸と銅矛の発生

高橋　九州では、銅鐸が出てこないですからね。（笑）

吉田　でも、銅鐸は北九州で作り始められたのですね。

石野　普通、銅鐸は近畿で始まり、近畿を中心に発達したと考えられていますが、私は、銅鐸もルーツは九州の可能性があると考えております。

高橋　もともと、あれは朝鮮式の小さな銅鐸でしょう？　だから無理はないですね。

石野　ただ、銅鐸を巨大化するのは近畿です。一メートルくらいの大きさにするのは近畿です。

吉田　朝鮮半島でもって、本当に実用一点張りだったのでしょうか。お祭りの道具だったのか、銅鐸の前身にあたるような「小銅鐸」というのでしょうか、北九州ですでにお祭りの祭器にされていたわけでしょうね。

石野　先ほど言っておられた「杖を立てる」ということで思い出したのですが、柳田国男さんと南方熊楠《みなかたくまぐす》さんに、「成長する杖」という短文があります。古墳時代といっても五世紀頃ですが、大きな杖型、おそらく鹿角をイメージした儀杖型木製品で一メートルぐらいの物が、五・六世紀の古墳の周濠から出てくるのです。福岡県釜塚《かまづか》古墳では、三メートルくらいの大型品が出てきました。まさに「成長」している！と思って見に行ったのですけれども。（笑）それは今、平原《ひらばる》王墓（糸島市）の地にある伊都《いと》国《こく》歴史博物館の中で立っています。今のところ九州が最大ですね。五世紀ですけれど。それが今の話に関連するかどうかはわかりませんけれど。「成長する杖」が民間伝承としてあるとすると、大きい物は九州にあるので……話は九州かな、と思うわけです。

吉田　あともう一つ、『日本書紀』の神話に「矛」が出てくる話があります。天の岩戸の前で、アメノウズメノミコトが矛を持って踊ります。しかもその「矛」に『日本書紀』で充てている字が「矟」という字で、これは「巨大な矛」「大きな矛」という意味です。この矛を持って踊ると岩戸が開いた。岩戸というのは、『万葉集』の歌で、尊い方がなくなることを「岩隠れる」と言っているので、やはりアマテラスが岩屋に隠れたというのは、アマテラスが死んだことで、そうすると天の岩屋というのは母体そのもので、その岩屋の戸はそこへの入り口、つまり女陰だということになります。

それで、その堅く閉じている女陰を開かせるのが、ウズメの持っている「矟」つまり巨大な矛の働きだと思うのです。そうするとやはりそこでも、矛は勃起した雄渾な男性器ですね。

高橋　矛と鏡を持っていたのでしたね？

吉田　鏡は掛けてあって、掛けた鏡を天児屋根命（アメノコヤネノミコト）と忌部《いんべ》氏の祖先の神様の太玉命（フトタマノミコト）の二人が差し出して、その鏡に天照大神の姿を映して見せるわけです。

■茅で巻いた矛

高橋　その時にアメノウズメノミコトが手にしたのが、茅《ちがや》で巻いた矛とあります。それは屋根などを葺く「か

椿井《つばい》大塚山古墳（京都府木津川市）出土の三角縁神獣鏡に見られる西王母と東王父（京都大学総合博物館蔵）

や」ではなく茅なのです。茅は道教では大変重視されていまして、道教教典の『抱朴子《ほうぼくし》』（四世紀）によりますと、山中で魔物に出会うと、茅を投げつけると即死するなどと書かれ、呪力があるとされています。日本で「茅《ち》の輪《わ》くぐり」が盛んですが、それなども道教の日本への影響をうかがわせます。

その茅をなぜかアメノウズメノミコトは矛に付けて、鏡を持って踊った。ということは、道教的なことがものすごく入ってくるし、三角縁神獣鏡にも道教の神の西王母《せいおうぼ》・東王父《とうおうふ》の信仰が描かれている。それで私は、鬼道は道教でよろしいと考えています。

■弥生祭場の男女とシカ

石野　学生時代に兵庫県芦屋市の調査に参加しました。会下山《えげのやま》遺跡という弥生中期から後期の高地性集落で、山の一番高いところに作られている、一番大きな住居のすぐ後ろに、直径一・五メートルくらいに、頭の大きさから腰の大きさくらいの石を積んだ遺構が出てきました。そこから、十センチ程度の男性器をかたどった石製品と、女性器と私が解釈した石製品が出てきました。一緒に調査していたみんなは「こんなの違うで、見過ぎや」と言うのですが（一同笑い）出てきたのです。

弥生集落の中で、男女の石製品セットはその後も類例は全くありませんので、普遍的な事例かどうかわからないのです。しかし、弥生中期から後期段階、土器絵画中でも女性器を表して、男性が一緒に描かれているものもありますから、男女が一緒になって何かをしているということは、やはりあるのじゃないかと思うのです。

吉田　今、石野さんのおっしゃっているのは、唐古・鍵から出土した土器の絵（51頁・図36）のことで、この絵では男性と女性の真ん中に建物がありますね。そしてその上にまたシカが描いてある。そうするとその建物の中で、男女がこれから何か性行為のようなことをするのでしょうか。

石野　そうですね、やはりそういう行いがあった。男女がセットになって何か一つの同じ仕事をする。そのような考えがあったと思います。

吉田　そうすると、私は石野さんから頂戴した『弥生人の鳥獣戯画』（雄山閣、一九九六年）というご本を拝読して、中でも大変面白いと思いましたのは、民俗学者の野本寛一《のもとかんいち》さんがシカについて書いておられますね。シカについては、大地を表していることとか、稲の生育と非常に関係があったこと。角の生え替わるのが、稲の生育周期と一致しているなどということは、野本さんに限らず誰でも言うことですが。

野本さんによれば、このご本で私が非常に面白いと思いましたのは、盛りの付いた雌のシカが、雄の鹿と呼びあうわけですね。その時期というのが、稲の穂が出る時期と一致していて、方々でもって「ススキの穂が三本出ると鹿が鳴く」と言っている。それでその時期に土地の支配者も高殿でもって、シカが鳴き交わす声を聞きながらセックスをしたのじゃないか？

男女の性行為と、雌と雄のシカが相求め合う、盛りの付いた鳴き声。それが収穫される稲の穂に稲魂を宿らせると、そういうことが三つ結びついているのじゃないかと野本さんは言われているので。これはなるほどなと思ったのですけどね。

石野　唐古・鍵遺跡の土器絵画もそうじゃないですか？（笑）

吉田　まさにそうだと思えますね。

高橋　男と女は、神獣鏡の東王父と西王母があるでしょう？　ああいうものはセットにして考えないといけないと思うのですが、それがそのままペアの「ヒメヒコ制」に変わって行く材料ではないかと。そう考えると、ストーリーとしては誰が見ても納得のいく筋が通るかと思うのですが。

吉田　ただ道教の影響が日本に伝わって、そういう鏡が来て、日本にヒメヒコ制というのがしっかり確立したとか、そういう制度ができたとか、そういうことは全くないのですね。

高橋　それはそうですね。ただ、卑弥呼とか男弟の場合を見るとき、その時期にたまたまそういうようになったのは、セットの問題だと考えてよいのじゃないかということです。

石野　確かに卑弥呼と男弟の記事の前にも後にも、ヒメ・ヒコセットの事例が書いてないというのは、やはり継続的にヒメヒコ体制を取ったということは、『魏志』倭人伝では言えないということですね。

高橋　一番わかりやすいのは、神獣鏡を見たら男と女の両方がいると。ああ、やはりこれが一番理想なんだと、神獣鏡は理想のことを描いているのだと。

石野　政治体制としてはとっていなくても、一つの神事として何かをやるときにはセットでやる。そういうことは大いにあり得るでしょうね。

■青谷上寺地の遺跡からみる弥生戦争

片山　男性と女性の違いがいやに強調されてくるような時代というのは、ずっと後の時代だと思うのです。やはり戦争とかと関係しているのですね。戦争が非常に激しくなると、どちらかというと男の人のほうが役に立つわけです。戦いの道具としてはね。ヨーロッパでは完全にそうではないかと思います。そうだとしたら、日本では、弥生時代の中期ぐらいまではもっともっと男女が両立して、役割分担をしているかどうかはわかりませんが……たぶんしていたのでしょう。縄文時代にもしていたみたいですけれど、もうちょっといろいろな形の制度的なバラツキがあったと思います。

高橋　その戦争の話ですけれども、骨のほうでは先ほど途中になってしまったのですが、鳥取県の青谷上寺地《あおやかみじち》遺跡《いせき》で出土した、百体ほどの人骨……これは卑弥呼の前、大乱というか、ちょっとややこしい時期。あのときの遺跡じゃないかと言われていましたね。あれはその後どうなっているのでしょうか？　研究と調査のほうは。あれがもし、何らかの戦乱の犠牲者の骨だとすると、かなり衝撃的な資料が裏付けられるということになりますね。

片山　われわれから見ても凄く衝撃的ですね。

高橋　出土したときの様子がですか？

片山　はい。と言うのも、人骨が山となって出てきて、異常な状態で見つかったわけです。

そして、洗ってよく見ると片っ端から傷を負っている。

高橋　女も子供もですか？

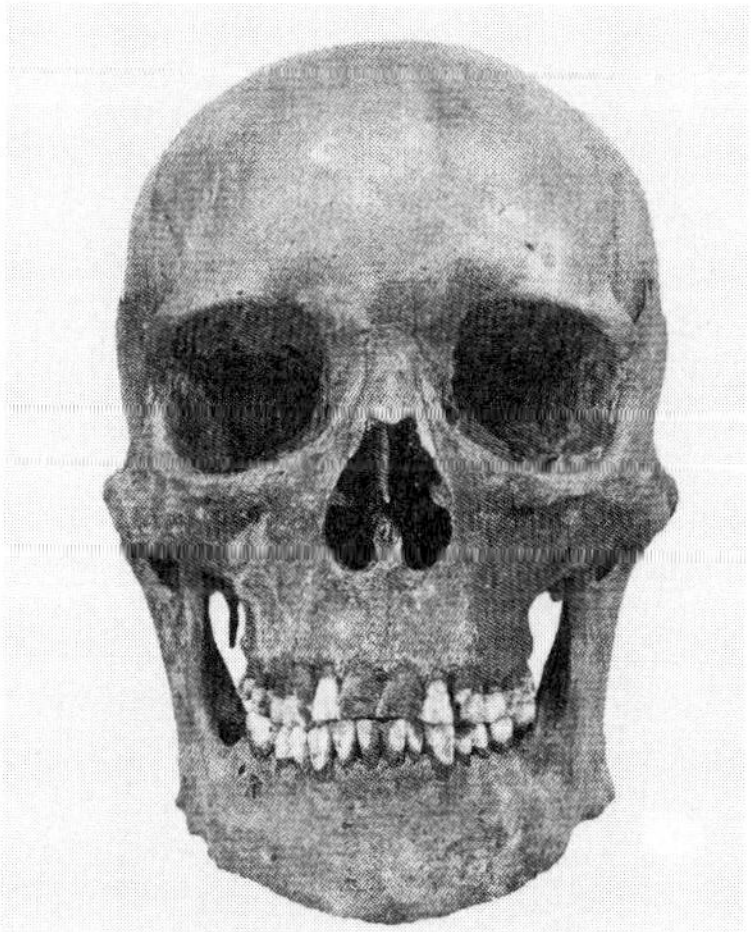

青谷上寺地遺跡で出土した人骨
（（財）鳥取県教育文化財団調査報告書「青谷上寺地遺跡４」、2002年より）

片山　男性の骨が多いのですが、女性の骨もあります。子供もあります。
高橋　病気か何かでということはないのですか？
片山　それはないです。殺戮《さつりく》された人々の骨ですね。
高橋　明らかな殺戮ですか。
片山　どの傷も死んだときにできたものですね。殺傷痕《さっしょうこん》といいます。
石野　致命傷になっているという……？
片山　致命傷かどうかはわかりませんが、傷が骨に付いたのは、まさに死の前後であり、間もなく死んだ人々の骨です。
高橋　なるほど、回復していないのですね。
片山　ええ、治癒現像が認められない。死後、時間が経ってからできた損傷でもない。
石野　青谷上寺地遺跡で不思議なのは、百体近いという人骨がムラの中にあるという事実です。それも埋葬されているのじゃなくて、ムラの一画に捨てられたような、そういう状態にあった。そして調査している人に聞くと、その後も住み続けていた形跡がある。それでは臭くてたまらないはずです。それと、人骨群にはそれぞれ傷がついているので、やはり戦乱はあったのだろう。では、人骨は地元の人なのか、侵入者なのか、両方交じっているのか？　そのあたりは、考古学のほうでも解釈が分かれるのです。骨のほうからは、何とかなりませんでしょうか？（笑）
片山　残念ながらまだ、あまりそのあたりのことを詳しく調べてはいないみたいです。ただ、状況的に言えば、あれは集団虐殺か何か、そういう状況です。

石野　子供まで入っているということは、地元の人の可能性も高いのでしょうか？

片山　それはありますね。あくまでイマジネーションの話ですけれど。近くの怖い連中が襲撃して来て……骨は少なくとも九十何人分くらいあるのですが、ある集落の人たちを殺してそこに投げ捨てた。「臭くてたまらないだろう」という話ですが、しばらくはそこに人々が住んでいなかったのではないでしょうか。夏場でしたら、一～二ヶ月すれば臭い状況はなくなると思いますので。

石野　確かにその後も住み続けているという根拠は、出土する土器形式に隙間がない点です。

しかし土器の一形式は、短くても二十年三十年あるものですから、一夏過ごせば臭気もなくなるということだったら、一年か二年ムラを離れていても、そのくらいの空白は土器ではわからないわけです。

片山　そう考えれば、「臭くて住めないのではないか」ということはなくなりますね。

石野　それにしても、それほどの殺戮があった場所に、地元の人はまた戻ってきて住むのだろうか、という疑問はあります。そこは港なので、非常に良い場所ではありますけれどね。

片山　あそこは結構大きな集落跡みたいですけれど、かなり要衝の地であり、あるいは港、または交通の要所だったのかわかりません。でなければ、戻って住むようなことはないと思うのですけれど。もしそうだとしたら、一旦そこが死の村となっても、しばらくしたら、またそこに住みはじめたのではないでしょうか。

石野　あの場所は木製品もたくさん出ているし、玉も大量に出ているのですが、驚いたことの一つは、幅が四十センチ、長さが三メートルを超えるくらい、厚みが約二センチくらいの板があるのです。そんな板は日本中にないのです。日本中で出てきている弥生時代の板は、厚みが十センチ近くて、棺に使っている板がよく出てきます。新聞では「厚くて立派な板が出た」と報道されますが、本当は立派なのではなくて、厚い板しか取れる技術がなかったのです。薄い板は作ることができなかった。ところが、それを青谷の人たちは、あれだけの薄い、高度な技術が必要な板を作っているのです。

これは本当に驚くべきことです。建築部材もたくさん出ていまして、波打ち際に高床の建物をいっぱい作っている。そういう新しい技術をもった人たちがあそこにいたと思うのです。

そこが集団殺戮されたという。侵入者がどれくらい遠くの人なのか、近くの人なのかということは、残念ながら遺跡から出ている物ではわからないのです。

片山　あと、井上貴央さんという鳥取大学の先生の話では、かなりぐちゃぐちゃになっている中の顔立ちがわかる骨については、山口県土井ヶ浜遺跡の場合と同じように「渡来系の弥生人の骨である」ということですね。

高橋　話は変わりますが、骨から複顔術で顔を作れますでしょう？　あれはどの程度信用できるのですか？　美人に作ろうと思えば、そうできるのでしょうか？

片山　いやあ、それはもう芸術の問題ですから。（笑）それに、美人かどうかというのは、主観の問題でもありますから。

高橋　人や時代によって変わりますからね。

片山　ちょっと主観的にならざるを得ません。だけど顔かたちのつくりがどうであったかと、どういう体形であったか、そういうことは、別に復顔しなくても骨を見ればわかります。

■頭蓋骨でわかる顔立ち

高橋　骨を見ただけで想像がつくのですか！　例えば頭蓋骨が並んでいたら、「これはこんな顔をしていた」とわかる？

片山　ええ、言えます。それこそ骨を見ればわかります。骨格は顔立ち、体形、体格を物語ります。（一同笑い）

石野　それはすごいですね！

吉田　本当にすごい！

片山　いや、大抵は頭蓋骨を見てホレボレと感激するだけですけれど。（笑）われわれが頭蓋骨を見れば、それから生前の人物像を言葉で表現できるのです。「顔が寸詰まりで、おでこが大きくて少し出て、眉間《みけん》が出ていて、鼻はこうで、こうなって……」とか。

えらの部分はどうなっている、頬のあたりはこんな感じで……ということが言葉にできる。ただ、耳の形状や唇の厚さや目つき、一重だの二重だのといったことはわかりませんけれど。よく「弥生人は一重」とか言いますが、あれは嘘です！（一同笑い）骨からそれはわからないのです。

顔立ちとか体型についてのことは大抵わかるので、それらの特徴を横で話しながら、絵の達者な人に描いてもらうのですね。ここはこうこうですよ、と指示をしながら。これが一番いい復顔法だと思います。でも、それではあまり面白くないかもしれませんので、最近ではコンピュータを使って作業を進めています。基本的にはシンプルな話ですけれど、頭の骨の精確なコピーを、コンピュータを用いて作るわけです。例えば、日本人の顔だと、どの部位にどれくらいの肉厚・皮膚の厚さがあるか、大体決まっていますので、そのぶんだけ粘土でも何でもよいのですが貼り付けて、立体的に復顔像を作るわけです。

高橋 そうすると、土井ヶ浜と青谷上寺地は、片山さんでしたら大体同じような顔になってしまいますか?

片山 私自身はトライしたことがないのですが、井上さんはそうおっしゃっていましたね。顔が長いのです。

石野 片山さんは、奈良県天理市長寺《おさでら》遺跡や同じ橿原市四分《しぶ》遺跡から出た弥生時代の骨のことを調べておられますが、そのあたりはまた違うのですか?

片山 両遺跡は、古墳時代の遺跡から出た人骨と顔立ちが似ています。特に四分遺跡のほうは、もちろん弥生時代の人骨なのに、古墳から出てきた人骨と考えてもおかしくないほどです。

長寺遺跡のほうは、ひょっとしたら庶民的な人間の骨です。どちらかというと縄文人らしさのないような感じで、後の古墳時代以降の人に似ている。ただし土井ヶ浜の人に似ているかどうかというのは別の話で、これはあまり似ていないと思います。

石野 庶民的といいますと、貴族と庶民では骨に違いがあるのでしょうか?

片山 江戸時代くらいになると、はっきりした違いが見られます。それから都市に住んでいる人と、農村に住んでいる人の間でも違います。例えば、江戸時代に大阪府堺市の環濠都市の中に住んでいる人々と、ちょっと離れたところ、そこから二キロも離れていないのですけれど。私も一時住んでいたことがあるところで、仁徳天皇の墓といわれる大仙陵《だいせんりょう》古墳の北方にあたる向泉寺《こうせんじ》という古寺跡の墓所から出てきた人々とは本当に顔立ちが違うのですね。

石野　面白いですね……。

片山　環濠都市の中から出てくる人というのは、いわゆる貴族顔とまではいきませんが、都会顔です。明治の初めにドイツから来た医学者のE・ベルツという人が言ったような「都会顔」のタイプ。そして向泉寺の人々は寸詰まりで、よく江戸の町人の絵として出てくる「長屋の熊さん・八さん」タイプの感じの人たちです。

石野　同じ地域に住んでいても、生活習慣とか食べ物によって、たかだか二世代か三世代で骨が変わってくるということですか？

片山　ただ、二世代か三世代かの短期間になるとわかりませんけれど。

石野　堺の環濠ができてから江戸の中期までですと、そう長くはないですよね。それでも百年やそこらはあるかと思いますが。

高橋　私が思いましたのは、卑弥呼に仕えた千人の奴婢《ぬひ》――千人いたかどうかはわかりませんけれど――宮殿の中にいた人と、外にいた人の骨が出て、違いがわかったらと。（笑）そうしたら面白いのですが、これはダメですかね？

片山　同じところの人となると、難しいでしょうね。

高橋　離れた外の人と、宮殿の中にいた人なら、宮殿に仕えていれば、

都会顔と長屋の熊さん八さんタイプの顔〈葛飾北斎の描いた貴族と庶民〉
（山口敏「私たち日本人の祖先」、てらぺいあ、2003年）

大分ご馳走もしてもらっていたのかな、と思いますから……。

片山　明らかに食生活が違えば、骨にも何か関係してくるかもわかりませんね。

石野　古墳時代ですけれども、長突円墳（前方後円墳）の中に葬られている人と埴輪円筒棺《はにわえんとうかん》に葬られた人の骨が大量に出ることがあれば、比べられるかもしれませんね。

片山　埴輪円筒棺から出てくる人は、背が低いのですよ。例えば、播磨（兵庫県西部）のあたりの古墳から出た人骨とは、「これはこっち」と見分けられるくらい違います。古墳に入っていた人は背丈が一メートル六十三～六十四センチくらいあるのですけれど、一方、埴輪円筒棺から出た人骨は推定身長が一メートル五十五センチほどです。

石野　男性骨が多いのですか？

片山　比較的多いような気がしますね。

石野　もしかしたら、戦わされた戦士が埋められているとか……。

片山　どうでしょうね。とにかく背丈の小さな人たちです。これまで十体分くらいが発掘されています。

■卑弥呼の墓を探す

高橋　ところで、この邪馬台国の問題というのは、要するに所在地探しなのですね。邪馬台国の所在地というのは、弥生の研究者から、これに焦点を当てないとダメなんじゃないかと思うのです。古墳ですと、奈良県斑鳩《いかるが》の藤ノ木《ふじのき》古墳とか飛鳥の高松塚の被葬者がわからないのではどうしようもないじゃないかと、勝手にそんなことを思っているわけです。石野さんのお話では卑弥呼の墓のことで面白いことが書いてありまして、「結局円墳を探せ！」と……。方角の中に円がないとダメだろうと、それを探したほうがいいと。可能性としては、以前、言われていましたが、墳丘の規模からは天理市のおおやまと古墳群に含まれる中山大塚古墳ですか？

石野　選択肢の一つとして、考えてもいいでしょう。

高橋　石野さんのご著書の『邪馬台国の考古学』（吉川弘文館）では、そうお書きになっていましたね。墳丘では中山大塚古墳だと。埋葬施設では桜井市のホケノ山古墳、副葬品では福岡県糸島市の平原《ひらばる》方形墓であると。このお考えは、あまり変わっておられないですか？

石野　そうですね。それは邪馬台国がどこにあっても、三世紀段階の墓で該当するものを副葬品で考えれば、墳丘で考えれば、埋葬施設で考えれば、というそれぞれの項目の一番立派なものを充てれば、という考え方です。

本来はセットで総合的に考えないといけないのですけれども、バラしてみると、九州だったら平原方形墓だし、奈良だったら中山大塚古墳だし、という言い方をしたのです。

しかし、今回の本では、そのあたりを全部外して、卑弥呼の墓は「径百余歩」である。そうすると輪郭はどうしても円形になります。外は円で中は四角でもいいかもしれません。高さは書いてないのだから、高さを気にしなければ、日本の三世紀時代の遺構の中で、外郭に大きな直径百余歩の丸を書いて、真ん中が四角であろうがなんだろうが、高さが二メートルかそこらの台地があれば、卑弥呼の墓に該当する可能性を考えるべきじゃないか。

例えば、岐阜県養老《ようろう》町の象鼻山《ぞうびさん》三号方円壇とか富山市のちょうちょう塚のような墳丘が候補になるのではないかと考えました。このような考えを活字にしたのは、今回が初めてです。「前方後円墳」にとらわれて探すよりは、文献に沿った探し方をすべきではないのかと。それからもう一点、今回は書いていませんが、長い突起をもった円形墓の円丘部をさきに作って後から突出部を継ぎ足したという考え方があります。

高橋　そうですね。

■大和・箸中山（箸墓）説は正しいか？

石野　卑弥呼の墓候補で代表的なものは、「箸中山《はしなかやま》（箸墓《はしはか》）古墳」（桜井市）です。径百余歩は魏の尺度で一四〇メートルくらいになるので、箸中山の円丘部の径は一五〇メートル余でちょうどいいのです。

円丘部は卑弥呼で、方丘部が壱与《とよ》だという考え方があるのです。最初に言ったのは当時、滋賀県教育委員会にいた丸山竜平《まるやまりゅうへい》さんです。後に何人かの人が言っていますけれども、古墳の作業手順としてはそういう作り方はあるのです。

纒向遺跡の３世紀前半の大型建物検出地付近（桜井市辻→84頁）から見た箸中山（箸墓）古墳　北から南方をのぞむ。右端に墳丘がのぞまれる。左後方は三輪山。

兵庫県たつの市の養久山《やくやま》一号墳は、岡山大学の近藤義郎さんが調査された古墳で、明らかに円丘部を先に作って、次に方丘部が作られています。だから古墳づくりの作業手順としてはあるけれども、世代を超えて方丘部を作り足したことが証明されている古墳は今のところありません。

その上、「女王」という大王に当たる人の墓を先代の墓に継ぎ足すようなことをするかどうかというのは、墓を作る実例を探さないと言えないのではないかと思います。大王墓は別に独立した墓を作るのがふさわしいのじゃないか、と思いますので、箸中山円丘部が卑弥呼で、方丘部が壱与という説は今のところ取らないほうがよいと思っています。

それと、出土している土器から考えられる年代が合わない。卑弥呼が亡くなったという二四七年か二四八年に合わないと思っています。三、四〇年は時代が下がりそうです。

高橋　福岡の平原《ひらばる》ですが、あの遺跡について、原田大六さんは「オオヒルメ」の墓だと言っておられますね。オオヒルメはアマテラスの別名ですね。被葬者は下半身を高祖山・日向峠に向けて葬っている。それには意味があると。

そういう話を独特の見方で書いていますけれど、まさにアマテラス的な太陽信仰を原田さんは考えているみたいでしたね。

調査された養久山《やくやま》１号墳（兵庫県たつの市、神戸新聞社提供）

■卑弥呼の墓は筑紫の平原か？

石野　ぼくは原田大六さんに、平原《ひらばる》遺跡の調査後お会いしました。日向《ひなた》峠から昇ってくる太陽が、オオヒルメの股間を突き刺す……というふうに書いておられますが、日向峠との間に大柱が立っていたことが後でわかったのです。その影は太陽が上がっていくと、突き刺さずに下がっていきます。太陽が低いときは影が長くなりますから。

高橋　ああ、そうですね。

石野　ですから太陽が昇れば、どんどん下がって、股間から抜けていきます。（笑）福岡県教育庁におられた柳田康雄さんが、平原方形墓の二百メートルくらいのところに住んでおられまして、秋分の日か春分の日に、日向峠から上がる太陽の柱の陰が埋葬施設のセンター軸から徐々に下がっていく状況を確かめておられます。太陽との関係を構想された原田説は、あり得ると思います。

高橋　平原は三雲南小路の王墓と尾根が一つ違うところにあります。平原のころから爆発的に、鏡が大量に副葬されはじめたようですね？

石野　そうです。一辺十八メートル程度の小さな方形墓から銅鏡が四十面出ています。八咫鏡《やたのかがみ》と呼ばれている径四十六センチ余の鏡を含んでいます。年代は、今は三世紀前半としてほぼ定着していますが、棺の形が「割竹型木棺」です。三世紀前半段階で割竹型木棺があるとは普通は言われていないのです。

それから墓壙《ぼこう》は大きく、周りに柱が立っていて、建物か囲いがあるのです。鏡は大量に出ていますけれども、木棺の外で割れた状態で出てきているという異常な出方をしています。

高橋　私は、鏡が割れているのは土偶や銅鐸が割れているのと繋がる、何か伝統があるのかなというふうに思いますけれども……。

石野　そうですね、土偶は再生を願って壊しています。銅鐸とか鏡に再生を願って割るとか壊すという思想があったかと言うと……。吉田先生にお聞きするしかないのですけども。（笑）

吉田　いやあ……（笑）石野さんはそれを否定なさるのですよね？　銅鐸がそこで殺されて、命がなくなると。他の物に作り替えることになるわけですね。

石野　ええ、気象学の山本武夫さん（『気候の語る日本の歴史』そしえて文庫、一九七六年）によりますと、三世紀段階は天候不順が続いているのだそうで、不作が続き、飢饉が続いたようです。そのため「王殺し」が起こった。『魏志』倭人伝では「人相食む」とあり、人間同士の食い合いがあったと記録されています。

弥生のカミを象徴する銅鐸や銅矛に祈っても飢餓は解消しない。では悪いのは王だということで、弥生時代のカミは否定され、新しいカミに乗り換える……ということが起こったのではないか。それが卑弥呼の鬼道であろうと、私は解釈しています。

高橋　もう一つ質問ですけれども、九州と関西とで昔、土器編年の年代差が半世紀ほどありましたね。あれはもう完全に解決しているのですか？

石野　完全ではないですけれども、一応相互の土器の共伴関係から会話はできるようになりました。九州の何とか式土器と近畿の何とか式土器は併行するとか、そういうことは言えるようになりました。

高橋　そうすると、平原は卑弥呼より前であるということはもう間違いない？

石野　はい。鏡群が出たとき、原田さん以外の考古学者は五世紀とする意見が多かったようです。「あんな立派な大きい鏡を作れるはずがない」という理由です。原田大六さんは弥生と言われましたから。

でも、今は柳田康雄さんが共伴土器や鏡をきっちり研究して、三世紀初頭で、三世紀の中頃まではいかないと言っておられます。卑弥呼の墓とは合わないですけれども、三世紀初頭に、割竹型木棺で四十面もの鏡を持つ人物が伊都国にいたのは事実です。

高橋　なるほど。

■「漢委奴国王」墓は？

石野　この本の中でまた妙なことを考えたのは、「漢委奴国王」の金印を受けた王のお墓はどこにあるのだろうかという点です。今まであまり考えたことがなかったので、今回改めて考えてみたのです。奴国の中心地は福岡県春日市の須玖《すぐ》丘陵で、そこに王墓がいくつかあるのですけれども、年代的に合わない。みんな古いのです。

奴国王は、「建武中元二年（五十七年）」に後漢の光武帝《こうぶてい》から金印を受けていますので、須玖丘陵付近で五十七年以降の王墓に類するものを探しても、奴国の地域にないのです。そうしたら、伊都国か？「委奴国」を「いとこく」と読む考え方が以前からありますが、金印を「いとこく」と読むべきなのか。

もしそうだとしたら、伊都国が後漢に使節を派遣したことになる。それなら、なぜ志賀島に金印を埋めたのか？　という堂々巡りになって、なかなか解決しがたいのです。

「漢委奴国王」は、奴国の地域に葬られていると漠然と言われていますけれども、厳密に年代を詰めていくと、奴国ではないのじゃないのか。もしかすると、伊都国の地域になるのじゃないか。そうすると、色々な疑問点が湧いてくる。そういう印象をもちました。この本が出ますと、色々物議を醸すんじゃないかと思います。

高橋　伊都国のところで、官名が出てきて、その官名を爾支《にき》って読みますね。あれはニニギじゃないかと……。それから、アマテラスが宝鏡を授けたオシホミミ。これは投馬国の官名の弥々《みみ》（耳）と弥々那利《みみなり》（耳成）ではないかということを読んだ記憶があるのですけれど。それから、「漢委奴国王」の読み方を「かんのわのなの……」というのは明治以降の読み方で、江戸時代には「いとこく」と呼んでいましたね、確か。

石野　そうでしたね。あれを「いと」と読んで、伊都国のどれかに充てるとか。伊都国の地域は、まだ未開発の水田や丘陵の地域がたくさんありますので、出てくる可能性はあります。奴国は住宅地域ですから、新たな大型墓が出ることはないと思うのです。ただそうすると、この本でも書きましたけれども、伊都国には糸島半島に可也山《かやさん》という神奈備《かんなび》型の綺麗な山がありまして、金印を埋めるところにはふさわしいと思います。それなのに、本来の領土外の博多湾の志賀島に埋める必要があるのか？

あの段階に、すでに伊都国が奴国を併合しているという考え方もある。あるのですけれど、それにしても、本来の本拠地のほうに埋めるのがふさわしいと思います。理屈を付ければ、併合説の場合、新たに併合した領土の玄関口に埋めた、ということになりますが。

高橋　なかなか、邪馬台国の問題というのは難しいですね……。

■再び『記紀』での縄文神話

高橋　では、縄文の神話が『古事記』の中にちゃんと受け継がれていると、吉田さんはおっしゃいましたが、もう少し、あの中にどのような形で受け継がれてきたのかお伺いしたいと思います。

吉田　弥生時代の土器や銅鐸の絵画に表現された弥生の神話というのは、弥生時代の人たちがもっていた神話のある部分だと思うのですね。もっと、ずっと複雑な神話の体系をもっていたのだと思います。

残るような形で表現されてはいないけれども、弥生時代にそれが連綿と受け継がれ、それが『古事記』、『日本書紀』の神話にも受け継がれていると思うのです。だからオオゲツヒメとかウケモチの神話は、縄文時代の人々が土偶を破壊して、その破片から農作物を生じさせるというお祭りと非常によく一致しているし、顔面装飾付きの土器や足形装飾付きの土器は、女神が、自分の生きた身体からおいしい食べ物を出して与えてくれる姿を表しているのとも合っているのだと思われるわけです。

それから、イザナミの場合には、神産みの最後にカグツチを産んで、火傷で死んでしまうわけですね。これは顔面装飾とか、足形装飾の深鉢の土器が作られたのと全く同じ縄文時代の中期に、「釣り手土器」とか「香炉型土器」と呼ばれる土器が作られていて、この土器の中にもやはり、頂点のところに顔を付けているものがあるのですね。そうすると、この土器もやはり、妊娠した女神を表している。

しかも壊れて破片ばかりが出てくる土偶とは反対に、この釣り手土器―香炉型土器というのはほとんどが壊れていないのです。みんな完全に近い形で見つかっています。つまり土偶とは逆に、壊れないように極めて丁重に取り扱っていたことが、出土状態から窺われる。しかも、他のいろいろなタイプの土器と比べて同じ遺跡から出てくる数が極めて少ないのです。だから日常の生活で使った土器ではなくて、お祭りの時だけに使った土器だと思うのです。

それから、土器に焼けこげた跡がはっきりと付いているのです。「香炉型」というのはそういう意味ですけれども、その主体部に油を入れて、火を燃やしていた。ランプみたいにして使っていたわけですね。だからといって当時の人たちが、みんな暗くなればランプを灯して明るくして暮らしていたわけではないので、そこで火を燃やすことがお祭りだった。

そうして火を燃やすとどうなるかというと、その香炉型の土器は女神の身体を表しているわけですから、女神のお腹の中で火が燃えて、それが外まで燃え出て、後に発掘しても焼けこげた跡が残るほど、身体が焼かれるわけですね。そうするとこの土器は、お腹の中に人間にとって農作物と同じくらいに必要な火を妊娠して、それを産み出してくれている女神を表していると思える。

そうすると、イザナミの神話で、最後に火の神をお腹から産んで、陰部を焼かれて苦しみながら死ぬ。そして、死にながらも自分の口から吐き出した物や、大便とか小便とかが、みんな人間の生活に必要な、金属であるとか、粘土であるとか、水であるとか作物であるとかになったという。神話に語られているイザナミの性質は、縄文時代の女神の性質を大変よく受け継いでいると思うのです。

それから、天照大神もやはり、天の岩戸の神話で一度死んで、そしてまた蘇る女神ですね。

そして、ウケモチの身体から出てきた農作物。つまり、アワとヒエと麦と豆、これを「顯見蒼生《うつしきあおひとくさ》」、つまり人間の食べ物にして、稲は高天原に天狭田《あめのさなだ》や長田《ながた》を作って植えるわけですね。そして、蚕は自分の口の中に入れて、そこから糸を引き出すわけでしょう？　口から糸を引き出すとなると、オオゲツヒメやウケモチ、あるいは、縄文時代の女神が、自分の身体から人間のためになるものを出してくれるということと一脈相通じるわけです。

しかも、天照大神と、それからウケモチはトヨウケの神でもあって、食物の神様だと思いますけれども、伊勢でこの両神が内宮と外宮にいわば二者一体のようにしてお祀りされているので、ウケモチにはある意味では天照大神の分身のようなところもあったと思うのです。

そうすると、「だから天照大神が太陽の女神であることを否定する」とか「ギリシャ神話の影響を受けていることを否定する」とか、そういうことは全くないのですけれども、天照大神の性格の一面として、そういう、縄文の女神がもっていた性質を受け継いでいるのじゃないかと。それで先ほども申しましたように、天照大神は世界中のキングシップミス—王権神話の中に出てくる、天上の神々の王である最高神と比べて大変ユニークな性格をもっているわけですね。絶対に罰しない。スサノオがあれほど酷いことをしても、全部許してやるわけですね。「大便をした」というのは多分、酔っ払って吐いたのであろうと。田んぼのあぜを壊して溝を埋めたというのは、その部分の地面がもったいないから、壊せば田んぼが広くなるから壊したんだろう、と無理やり言い繕って許してしまう。

だけど、その天照大神に絶対に許せないことがあるわけです。それは織女を殺したことです。殺害だけは許さないわけです。

同じことがウケモチの神話にも出てきます。ツクヨミが下界に行ってウケモチの持て成しを受けて、ウケモチを殺して帰ってきた。それをツクヨミは悪いことをしたとは思っていないのです。『日本書紀』を見れば明らかですが、自分が何をしたかを詳しく天照大神に物語っている。「ウケモチはとんでもない無礼な神様で、自分に口から吐き出した穢い物を食べさせようとしたから殺した」と。

するど天照大神はツクヨミの案には全く相違して、激しく怒って「汝は是悪しき神なり。相見じ。」つまり、あなたのような悪い神とはもう二度と顔を合わせたくないと言って、この時から太陽の天照大神と月のツクヨミが、一方は昼の空に、他方は夜の空に別れて出ることになったので、昼と夜の区別がついた。

だから、天照大神はどんなひどいことをされても許す女神ですが、殺戮だけはぜったい許さない。怒るのです。でも、怒った場合でも、ツクヨミを殺すとか、スサノオの場合もそうですけど、そういう怒り方はしないのです。自分が身を隠すのです。それが天の岩戸の神話。それから、ツクヨミとはもう顔を合わさない。自分は昼の空に出るから、あなたは夜の空に出ろと。だから、昼と夜の区別がついた。

だからこのような、天照大神という女神が日本の神話の最高女神になっているということは、私はある意味で縄文の人たちが土偶とか土器で表していた女神の性質が、天照大神に連綿と受け継がれているからだと思うのです。ただそれが弥生時代に、どういう形でもって表現されているのかがわからないのは残念です。

高橋　卑弥呼は「陽(日)の神様」というふうに考えたら、なにか仮託しているのではないでしょうか。

吉田　それは、なんとも言えません。

高橋　神話のほうは、縄文の時代から全部つながっている。ただし、特に邪馬台国の神話はこうだということはわからないけれど、ということですね。

吉田　ええ、だけど邪馬台国には邪馬台国の神話があったし、弥生土器に描かれているような神話もあった。ただ、どちらもその片鱗しかわれわれにはわからない。

高橋　われわれはやはり神話から、邪馬台国の所在地に近づけないかと考えるわけですが、なかなかそうはいかないわけですね。

次に、石野さんにちょっとお尋ねしておこうと思っていたのですが、宮殿とか都を探ることによって、卑弥呼のこともわかるのじゃないかということで、いくつか例を挙げられていましたけれど、そのなかで滋賀県の例だったと思うのですけれど、古墳が二つあるのはもともと宮殿の跡だったと言われている。あれは、どういう根拠があるのでしょうか。

■古墳の配列から卑弥呼と男弟の宮殿を考える

石野　あれは滋賀県野洲《やす》市富波遺跡の、三世紀の終わりごろの長突方墳（前方後方墳）の配列をヒントにしています。全長四〇メートル余の長突方墳二基を約七〇×一四〇メートルの長方形区画で囲み、二基の古墳の間に方形周溝墓群を配しています。これをヒントに、卑弥呼と男弟の宮殿を想像しました。大きな長方形区画の中に、卑弥呼の祭祀区画と男弟の政治区画を設定し、その中間地帯に「婢千人」の小さな家を想定しました。卑弥呼の「居処」の横には、「飯食を給」する「男子」用の建物をおきました。そのようなイメージをもったのです。

ただ、そのあと大阪府羽曳野市《はびきの》の尺度《しゃくど》遺跡では、約五〇メートル四方の方形区画の中に三重の柵で囲まれた建物などがあり、方形区画の外周には穴屋（竪穴）が並んでいました。方形区画の北辺中央から幅が六メートルくらいの道路側溝が北方に続いています。五〇メートルの区画の北側に、別の大きな区画があるかもしれない。もし、そうだとしたら、建物群が縦配置になるのです。それを男弟空間と卑弥呼空間というふうにイメージしますと、三世紀の居館配置に、横配置と縦配置の両方を考えておく必要がありそうです。

今のところ、卑弥呼の館をイメージするときには、横並びと縦並び——縦並びになると、飛鳥時代以降の天皇宮殿と共通しますが、間はわかりません。古墳時代の四、五、六世紀の大王居館はわかっておりません。ただ、奈良県御所《ごせ》市南郷《なんごう》遺跡群の調査で、五世紀の大型建物が尾根ごとに独立していました。

『日本書紀』では、ワカタケル大王（雄略天皇）没後に、星川皇子（ホシカワノミコ）が、大王権を取るために「大蔵に立てこもる」と記録しています。ということは、「大蔵」は独立した建物群だということです。遺跡と文献を合わせると、古墳時代の大王居館は、飛鳥時代以降のように、一つの大きな区画内に固まっているのではなくて、機能別に建てられていた可能性が考えられます。

長方形区画内に並列する墳墓（滋賀県富波遺跡、3世紀後半）

そうすると卑弥呼の居館を考える場合も、必ずしも一区画の中に建物群をおさめて考えないほうがいい、と最近思いました。

高橋　そうすると、池上曽根遺跡（大阪府）で見つかった大型建物の跡（41頁）も、倉庫説はあるのですか？

石野　あの大きい建物は、炭化米が出てきたので、倉庫ではないかというのですけれども、あのような大きな建物に入れるほどの収穫量はちょっとイメージできません。多分、大きな神事をやるための集会所だろうと思います。

高橋　そうですね、三内丸山《さんないまるやま》遺跡（青森県）などを見ていたら、集会所ではないかと思えますね。

石野　卑弥呼は、女王になってから見た者がいないと書いていますから、男弟の館と同じ区画の中にはないほうがいいでしょうね。

高橋　もう一つは副葬品ですけれども、近くの箸中山（箸墓）古墳、ホケノ山古墳から卑弥呼の持ち物にふさわしいものが出てきました。でも墳丘が小さいですね。

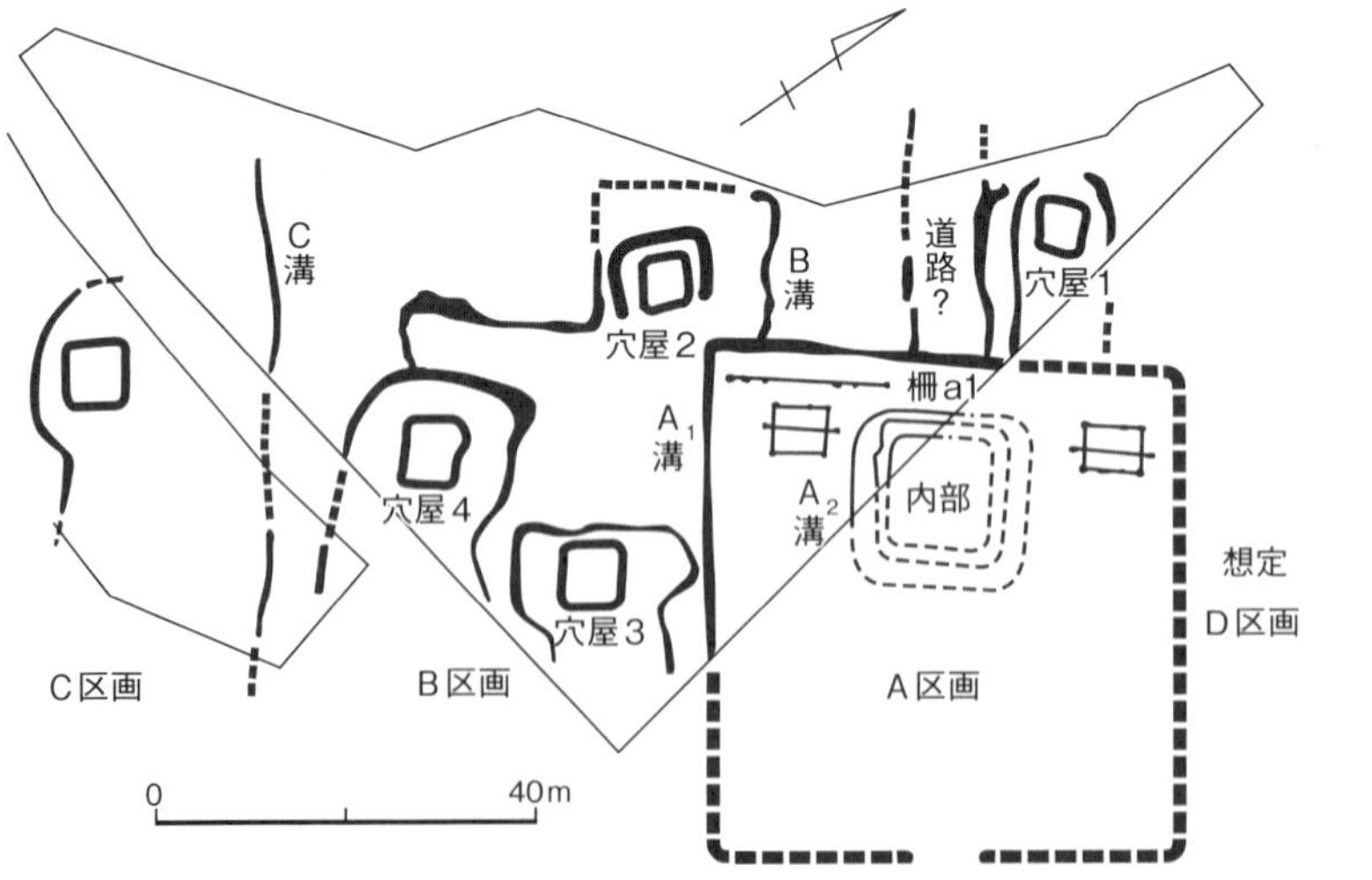

3世紀の近畿の居館跡（大阪府尺度遺跡の想定復元）（大阪府文化財センター、1998年から作図）

石野　そうですね、ホケノ山古墳が近畿地方の三世紀の長突円墳（前方後円墳）で、副葬品の全体がわかる唯一の古墳です。

全長百メートルクラスの三世紀代の古墳は、桜井市や天理《てんり》市にまたがるおおやまと古墳群の中に候補がありますが、掘ってわかったのはホケノ山古墳だけです。副葬品は画文帯神獣鏡《がもんたいしんじゅうきょう》二面以上、鉄剣五本、銅鏃《どうぞく》八十本余、鉄鏃が百本余などで、三世紀中葉の近畿の古墳としては飛び抜けた副葬品の質と量です。

全長八十メートルクラスの古墳でこれだけの物を持っていますから、おおやまと古墳群の百や百二十メートルクラスの古墳は豊かな副葬品を持っているのでしょう。だから邪馬台国が九州にあったとしても、それとは無関係に大和には同時期に列島最大の墓を作る一族がいたというのは事実です。

高橋　だけど、邪馬台国は畿内―大和である、とお考えなのでしょう。

石野　そうですね、心情としては大和説ですが、いつも講演では〝今日は大和説です〟と言っています。（笑）

高橋　邪馬台国論争というのは、結局どこから攻めてみても、結論は出ないと言うことですね。

■魏使は東国の情報を得たか

石野　そうですね、魏の国の使いが倭国に来て、伊都《いと》国から陸路で奴国《なこく》へ行っているわけですが、奴国には博多湾岸に三世紀の西新町遺跡（福岡市）があり、そこには韓国系の土器と近畿系の土器と九州系の土器を持った住居群が、三グループあるのです。伊都国の三雲《みくも》遺跡群にも近畿地方の土器がたくさん出てきます。

高橋　三雲遺跡群から出てくるのですか！

石野　たくさん出てきています。三雲には、楽浪《らくろう》系の土器も出てきますから、「朝鮮語」で会話できるわけです、その人たちと。それなのに、東方の大和の情報が全く伝わらないということはないと思うのです。北部九州には約三十の遺跡から近畿系の土器が出ていますし……。というふうにこの本に書いたのですが、今朝ひょっと思い出しました。一九九七年に北朝鮮へ行ったのです。けれども、民衆との会話は全くできませんでした。公園へいくと一般の人がいるのですが、全部北朝鮮の警備の人が追い払うのです。「外国人に近づくな」って。（笑）もし「倭人伝」の時も、みんな追い払われていたら、近づけなくって会話などできなかったかもしれないな、と。（笑）

■邪馬台国の時代に文字はあったか

高橋　文字に関係して、講演会などでよく聴衆の方が挙手されて聞かれるのは、当時の伝達手段ですね。石野さんは漢字のことを書いておられますが、伝達手段としてどの程度——例えば先ほどのお話の、渡来系弥生人が奴国の人種で、彼らは朝鮮とか中国大陸の言葉——漢字などを理解していたのか、とか、今で言う「日本語」「漢字」そのあたりの違いをどういうふうにして理解して、喋っていたのか、読めていたのか、書いていたのか……まあ絶対的な答えは出ないと思うのですけれども。（笑）

石野　いや、出ます！

高橋　出るのですか？（笑）

石野　倭国は、当時外交交渉をやっていたわけです。奴国王が金印をもらった段階も、親魏倭王の段階も、外交交渉をしています。そして鏡には文字が書いてあります。

金印や銅鏡をもらった王とその周辺の人は必ず「何が書いてあるのか」と聞くでしょう。少なくとも書記官は絶対に読めていた。それができないと外交交渉はできませんから。当然、弥生後期段階には文字を読める人と喋べれる人がクニグニにいたと思います。

三重県津市の弥生後期の大城遺跡の土器に見られる「奉」や、福岡県糸島市の三雲遺跡の甕棺には「竟」（鏡の略文字）があり、長野県根塚遺跡の「大」など弥生の文字資料は増えています。

言語学の先生方に聞いたら、それは文字ではないというふうにおっしゃる。ただの記号の可能性もあると。考古学では、橿原考古学研究所の寺沢薫さんも記号だと論文で主張しています。しかし、その文字らしき物とは別に、外交交渉をやっていると言うことは、会話ができないとダメだし、字も読めないと外交はできません。そういう意味で、当然卑弥呼の時代とそれより前の段階から、文字は読めていた。会話もできていたと思います。

高橋　韓国に、紀元前一世紀の茶戸里《タホリ》遺跡（慶尚南道昌原市）からも筆が出ております。ですから、そこまで出かけたら……これは韓国ですけれどもね。いくらでも文章は書けます。それが紀元前一世紀ですから、邪馬台国はそれから三百年経っていますから、全くその通りだと思いますけれどね。

石野　土器で言うと庄内式の段階が三世紀だと思いますが、その時期の桜井市大福遺跡の方形周溝墓の側の木棺の底から筆軸のような糸で巻いて漆で固めた径一センチ弱の管が出ています。報告書がないので、世間には知られていないのですが、茶戸里遺跡を参考にすると筆軸の可能性がありそうです。

高橋　ありがとうございました。
邪馬台国・卑弥呼の問題は、所在地探しや墓探しだけではなく、弥生社会を再発見し、次のヤマト王権にどのように連なっていき、またその後の日本国の誕生のスタートになったことを解明していくことにあると思います。最近の発掘調査の成果から、一歩一歩、そのナゾが解き明かされてきています。今後とも考古学の新発見を期待したいと思います。

（「鼎談」完）

対談

纒向遺跡の建物群は卑弥呼の宮殿か

◉石野博信（兵庫県立考古博物館館長）

◉高橋　徹（朝日新聞元編集委員）

二〇〇九年十二月／大阪市にて

●纒向遺跡の建物群は祭祀的空間か政治的空間か

高橋　二〇〇九年十一月、奈良県桜井市の纒向《まきむく》遺跡での四棟の大型建物跡が見つかり、「卑弥呼の宮殿か」と騒がれたことから、急遽、石野さんに改めてお話をお聞きしたいと思いました。いままで我々がイメージしていた邪馬台国の宮殿は、佐賀県吉野ヶ里《よしのがり》遺跡から推定される建物（43頁）のようなものだと思っていましたが、纒向遺跡の建物跡はずいぶんちがいますね。

石野　吉野ヶ里の場合は一キロほどの大きな集落に大きく二つの区画があって、その一つが三階建てみたいな建物でした。しかし、きれいに並んでいるという配置ではないですね。

高橋　仮りに、吉野ヶ里が邪馬台国とすれば、その三階建ては「卑弥呼の居所」ということになるのでしょうか。

石野　吉野ヶ里で復元した大きいほうの建物は祭祀の場でしょうかね。もう一つの区画は、男弟的な人物が吉野ヶ里にもいたとすれば、政治的な空間かもしれません。

高橋　纒向は居所と祭祀場のどちらを考えたらいいのでしょう。

石野　そのあたりは難しい。「わからない」というのが正確です。西日本の三世紀の集落遺跡で、囲いをもった中心区画が二つあるものとして、吉野ヶ里の他、愛媛県の樽味四反地《たるみしたんじ》遺跡、大阪府羽曳野《はびきの》市の尺度《しゃくど》遺跡、滋賀県守山《もりやま》市の伊勢《いせ》遺跡がそうです。いまわかってるだけでもそれぐらいありますので、少なくとも西日本では、三世紀の大型集落には用途の違う、機能別の二つの区画があるらしい。だから今回の纒向のものも、祭祀的空間か政治的空間のどちらかだろう、ということまでは言えるのです。全部は掘っていないので、わからないのですが。ぼくは四十年前に、今回出た建物の西側一帯、百五十メートルぐらいの範囲を調査したのです。そこでは、大きな井戸を掘って、きれいな水をくんで、お祭りをやって、それに使った用具を全部その穴に収めている。そういう祭祀的な空間が百五十メートルぐらいにわたって広がっているのです。そのすぐ東側に今回の建物群が出ていますから、どちらかといえば祭祀的な空間ではないのかな、と感じています。

高橋　石野さんが掘られた場所には、建物らしきものは出なかったのですか。

石野　柱四本の、一間四方、一坪ほどの建物が二棟出ました。柱の太さはせいぜい十四、五センチ。百五十メートルほどの範囲を掘って二棟だけですが、お祭りに使ったものを収めた穴は三十ほど出ています。調査したのはあの地区全体の四分の一ですから、単純計算では祭祀用具を収めた穴は百二十はどになります。使われたのはおよそ百五十年間ぐらいです。

高橋　けっこう長いのですね。

石野　百五十年間で百二、三十という穴の数字ですから、単純にいうと年に一回のお祭りという感じで

吉野ヶ里遺跡（佐賀県）　七田忠昭「吉野ヶ里遺跡の環濠集落と大型建物」『第37回埋蔵文化財研究集会資料』(1997年)。

すね。

川の中州状のところにそういう祭祀的な空間があり、それに接して今回の建物群が出てきた。

● 土器の出土が少ないのはなぜか

高橋 今回の十一月の現地説明会で教えられたのですが、土器の出土が非常に少ないとか。

石野 下は整地がしてあって、整地した土には土器のかけらが含まれているようですが、生活面からの土器の出方は非常に少ないです。

高橋 のちの飛鳥時代の宮殿でも、たとえば儀式の場の大極殿では非常に少ないといわれていますね。

石野 奈良県立橿原考古学研究所で、奈良県明日香《あすか》村の飛鳥《あすか》浄御《きよみ》原宮《はらのみや》といわれている上層遺構群を三十数年間掘っていますが、整理箱に一〇〇箱ぐらいしか土器が出ていません。おそらく奈良の平城宮でもそうだと思います。

やはりそういう政治的な空間や祭祀の中心施設には、ごみを捨てないということなのでしょうね。今回の建物群で土器が少ないのも、政治か祭祀か、どちらかの施設である可能性が高いということだ

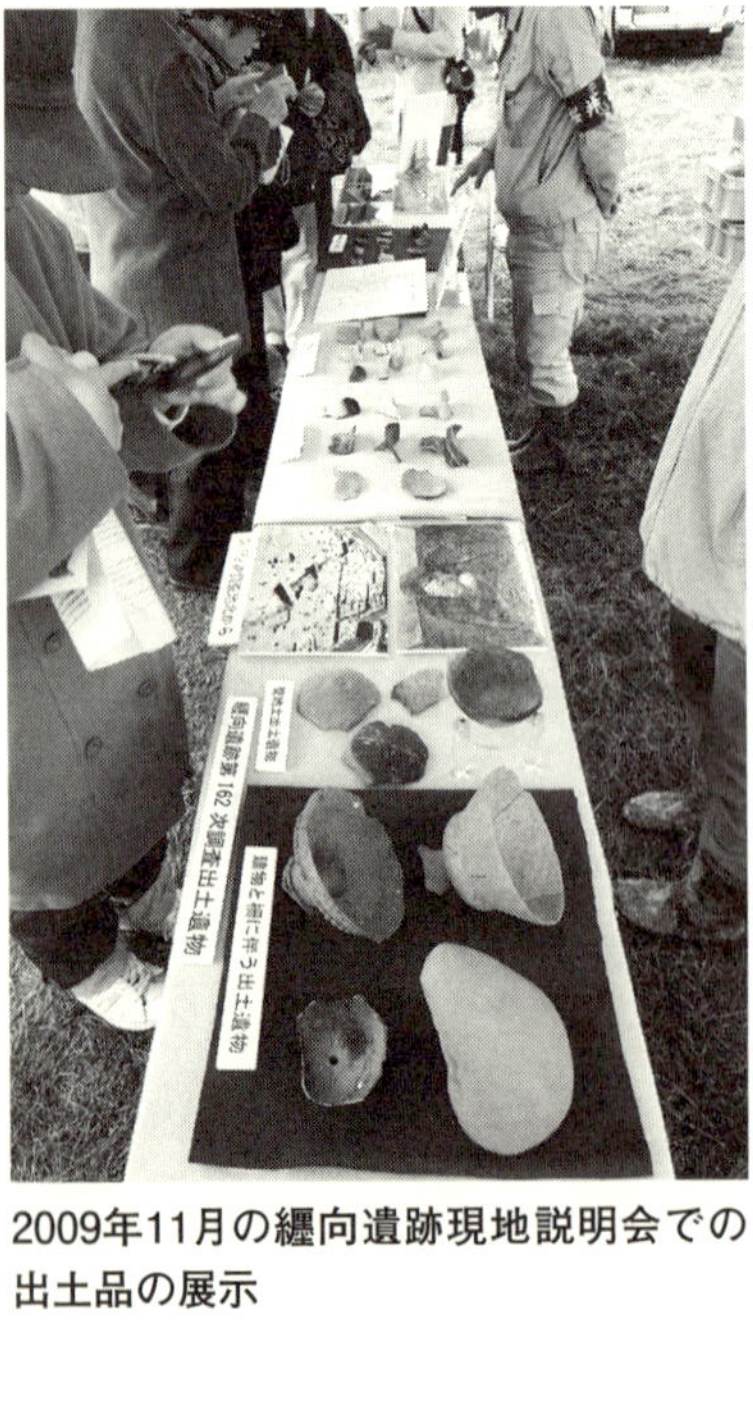

2009年11月の纒向遺跡現地説明会での出土品の展示

と思います。

高橋　居所ではなくて、祭りの場所だということですね。百五十年間、祭祀が続いたということになるそうですけど、それに対応するのは、土器編年ではどのあたりの年代になるのでしょう。

石野　建物群の下から出てくる土器と、建物の柱穴を壊している溝から出てくる土器を桜井市が検討して、三世紀の前半と言っています。

土器の名前でいうと纒向三類で、橿原考古学研究所の寺沢薫さんが分類している庄内《しょうない》三式です。庄内式土器は近畿地方でおもに三世紀に使われた土器で、はじまりは西暦の二一〇年ぐらい、終わりが二九〇年ぐらいという、ごく限られた時期だけに使われていました。その真ん中ぐらいの時期のものですから、それより前ということで三世紀前半であろうと。

高橋　百五十年間のなかでは、とりわけどの時期のものがいちばん多いのですか。

石野　穴がたくさんある時期ですか。それは四世紀まであります。纒向は一九〇年ぐらいに突然はじまって、三五〇年ぐらいに突然消えた、非常に計画的な集落なのです。自然集落ではなく計画的に造られた集落、都市的な集落でして、その全期間で使われています。

高橋　まんべんなく？

石野　いいえ、四世紀、三〇〇年代以降は少なく、三世紀代は非常に多いです。

纒向が邪馬台国であってもなくても、百五十年間続いた集落に大型建物群が造られている、二組セットで政治的空間と祭祀的空間があると。伊勢神宮の建て替えが二十年に一度ですから、それをちょっと長めにとって三十年とすると、今回出たような大型建物群が五組、纒向遺跡全体の二キロの範囲にあるのでしょうね。そのうちの一つが、今回見つかったということだと思います。

高橋　これからも、こうした大型建物に当たる可能性がありそうですね。

石野　そうです。これまで纒向には太さが十二センチから十五センチ程度の小さい柱穴は無数にあったのですが、まとまった建物は寺沢さんが掘った五、六メートル四方の、今回B棟とよんでいるものぐらいだった。過去にも大きい建物はあるだろうかという疑いがありましたね。それがようやく出てきたということです。

高橋　大王家の簾《すだれ》のようなものがたくさん出たこともありましたね。あれも纒向遺跡の中になりますが。

石野　箸中山《はしなかやま》（箸墓）古墳に近い桜井市太田の南飛塚《みなみひづか》ですね。出たときは、建物がひっくり返って簾状の壁が溝に落ち込んでいると思ったのですが、そのあとの調査で古墳の堀であることがわかりました。古墳の上に建物があって、それがひっくり返って堀に落ち込んだ可能性がありますね。

高橋　住居ではないのですか。

石野　建物の壁ではあるけれども、住まいの建物ではなさそうです。

●建物の正面はどの方角と考えられるのか

高橋　今回の建物でみなさんがいちばん関心をもっているのは、建物が東西の前の部分か、後ろの部分かということではないでしょうか。それを判断するのは、考古学的には難しいですね。

石野　両方の可能性がありますが、ぼくは東かなと思っています。南北が約八十メートル、東西が約百二十メートルの長方形の区画が推定できるのですが、その真ん中、東西の一直線上に建物が四棟出てきたわけです。

そのいちばん東の端が、飛鳥時代あたりに設定されたと思われる直線的街道で、奈良盆地の南から北まで通っている上《かみ》ツ道《みち》とよばれる古道までは延びているだろうと考えています。西の端は、さきほど言いました祭祀的な空間の近くまで、飛鳥時代の堀が前の調査で出ていますので、そこまであるだろうと思います。では、どちらが正面か。東から入るのか西から入るのかの問題ですが、西は祭祀的な空間だから、一般の人が出入りするのはちょっとおかしい。やはり東から入ったと思うのです。

ただ、特定の祭祀を担当する人が出入りすると考えると、西もあり得るのです。これからの調査は両方の可能性を考えながらやっていく必要があるでしょうね。

高橋　東は上ツ道ということですが、その向こうにあるどれか特定の山と関係はないのでしょうか。

石野　東の線をまっすぐ山のほうへ延ばして行くと、三輪山《みわやま》の北の巻向山《まきむくやま》とか由槻嶽《ゆづきがたけ》に向いている。それは地図上では確かめられますね。

高橋　それで、反対側に行くと纏向小学校の東側にある纏向石塚《いしづか》

東から建物跡をのぞむ　中央後方の森は天照《あまてらす》御魂《みたま》神社（2009年11月、現地説明会にて）

古墳にいたる。

石野　同志社大の辰巳和弘さんが言っていますけど、西へ行くと同じ祭祀的空間というのは、南も北も同じ時代の川、幅十メートルぐらいの川にはさまれてる台地なんだと。その同じ丘陵、延びてるところの端に纒向石塚古墳・矢塚《やつか》古墳・勝山《かつやま》古墳と三つありまして、そのうち纒向石塚古墳の円丘部に直線が当たるのです。古墳はたんなるお墓じゃなくて、同時に祭場であると思いますから、ひっくるめて祭祀的な空間、そのなかの東の部分につくられているということになります。

高橋　石塚古墳は、今回見つかった大型建物より前につくられていたということは、定説になっているのですか。

石野　ぼくは石塚がつくられたのは二一〇年ごろと言っていますが、寺沢薫さんは二百七、八十年だと。そういう意見の違いはありますが、三世紀代であるという点は同じです。

高橋　石塚の築造時期はカーボンから、年代測定をやりましたね。

石野　年輪年代では周濠内のヒノキの板の伐採年は一九五年で、けっこう古いのですが、放射性炭素（C14）では新しいのです。石塚の堀から出てくる古い土器は纒向一類です。その年代は、田原本《たわらもと》町の唐古《からこ》・鍵《かぎ》遺跡では小林行雄さん（元京都大学名誉教授）が編年した弥生時代の土器でいうと、後期のいちばん最後、弥生五様式の時代の最後なのです。その時期であることは意見が一致しているのですが、布留《ふる》一式という古墳時代初頭の新しい土器もあるのです。

高橋　大型建物の中軸線が西の石塚古墳に当たるのはよくわかるのですが、その中軸線の方向にはどの前方後円型古墳の中軸線とも無関係な気がします。

石野　今回の建物群の中軸線は、石塚古墳の円丘部のほぼ中心にあたります。石塚古墳はアジア・太平洋戦争末期に高射砲陣地をつくったので上が削られてまして、埋葬施設が残ってないのです。ただし、墳丘そのものの主軸線は神体山の三輪山の頂上を向いていて、東西南北の方位ではない、斜めなのです。だから、石塚古墳に葬られた一族は、三輪山は意識しているけれども、東西南北は特に意識していないという感じです。

高橋　そうすると、今回確認された建物は東西軸を意識しているから、別の話になるわけですね。千田稔先生（奈良県立図書情報館長）は、東から太陽が昇ってくる、それを拝んだということを言っておられますが。

石野　地形的には、西のほうが低くて、東がだんだん山裾にむかい高くなっています。そういう地形からいうと、この建物群では西正面の可能性が高い。ただ、西側は一般人が出入りする空間ではないから、特定の人たちだけということになるでしょうね。

高橋　地形から、そういうことがわかるわけですね。

石野　西が正面だと、これからの調査ではっきりすると、やはり祭祀的な空間なのかな、ということになるのじゃないでしょうか。

高橋　太陽信仰だったら、太陽を拝むわけですか。

纒向石塚古墳の発掘（1989年、高橋徹氏提供）

石野　そうです。西から東へ。

高橋　三輪山やその山麓にある大神《おおみわ》神社でも西から拝みますね。そのあたりにも、関係あるのかなという気がしますけど。

●珍しい一直線に並んだ建物配置

石野　今回の建物群でいちばん驚いたのは、やはり一直線に並んでいることです。三世紀代の建物跡は他にも何か所かありますが、みんな適当に建物を配置していて、横や縦にきっちり配置するというのはないのです。佐賀県吉野ヶ里遺跡では、当時の太陽の動きと建物群が一致しているという指摘がありますが、東西南北に一直線にそろえたわけではありません。今回見つかったD棟は三世紀では日本列島最大ですけど、それよりも四つの建物が一直線に並ぶ、そういう計画性に驚きます。

高橋　突然ああいうのが出てきた感じで、何か思想的な大転換が起きたのでしょうか。

石野　そうでしょうね。ところがそのあとの、四世紀以降の大王の宮殿は一つも見つかってないですから、続くのか続かないのかがわからないのです。

三月の鼎談でもお話し、繰り返しになりますが（245頁）、わずかな材料は五世紀後半のワカタケル大王（雄略天皇）の宮殿です。『日本書紀』によるとワカタケル大王が亡くなったとき、星川《ほしかわ》皇子が天皇位を乗っ取ろうとするわけです。そのときに大蔵に立てこもるのです。最終的には大伴《おおとも》氏らに焼き殺されるのですが、大蔵に立てこもるということは、大蔵が独立していたということです。だから、宮殿のなかが一つのまとまりではなくて、飛鳥宮とか平城宮のような大きな区画のなかにあらゆる機能の建物があるのじゃなくて、別々にあるということではないかと考えています。

そのうちの一つが大蔵だった。その大蔵をまず乗っ取れということになったのだと思います。それは文献の話で、本当だろうかと思っていたら、奈良県御所《ごせ》市の南郷《なんごう》遺跡群で、尾根ごとに大きな建物が出てきて、それも五世紀なのです。だから、今回のような一直線に並ぶ配列は、四世紀以降のヤマト政権の大王クラスの宮殿にそのまま続いてはいないのじゃないでしょうか。

高橋　吉野ヶ里の大型建物も環濠の外側で、倉庫群のようなものが出ていますが、ああいうものを考えたらいいのでしょうか。

石野　倉庫は大事だから、火事に遭わないように別区画にしているということはあるでしょうね。三世紀でも石川県七尾《ななお》市の万行《まんぎょう》遺跡は、倉庫のような建物ばかりが六棟ほど、きれいに柵のなかに独立しています。一方で今回のように一直線に並ぶものもある。今回の建物群は、その前にもあとにもない、今のところは浮いた資料です。

高橋　寸法は、全部の建物が同じ基準になっているのですか。

石野　それはわかりません。ただ、D棟の柱間隔は四メートル強で、非常に大きいのです。そのような長い梁桁材がもつのだろうか。中

2009年11月の現地説明会で展示された４棟の建物群復元案
（桜井市教育委員会、神戸大学・黒田龍二氏）

間には小さい柱穴がありますが、尺度を使っている可能性はあるでしょうけど、各建物が同じ尺度を使っているかどうかはこれからでしょう。

●建物を復元するとしたらどういう形を想定できるか

高橋　建物の復元に関しては、大阪府の池上曽根遺跡の建物（41頁）とはだいぶん違いますね。

石野　建物の上屋の復元については、神戸大学の黒田龍二さんと鳥取国際大の浅川滋男さん、二人の案が出ています。どちらが本当なのかはわかりませんけど、弥生時代のなかごろ、今回出た建物より二百年ぐらい古いものとは、ずいぶんイメージが違います。池上曽根の建物は切妻造りの屋根が台の上に乗っているような感じですが、それとはぜんぜん違っていて、壁があって、それに家形埴輪のような屋根が乗っているような形です。

黒田さんの案（88頁）では、大きい建物には柱と柱の間（柱間）が四つあって、偶数なのです。ふつう建物は真正面から出入りするはずですけれども、真ん中に柱があるから、出入口が左右どちらかに片寄るか二つあるかという復元をされています。

高橋　あれは非常に気になります。

石野　黒田さんは、D棟は二間×二間で、片一方に出入口があって、奥のほうに神様がいるという出雲大社の構造に近いのじゃないかと言っておられます。

高橋　そのようです。

石野　それに対して、C棟は伊勢神宮風の建物だと。棟持柱《むなもちばしら》のある切妻《きりづま》造りで復元されていますね。そうすると、一直線に並ぶ同時期の建物に、伊勢神宮系の建物と出雲大社系の建物があると。

高橋　考古学では、柱跡からの建物の復元はなかなか難しいようですね。

石野　ええ、考古学のほうからは何とも言えませんが、大変なことです。

高橋　弥生時代の建物の復元で非常に印象に残っているのは、昭和二十年代に静岡県の登呂《とろ》遺跡の竪穴住居を復元したとき、あれは炭焼小屋か何かですね、モデルにしたのは。

石野　中国山地の製鉄用の、たたらの覆い屋を参考にしています。

高橋　「これを一案としておく」と、報告書に断り書きがありました。しかし、あれが一人歩きしてしまった。

石野　発掘建物の復元では、いちばん最初の時期でしょう。もう一つは、藤島亥治郎さんが長野県の平出《ひらいで》遺跡で復元したもの。昭和前半の最初の復元です。

あれを見て、みんなそう思ったわけです。登呂へ行ったら竪穴の覆い屋があって、「わあ、すごいな」と。そのあと、群馬県の中筋《なかすじ》遺跡で五世紀の非常に勾配の低い、土の屋根の穴屋（竪穴住居）が出ましたが、見た目にはみすぼらしい。古代の建物の復元もずいぶんイメージが変わってきています。

復元された静岡市登呂遺跡の穴屋（竪穴住居）

高橋 それだけにこんどは、ちょっと気をつけないと危ないなと思います。

石野 吉野ヶ里の復元のとき、九州の新聞社から電話があって、「どう思いますか」と。ぼくは、「どうせわからんのやから、早く造ったほうがいいです」と言ったのです。駄目だったら壊せばいいのだと。

高橋 唐古・鍵の楼閣《ろうかく》も復元されていますが、あれは出土した土器に描かれた絵があるわけですからね。

石野 あれは弥生中期で、土器に絵が描かれていましたからね。それで二階建て、あるいは三階建ての建物を、あの絵の通りに造った。

高橋 今回の纒向の建物でも、上のほうの屋根の構造がわかるのかなと思いましたが……。唐古・鍵と纒向とは、まったく別の人たちが造ったのでしょうか。

石野 唐古・鍵が弥生中期ですから、紀元前一〇〇年ぐらい。今回のが西暦二三〇年前後。だから、三百年ほど前に唐古・鍵のような高層建築を造る技術があったわけです。ただ、唐古・鍵の場合は一階部分の柱の間隔と二階部分の柱の間隔がぜんぜん違うのです。幅が一緒だったら長い柱を上まで伸ばせばいいから強いのですけど、柱の間隔が違うと、二階部分の柱を下とどうつなぐか。上手につながなかったら、風が吹いたら飛んでしまいますから。それでも土器にああいう絵があるということは、それをつなぐ技術があったということです。そういう技術をもった人が、中国あるいは韓国から、紀元前にすでに来ていたのでしょう。

高橋 そうすると、唐古・鍵のような形のものが続いていてもおかしくないでしょうね。

石野 そうですね。また次々に人が来ているでしょうから、新しい技術が入って、今回のような太い柱、太いといっても三十センチですが、太い柱を使って床の高い建物を造る技術は当然あり得ますね。

高橋　となると、今回の建物の復元は、一つの案でしかないということでしょうか。

石野　建築の人たちがいろいろ検討されて、伊勢神宮系の建物と出雲大社系の建物が同時にあった可能性があったということになったら、これは歴史的にも大変ですね。伊勢系と出雲系はなんとなく対比的に考えられてきたけど、そのルーツは大和にある、みたいなことになる。

高橋　纒向の東南に今も出雲（桜井市）という地名があって、もともと、そこが出雲の発祥だという説があるほどです。

石野　大神《おおみわ》神社の神さんと出雲大社の神さんは一体だというのもありますからね。与える影響が大きいから恐ろしいです。

高橋　でも、発掘した柱穴から見るかぎりでは、わかりませんね。

石野　ただ、D棟が偶数間の建物であることと、C棟が伊勢神宮と同じような棟持柱をもつ建物であるのは事実です。その解釈として、偶数間の建物だから「出雲」に近い、棟持柱をもってるから「伊勢」に近い、というところまでは言えるのでしょう。

しかし、それを歴史に置き換えて、一緒にあるからルーツは大和で、一方は出雲に、一方は伊勢に残っているというところまでは、すぐにはいかないでしょうね。同じような棟持柱をもった建物は、日本中いたるところにありますから。

大神神社（桜井市）　本殿がなく、背後の三輪山を神体山とする。

●他地域にも同様の一直線に並ぶ建物があったという可能性

高橋　このような巨大な纒向の建物が出てきたということから考えると、同じ時期に他の地域にもこうしたものがあるのではないでしょうか。

石野　ぼくが期待しているのは、今回の発見をきっかけにして名乗りが上がってくることなのです。弥生時代とか邪馬台国の時代に、一直線に並ぶ建物があるはずがないというのが常識でしたから。過去に、実は日本中であちこちで出ているのだけれども、そんなものあり得ないと思っているから、飛鳥時代とか奈良時代と報告しているのがあるのじゃないかと。纒向で出たことによって、「そう言えばおれのとこにもある」という事例を期待しています。

高橋　例えば、福岡県の吉武高木《よしたけたかぎ》遺跡もそうでしたね。

石野　そうそう。見つかったときは五世紀とか言っていたけれども、そのあと唐古・鍵で二階建ての建物の絵が出てきた。それが出て以降、いまは三十棟ぐらい弥生の高層建築がありますからね。平城京の木簡《もっかん》もそうです。平城京で木簡が出る何十年も前に、三重県で木簡が見つかっていたけど、奈良時代のものが残っているはずがないという前提で、報告はそうなっていなかった。それが平城京で出たことによって、「おれのとこ

纒向遺跡を卑弥呼ロマンとする桜井市の取り組み
（2009年11月の現地説明会場から）

にもある」と。そういうことがあるから、ぼくは期待しています。

高橋　そういう意味では、非常に画期的な発見といえるわけですね。

石野　反対にいうと、纒向で出たからといってここが邪馬台国に決まりと、あまり喜ばないほうがいいのじゃないか。また次々に出てくるのではないかということは、考えておく必要があると思います。

高橋　発掘した桜井市教育委員会の橋本輝彦さんの報告では、東のほうが上ツ道《かみつみち》にあたるということになっていますけど、上ツ道はもうちょっと新しい気がしますが。

石野　直線的道路ですから、やはり飛鳥・奈良時代でしょうね。

高橋　でも、それさえも考え直す必要があるのではないでしょうか。

石野　三輪山山麓を走る山辺《やまのべ》の道が山沿いにくねくねとありますから、あれは古いでしょうけど。奈良盆地には上ツ道、中ツ道、下ツ道の三本が、ほぼ二キロ間隔で南北に直線的に延びているのですけど、あれが三世紀だと言ったら袋叩きに遭います。

●邪馬台国との関連性を考える

高橋　今、想像されている三世紀の大和盆地の景観は、どのようなものですか。

石野　唐古・鍵や纒向で花粉分析をいくつかやっていて、二次林のマツはけっこうあったみたいですね。

高橋　湿地状態というわけではないのですね。

石野　弥生後期の土器が落ちている遺跡が、今わかってるだけで五十か所ぐらいありますから、湿地帯が広々と開けていたという状況ではなさそうです。奈良の人は「昔は海だった」とよく言うのです。でも、それは人類が地球上にいないころの話です。

高橋　山辺の道が山裾の高いところを通っているのは、下が湿地だったからという考えがあるようですけど。

石野　山辺の道が扇状地の高いところをくねくねと走っているのは、ぼくはあの地域に宮殿があったからじゃないかと考えています。垂仁《すいにん》天皇の纒向珠城宮《たまきのみや》、景行《けいこう》天皇の纒向日代宮《ひしろのみや》という宮殿があったと文献には書いていますけれど、その纒向の宮殿が推定されるのは山寄りのところです。でも、まったく考古学的な根拠はないのですけどね。

そういうところを縫って道を造ろうと思ったら、くねくねと山麓になるのだろうなと思います。崇神《すじん》天皇の陵を山辺道上陵《やまのべのみちのみささぎ》とか言うように、古墳もその地域に造られるのです。

高橋　この時期の人たちはみんな竪穴住居だと思っていましたが、このあたりに高床《たかゆか》らしい小さい建物がごちゃごちゃとあるそうですね。

石野　橋本輝彦さんも言っていますが、纒向の人たちは地べたに住んでない、床の上に住んでいるのだと。今まで纒向地域で百六十六回の調査をやってきて、四世紀代の竪穴住居は二つ三つありますが、三世紀代のものは基本的にないのです。しかし、柱穴は無数に出ている。だから、やはり高床の建物に住んでいたのだろうと思います。

高橋　じめじめするから、高床にするのかと思っていました。

石野　穴から水が湧くようなところには住めないから、床を上げるということはあり得ます。ただ、今までのものは柱がみんな細かったのですよ。
　今回の建物が邪馬台国かどうかって、新聞発表があってからよく言われますけど、邪馬台国大和説でいくと、当然、邪馬台国の王宮の一つということです。祭祀空間か政治空間かと言われたら、ぼくは今の段階では祭祀空間。イコール卑弥呼の王宮ということになるのです。では、男弟の政治棟はどうかと。ぼくはあの区画の中に男弟の建物はないと思います。

高橋　二つないといけませんからね。

石野　はい。卑弥呼は女王になってから、見た人が少ないと書かれていますから。同じ区画に政治空間があったら、人がいっぱい来るわけです。では男弟空間はどこかと言うと、同じぐらいの規模で方向を合わせて、今回見つかった建物跡の北か南にあると思います。南だとすると、現在のJR桜井線の巻向《まきむく》駅のすぐ西側が一つの候補です。

高橋　家が建っていないので、まだ発掘できますね、あそこは。

石野　駐車場みたいになっていますからね。ただ、あそこは狭いので、そこは太田という集落ですが、今回の建物群より北のほう、草川という集落がありますが、そこはもう少し広い台地になっているので、両方の可能性があります。一つの区画が見つかったことによって、もう一つセットになる区画を探す手がかりが見つかったと思い

建物跡発掘地とJR巻向駅　2009年11月の現地説明会現場は、駅ホームの西側にあたっていた。

ます。桜井市がどういう調査をやっていくかはこれからですけど、その手がかりがつかめたのは非常に大きいですね。

高橋　今回見つかった建物跡のすぐ西に神社があります。あの周辺、何かいわくのありそうな気がします。

石野　天照御魂《あまてらすみたま》神社ですね。以前、ぼくは神社の創建年代の手がかりがつかめないかと思って、神社のうしろ側ぎりぎりにトレンチを入れたのです。そしたら、神社に関する痕跡はまったく出てこなくて、二世紀末のお祭り用の大きな穴が出てきた。その横に一間四方の建物があって、そのそばを流れる溝からは銅鐸のかけら（37頁）が出てきました。

高橋　銅鐸のかけらですか。

石野　はい。今回出てきた建物の西側すぐのところ、十メートルか二十メートルのところで銅鐸が壊されているのです。今回の建物が新しい祭祀を担当した卑弥呼的な人物のものだとすると、その建物が造られる直前に、すぐそばで弥生のお祭り道具である銅鐸が壊されているということです。そういうイメージがありそうな場所です。

天照御魂神社（桜井市辻）　銅鐸のかけらは、神社境内の東北側から見つかった。

●決め手となるのは封泥《ふうでい》の発見

高橋　アマテラスを祀る天照御魂神社となると、のちの大和の王朝が持ち込んだ神社なのでしょうか。それと、今回も出てきませんでしたが、石野さんがかねてからおっしゃっていた封泥があるのじゃないかと。

石野　そうです。魏の皇帝が邪馬台国からの使いにいろいろなものをくれていますね。中国の馬王堆《まおうたい》漢墓を参考にすると、柳行李《やなぎごうり》みたいなものに入れて、ロープをかけて、その十字の結び目にチューインガムの硬いような泥をつけ、判子を押した。途中で開けられないようにです。そのシステムを封泥という。それは卑弥呼の宮殿で開けるはずですから、それが大量に出たら、そこが邪馬台国・卑弥呼の宮殿ということです。

高橋　封泥というのは、中国では出ているのですか。

石野　いっぱい出ています。上海《シャンハイ》の博物館には、封泥の完全なものがずらーっと並んでいます。楽浪からもいっぱい出ています。封泥は縄の結び目に直接泥を押すのではなくて、かまぼこ板みたいな台があって、それに四角いくぼみがあり、そこで紐をクロスさせて押しているのです。それが完全な形で博物館に並んでいるということは、紐を切っているのでしょうかね。だから、板ごと残っている。

卑弥呼の服装想像図（酒野晶子氏案、大阪府立弥生文化博物館提供）

それは、卑弥呼の宮殿が火事になったら残ります。火事にならなかったら、泥となって流れて消えてしまう。見つけるのは難しいと思っていたのですが、しかし、封泥をのせる板はすでに今、出ているかもしれません。「用途不明木製品」で、どこかの報告書に載っているかもしれません。邪馬台国を決定する封泥以外の証拠として、考えておく必要があります。

高橋 金印は駄目ですよ。持ち運びできるから。

石野 そうそう。金印は九州で出ても近畿で出ても、後世に「持って行った」となる。

高橋 今までは金印をもらったことだけが大事な話だったけど、実際に用途があるわけですね。

石野 想像図ですが、卑弥呼が描かれる絵では、金印を、紫の紐に結んで腰にぶら下げていますね。いつも携帯しているわけです。

高橋 お使いが途中で封を開けたら王様に怒られる。

石野 女王・卑弥呼の遣魏使が中国東北部か朝鮮半島北部産の「銅鏡」を下賜されたという考えがありますが、「装封」して渡すわけですから、地方の役所に金印がぶら下がっているわけはないだろうと思います。

●今後の調査によって卑弥呼の墓が見つかる可能性も

高橋 ところで、今後桜井市としては南か北をまた掘っていく可能性はあるのですか。

石野 今回、一直線上の建物しか見つけていないから、幅が南北で八十メートルほどあるので、全体を囲む柵とか、あるいは付属建物が平城京などと同じように横にずらっと並ぶのかどうかとか、そういうのを探る可能性もありますね。

高橋　二〇〇九年三月に鼎談していただいたときに、三世紀の大型の建物には、縦の系列と横の系列があると おっしゃられました。いまはもう縦だと言えるのでしょうか。

石野　今回見つかったのは東西の縦です。両方の可能性がありますが、今回は縦がはっきり出てきましたが、他の遺跡では横の可能性もまだあります。

高橋　十一月の現地説明会の桜井市の資料を見ていましたら、今、掘られたところが辻というところで、纒向地域の中でも古い遺構が出ている地域と書いてあったのです。そうすると、現在の纒向小学校の東側にある石塚古墳というのは、どういう位置づけになるのでしょうか。

石野　今回見つかった建物と同じ時期、同じ三世紀です。

高橋　だいたい一緒の時期だということですか。

石野　どちらが先とは決められないけれども、三世紀前半という幅のなかで一緒です。

高橋　卑弥呼の墓が、たとえば富山市のちょうちょう塚とか岐阜県養老町の象鼻山《ぞうびさん》とか、大きな前方後円墳じゃなくて、円墳に方形がついたのを探せというのも、選択肢の中であるのでしょうか。

卑弥呼の墓の可能性を持つ勝山古墳　左後方（東方）に見える山は三輪山である。纒向石塚古墳は勝山古墳のすぐ東側。また、大型建物跡検出地もその東方にあたる。

また、石塚は邪馬台国の、卑弥呼の墓とまでは言わないけども、邪馬台国に関わる人の墓として考えられますか。

石野　纒向が邪馬台国の中枢地であれば、当然関係者です。纒向には百メートル前後の墓が十基ほどありますけど、全員関係者です。それはそうですよ。同じ地域で、全部三世紀ですから。

高橋　そこには、卑弥呼の墓は。

石野　あるわけですね。今は箸中山《はしなかやま》（箸墓《はしはか》）古墳がそうだと言う人が多いのです。中心的な人は都出比呂志《つでひろし》（大阪大学名誉教授）さんや白石太一郎《しらいしたいちろう》（大阪府立近《ちか》つ飛鳥《あすか》博物館長）さんですね。大和説なのにそうじゃないと言っているのは、私とか寺沢薫さん。それは箸中山古墳の年代を卑弥呼の時代ではなく、より新しく見ているのです。石野説では、箸中山は宮内庁が持っている墳丘内の土器群からいうと三世紀も終わりのほうだと思います。土器から見て、卑弥呼の時代にはならないのです。

卑弥呼は二四七、八年に亡くなっていますから、墓を造るのに十年はかかるだろうということで。都出・白石説は、あの土器は二六〇年でいけると言っていますけど、そこまでは古くならないというのが私や寺沢説です。そうしたら、卑弥呼の墓は纒向地域のどれだということになるのですけどね。「わかりません」というのが正直だけど、ぼくは今のところ、石塚古墳の近くにある勝山《かつやま》古墳の可能性があると思っています。

勝山古墳は全長が百二、三十メートルなのです。ただ、箸中山古墳は二百八十メートル。初代の女王が百二、三十メートルで、二代目が二百八十メートルというのはなぜか？という疑問はあります。しかし、日本列島の土器の動きは、卑弥呼の時代の三世紀前半より、次の壱与《いよ》の時代の三世紀後半のほうがきわめて激しいのです。纒向でも、よそから来ている土器は三世紀後半のほうが非常に多い。関東から九州までの土器があります。東海や北陸や山陰の土器が動き回るのも二世紀後半です。二世紀末ぐらいから動いていますが、動きの激しいのは三世紀後半なので、激動の時代は壱与の時代じゃないかと。政治的功労者は壱与のほうなのです。

高橋　さきほど卑弥呼の墓の可能性として勝山古墳とおっしゃったのは、そこから出土した遺物だとか墳丘から考えてのことですか。

石野　そうです。橿原考古学研究所が調査してますから、その材料をもとにして、年代的にもあり得ると思います。

高橋　勝山と石塚とは、どちらが古いのでしょう。

石野　石塚が古いです。

高橋　纒向地域では、石塚がいちばん古い？

石野　いま掘ってる古墳では、ですね。箸中山古墳の周辺には、まったく未調査で百メートル前後の古墳が五つ六つあります。石塚は今、調査したものではいちばん古くはなりますが、もっと古いのがあるかもわかりません。ぼくは、卑弥呼即位とともに長突円墳（前方後円墳）がつくられたと思っていますから。

今、多くの人は、箸中山古墳が卑弥呼の墓であって、卑弥呼が

纒向遺跡講演会・シンポジウム（奈良県立図書情報館）　2009年11月の４棟の建物跡発見をうけて、その最新成果を紹介する講演会・シンポジウムが同年12月に奈良市で行われた。写真左は講演する石野博信氏。右はシンポジウムの参加者。左からコーディネーターの高橋徹、パネラーの上田正昭・石野博信・橋本輝彦・辰巳和弘・千田稔の各氏。

亡くなってから前方後円墳の時代がはじまる、古墳時代だというのです。ぼくはそれはおかしい、新しい政治体制ができたときからが政治の変革期であって、死んでからではなかろうと。明治天皇が死んでから、明治時代じゃないだろうと言っているのですけどね。

高橋　なるほど。寿墓だとか、いろいろありますね。もっとも九州の研究者たちは、吉野ヶ里を邪馬台国と同時代にもってきていますね。

石野　九州説の人が、纒向の建物群が三世紀前半ということに疑いをもっているのです。その根拠は、ぼくも間接にしか聞いてないのですけれども、箸中山古墳の堀から、木でつくった鐙《あぶみ》が出ています。鐙は中国では四世紀はじめ、韓国では四世紀末に、いちばん古い鐙が出てくる年代がはっきりしており、それよりも日本列島が古いわけがないから、あの鐙は、四世紀末以降であると主張されています。

従って、それと一緒に出ている土器の年代を、三世紀まで上げるなんてとんでもないという根拠のようです。しかし、それは金属製鐙の初源であって、木製鐙は中国や韓国でもより古い事例が出てくるはずです。

高橋　だから九州の方は、吉野ヶ里を候補にされるのですね。

石野　いずれにせよ、今回の纒向での計画的に配置された建物群の発見によって、邪馬台国の所在地や卑弥呼の墓の比定地を考える根拠が、一つ前進したことだけは確かでしょう。

（対談完）

木の鐙《あぶみ》が見つかった箸中山（箸墓）古墳

あとがき

二〇〇七年秋『新・古代史検証　日本国の誕生』全5巻の第1巻、『弥生興亡　女王・卑弥呼の登場』を担当することとなった。各巻の担当者が約六割を執筆し、それをもとに専門分野の異なる二名の方とマスコミ関係の方一名に参画していただいて討議し、一書とすることとなった。類書にない構想であり、本シリーズの企画・監修者である上田正昭先生の〝広い視野からの日本史〟という意図を感じた。

上田先生を中心とする各巻担当者との何回かの打合せの中から、本巻は神話学の吉田敦彦さんと人類学の片山一道さんに加わっていただき、司会を元朝日新聞社の高橋徹さんにお願いすることとなった。

私は吉田敦彦さんとは面識がなく、ただ、『縄文の神話』（青土社、一九八七年）などの著作から強烈な印象を受けていた。討議では、神話学の立場から多くの示唆とともに縄文土偶の造型や弥生絵画の背景にある「神話」を示唆していただいた。

片山一道さんとは、私が橿原考古学研究所にいた頃、奈良県藤ノ木古墳の人骨調査でお世話になり、ユニークな骨《こつ》人類学に共感していたことから、福岡県新町遺跡や兵庫県新方遺跡の縄文的弥生人を骨々《こつこつ》と語っていただいた。そして、高橋徹さんは私の恩師末永雅雄先生を通じての永年のお付合いであるだけではなく、文化人類学や道教に造詣の深いマスコミ人として、読者との仲介役をはたしていただいた。

本文では、通説の紹介はできるだけ省略し、ここ十数年の新しい考古資料から出てきた新たな課題を検証することに努めた。弥生以前＝縄文時代に焼畑農耕によってコメをはじめ、ヒエやアワなどの穀物が栽培されていたこと（一章）、そして弥生時代は〝縄文人が弥生人になった〟ことによって定着し発展したこと（二章）などを提起した。弥生時代の間にはいくつかの画期があるが、とくに弥生中期末・後一世紀前半には〝弥生のカミ〟のシンボルである銅鉾や銅鐸に異変がおこり、弥生後期末・古墳早期＝二世紀末には、ついに〝銅鐸は殺され〟「鬼道」が登場した（三・四章）。

「鬼道」を携えて登場したのが倭国連合の女王・卑弥呼である。卑弥呼登場前のツクシの王である「漢委奴国王」は、はたしてナ国王なのか、イト国王なのかをツクシの王墓の変遷から検討した（五章）。

二世紀末から三世紀中葉まで君臨した女王・卑弥呼の居館は不明だが、同時期の列島の大型集落には機能の異なる二つの中枢施設があることが、佐賀県吉野ヶ里遺跡や大阪府尺度遺跡から見えてきた。

そして二〇〇九年十一月、奈良県纒向遺跡で一直線に並ぶ三世紀前半の四棟の建物が現れ、ようやく邪馬台国時代の居館の構造が検討できるようになって、その過程を現地から報告した（六章）。

三世紀・列島史は邪馬台国にだけ注目していては解けない。そこで、ツクシとイズモ（筑紫と出雲）、ノウビセイゾウとサムフケ（美濃・尾張・伊勢・三河と相模・武蔵・房総・毛野）などのヤマトを介在しない地域間交流に注目した（七章）。さらに視野を拡大すれば、〝二・三世紀の東アジア状勢と倭〟であり、『三国志』の外交記事を年次ごとに読み解いて倭の国際的な位置に目をこらした（八章）。

石野博信

二〇一〇年三月吉日

参考文献

愛知県埋蔵文化財センター編『八王子遺跡』一宮市博物館、二〇〇〇年
青森県埋蔵文化財調査センター編『北の誇り、亀ヶ岡文化』青森県文化財保護協会、一九九一年
赤沢秀則編『南講武草田遺跡』鹿島町教育委員会、一九九二年
秋山浩三『弥生大形農耕集落の研究』青木書店、二〇〇七年
行橋市教育委員会『前田山遺跡』一九八七年
石野博信「三世紀の高城と水城」『古代学研究』六八、一九七三年
石野博信『邪馬台国の考古学』吉川弘文館、二〇〇一年
大阪府立弥生文化博物館編『卑弥呼の世界：平成三年秋季特別展』大阪府立弥生文化博物館、一九九一年
大阪府立弥生文化博物館編『卑弥呼誕生：邪馬台国は畿内にあった？』大阪府立弥生文化博物館、一九九七年
大谷光男『研究史金印』吉川弘文館、一九七四年
大庭脩編著『卑弥呼は大和に眠るか』文英堂、一九九九年
岡本健一「卑弥呼の家と鏡」『三角縁神獣鏡・邪馬台国・倭国』新泉社、二〇〇六年
岡本孝之「縄文土器の範囲」『古代文化』四十二巻五号、一九九〇年
小野忠熈『高地性集落の研究』学生社、一九七九年
橿原考古学研究所付属博物館編『三世紀の九州と近畿』河出書房新社、一九八六年
香芝市二上山博物館編『弥生人の鳥獣戯画』雄山閣出版、一九九六年
香芝市二上山博物館編『邪馬台国時代の阿波・讃岐・播磨と大和』二〇〇六年
香芝市二上山博物館編『邪馬台国時代のツクシとヤマト』学生社、二〇〇六年
片山一道『縄文人と「弥生人」古人骨の事件簿』昭和堂、二〇〇〇年
桜井市文化財協会編「ヤマト王権はいかにして始まったか—王権成立の地纒向」二〇〇七年

史跡池上曽根遺跡整備委員会編『池上曽根遺跡シンポジウム三　弥生のまつりと大型建物―弥生神殿をさぐる　資料集』史跡池上曽根遺跡整備委員会、一九九七年
菅原康夫『阿波国のはじまり』徳島県埋蔵文化財センター、二〇〇七年
高橋徹『卑弥呼の居場所　狗邪韓国から大和へ』日本放送出版協会、二〇〇一年
武末純一『土器からみた日韓交渉』学生社、一九九一年
武末純一「土生遺跡の無文土器」『弥生時代の考古学』学生社、一九九八年
田中良之『骨が語る古代の家族』吉川弘文館、二〇〇八年
都出比呂志「古墳出現前夜の集団関係」『考古学研究』二〇巻四号、一九七四年
坪井清足「縄文文化論」『岩波講座日本歴史』第一巻、岩波書店、一九六二年
東ゆみこ『クソマルの神話学』青土社、二〇〇三年
日田市教育委員会『吹上遺跡―六次調査の概要』一九九五年
福永光司・千田稔・高橋徹『日本の道教遺跡』朝日新聞社、一九八七年
北郷泰道『古代日向・神話と歴史の間』鉱脈社、二〇〇七年
村上恭通『古代国家成立過程と鉄器生産』青木書店、二〇〇七年
森貞次郎「弥生文化の発展と地域性・九州」『日本の考古学』第三、河出書房新社、一九六六年
柳田康雄『九州弥生文化の研究』学生社、二〇〇二年
山内清男『日本遠古の文化』新版、一九六七年
山形県立うきたむ風土記の丘考古資料館編『押出遺跡』山形県立うきたむ風土記の丘考古資料館、二〇〇七年
山崎純男「西日本の縄文後・晩期の農耕再論」『朝鮮半島と日本の相互交流に関する総合学術調査』大阪市学芸員等共同研究実行委員会、二〇〇三年
湯村功「庄内式併行期の山陰の様相」『庄内式土器研究』一八、一九九八年
『北からの視点』日本考古学協会仙台大会、一九九一年
『四隈突出型墳丘墓とその時代』山陰考古学研究会、一九九七年

な 行

は 行

ま 行

や 行

ら・わ 行

か 行

さ 行

た 行

な 行

は 行

ま 行

や 行

ら 行

わ 行

遺 跡 名

あ 行

索引

人名

あ行

か行

さ行

た行

◉『弥生興亡 女王・卑弥呼の登場』協力者一覧（敬称略・五十音順）

本書の刊行にあたり、次の各氏ならびに諸機関に、貴重な資料のご提供をいただき、また、ご教示をたまわりました。記して感謝申し上げます。

愛知県埋蔵文化財センター
青木書店
青森県教育委員会
青森県埋蔵文化財センター
朝日新聞社
石巻市教育委員会
和泉市教育委員会
一宮市博物館
伊都国歴史博物館
糸島市教育委員会
大阪府教育委員会
雲南市教育委員会
大阪府立近つ飛鳥博物館
大阪府文化財センター
大阪府立弥生文化博物館
香川県埋蔵文化財センター
学生社
鹿島町教育委員会
北九州市埋蔵文化財センター
京都大学総合博物館
宮内庁書陵部
神戸市教育委員会
神戸新聞社
国立歴史民俗博物館
佐賀県立博物館
桜井市教育委員会
桜井市埋蔵文化財センター
山陰考古学研究会
滋賀県立安土城考古博物館
島根県立歴史博物館
昭和堂
滝沢村埋蔵文化財センター
田原本町教育委員会
筑摩書房
津市教育委員会
土井ヶ浜遺跡・人類学ミュージアム
東北大学考古学研究室
徳島県埋蔵文化財センター
富山市埋蔵文化財センター
富山大学
豊岡市教育委員会
奈良県立橿原考古学研究所
奈良県立橿原考古学研究所附属博物館
奈良県立図書情報館
奈良文化財研究所
日本放送出版協会
福岡市教育委員会
福岡市博物館
兵庫県立考古博物館
文化庁
平凡社
毎日新聞社
守山市教育委員会
八尾市教育委員会
八尾市立埋蔵文化財センター
野洲市教育委員会
山形県うきたむ風土記の丘考古資料館
行橋市教育委員会
養老町教育委員会
吉川弘文館
読売新聞社

市本芳三
梅原章一
江浦洋
大庭脩（故人）
岡本健一
小栗梓
黒田龍二
車崎正彦
斉藤利光
坂野圭子
酒野晶子
佐々木高明
関口和哉
高橋徹
寺沢薫
中川二美
中橋孝博
中原祐介
丹羽恵二
灰掛薫
橋本輝彦
原田昌則
広瀬時習
藤田一男
藤田三郎
松下孝幸
松宮昌樹
茂在寅男
山崎純男

◉著者紹介

石野　博信（いしの　ひろのぶ）

一九三三年、宮城県生まれ。関西大学大学院文学研究科修士課程修了。現在、兵庫県立考古博物館館長、奈良県香芝市二上山博物館館長。主な論著に、『日本原始・古代住居の研究』『古代住居のはなし』『古墳時代史』『古墳文化出現時期の研究』『古代近畿と東西交流』『邪馬台国の考古学』『邪馬台国の古墳』『大和・纒向遺跡』『邪馬台国の候補地　纒向遺跡』など。

◉鼎談者紹介

吉田　敦彦（よしだ　あつひこ）

一九三四年、東京都生まれ。東京大学大学院人文科学研究科西洋古典学専攻修士課程修了。現在、学習院大学名誉教授。主な著者に、『日本神話の源流』、『昔話の考古学』、『ギリシャ神話入門』、『ギリシャ・ローマの神話』、『日本の神話』、『ギリシャ悲劇を読む』、『オデュッセウスの冒険』など。

片山　一道（かたやま　かずみち）

一九四五年、広島県生まれ。京都大学大学院理学研究科修士課程修了。現在、京都大学名誉教授、理学博士。主な著書に、『縄文人と「弥生人」―古人骨の事件簿』、『古人骨は生きている』、『考える足』、『ポリネシア　海と空のはざまで』、『人間史をたどる』『海のモンゴロイド』など。

弥生興亡　女王・卑弥呼の登場

二〇一〇年四月一〇日　第一刷印刷
二〇一〇年四月二〇日　第一刷発行

著　者　石野博信
発行者　益井英博
印刷所　中村印刷株式会社
発行所　株式会社　文英堂
東京都新宿区岩戸町一七　〒162-0832
電話　〇三(三二六九)四二三一(代)
振替　〇〇一七〇-三-八二四三八
京都市南区上鳥羽大物町二八　〒600-8691
電話　〇七五(六七一)三一六一(代)
振替　〇一〇一〇-一-六八二四

編集協力　株式会社　見聞社